Clásicos *de la* Fe

Las obras de Martín Lutero

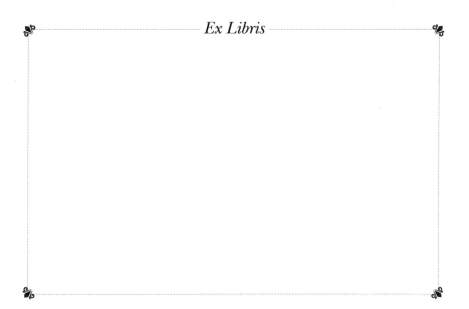

Ex Libris

Broadman & Holman

Las 95 tesis

Clavadas en la puerta de la iglesia de Wittenberg, Alemania, el 31 de octubre de 1517

Las 95 tesis

Como fruto del amor por la verdad y del anhelo de aclararla, el reverendo Martín Lutero, con una maestría en humanidades y sagrada teología, y predicador regular en Wittenberg, intenta defender las siguientes declaraciones y debatir sobre ellas en esa localidad. Por lo tanto, pide que aquellos que no puedan estar presentes en el debate oral con él, que, en ausencia, lo hagan por medio de cartas. En el nombre de nuestro Señor Jesucristo, Amén.

1. Cuando nuestro Señor y Maestro, Jesucristo, declaró: «Arrepiéntanse...», Su intención era que toda la vida de Sus creyentes en la tierra fuera una constante penitencia.

2. Y la palabra «penitencia» no puede ni debe entenderse como el sacramento de la penitencia, el cual es la confesión y la reparación que se realiza bajo el ministerio del sacerdote.

3. Sin embargo, él no solo piensa en la penitencia interna: más bien la penitencia interna es inútil a menos que produzca la aflicción externa de la carne.

4. Por lo tanto, la aflicción continúa mientras persista el odio a uno mismo, lo que significa que la verdadera penitencia interna continúa hasta que uno entre en el reino de los cielos.

5. El papa no remitirá ni puede remitir (perdonar) otros castigos (penas), excepto los que él haya impuesto a través de sus propios decretos o según los cánones.

6. El papa puede perdonar los pecados, solo en el sentido de declarar y confirmar lo que Dios haya perdonado; o en lo que él se haya reservado para sí mismo, a menos que esto ocurra, los pecados permanecen sin perdonar.

7. Dios no perdona ninguno de los pecados a menos que el pecador se presente afligido y humillado delante del sacerdote, su vicario.

8. Los cánones sobre la penitencia son impuestos solo sobre los vivientes, no deben ser impuestos de ninguna manera sobre los que agonizan.

9. Por eso, el Espíritu Santo, que actúa en el papa, nos hace el bien, cuando este último en sus decretos remueve el artículo de muerte y extrema necesidad.

10. Los sacerdotes actúan de manera enfermiza e irracional cuando reservan para el purgatorio la penitencia impuesta (por los cánones) sobre los que están en agonía de muerte.

11. Este abuso de cambiar la pena canónica por una pena en el purgatorio, parece que surgió mientras los obispos dormían.

12. En tiempos antiguos, se imponían las penas canónicas, antes de la absolución, no después, y se hacía como una prueba para que se mostrara el verdadero arrepentimiento y la aflicción.

13. Los que agonizan pagan todas sus penas al morir, ya están muertos a los cánones, de los cuales ya están apropiadamente exentos.

14. La salud espiritual o el amor imperfectos en la persona que agoniza necesariamente le trae gran temor, y entre menos amor haya mostrado, mayor será su temor.

15. Este temor y horror, por no mencionar otras cosas, son suficientes en sí mismos para producir el castigo del purgatorio, porque se asemejan al horror de la desesperación.

16. El infierno, el purgatorio y el cielo parecen ser diferentes, así como también difieren la absoluta desesperación, la casi desesperación y la seguridad de la salvación.

17. Parece necesario en el purgatorio que, a medida que el amor crece en las almas, disminuya el temor.

18. Parece que no se ha demostrado, ni por argumentos racionales ni por la Sagrada Escritura, que las almas (en el purgatorio) estén excluidas del mérito y el demérito, o del aumento en el amor.

19. Tampoco se ha demostrado que todas las almas (en el purgatorio) tengan plena seguridad y confianza de su salvación, aunque nosotros podamos estar totalmente seguros de ello.

20. Por lo tanto, cuando el papa habla de la perfecta remisión de todos los castigos, no quiere decir que todas las penas en general sean perdonadas, sino solo aquellas impuestas por él.

21. Por consiguiente, los predicadores de indulgencias se equivocan al afirmar que por la indulgencia papal un hombre puede ser exento de todos los castigos y así ser salvo.

22. Sin duda, el papa no remite pena alguna a las almas del purgatorio que, según los cánones, debieron haber pagado en esta vida.

23. Si a alguno se le concede completa remisión de todas las penas, es cierto que se confiere solo a aquellos que están más cercanos a la perfección, o sea, a muy pocos.

24. Por lo tanto, se engaña a un gran número de personas con la jactanciosa promesa de la exención de la pena, por lo cual no hay manera de hacer distinción.

25. El mismo poder que el papa tiene sobre el purgatorio, lo tiene el obispo en su diócesis y todo cura en su parroquia.

26. El papa actúa correctamente al otorgar la remisión a las almas del purgatorio, no por el poder de las llaves, que no posee, sino por su intercesión.

27. Predican vanidad quienes dicen que las almas vuelan fuera del purgatorio, tan pronto suenan las monedas al caer dentro del cofre.

28. Lo que sí es cierto es que tan pronto suenan las monedas en el cofre, aumentan la ganancia y la avaricia, pero la intercesión de la iglesia depende solamente de la voluntad de Dios mismo.

29. Y, ¿quién sabe, además, si todas las almas en el purgatorio desean ser redimidas?, como cuenta la leyenda que sucedió con San Severino y San Pascual.

30. Nadie está seguro de haberse arrepentido con la suficiente sinceridad, mucho menos de haber recibido la perfecta remisión de sus pecados.

31. Es muy raro el que se ha arrepentido con sinceridad, el que lo hace obtiene la indulgencia; es decir, que el tal es difícil de encontrar.

32. En el camino a la condenación eterna, están quienes crean, junto con sus maestros, estar seguros de su salvación por medio de las indulgencias.

33. Desconfía de los que afirman que las indulgencias papales son un don especial de Dios por el que el hombre es reconciliado con Dios.

34. El perdón contenido en estas indulgencias se refiere solo a las penas de la satisfacción sacramental, que fueron determinadas por los hombres.

35. Predica como pagano, quien enseña que aquellos que sacan las almas del purgatorio, o que les compran indulgencias no tienen necesidad de arrepentirse ni de experimentar contrición.

36. Todo cristiano que se arrepiente y se aflige sinceramente por sus pecados tiene perfecta remisión del dolor y la culpa, aunque no tenga certificado de indulgencia.

37. Todo cristiano verdadero, esté vivo o muerto, participa de los beneficios de Cristo y de la iglesia que le han sido otorgados por Dios, aunque no tenga certificado de indulgencia.

38. La absolución y la dispensa papal no deben despreciarse, pues, como he expresado, son una declaración de la absolución divina.

39. Es extremadamente difícil, incluso para los más hábiles teólogos, elogiar delante del pueblo la gran riqueza de las indulgencias y, a la vez, la verdad de la absoluta contrición.

40. El verdadero arrepentimiento y contrición buscan y aceptan el castigo, mientras que las abundantes indulgencias liberan de

este, y hacen que los hombres las odien o por lo menos, les da la ocasión de hacerlo.

41. La indulgencia papal debe proclamarse con toda cautela, no sea que la gente erróneamente crea que tiene más valor que las otras obras de amor que deben hacerse.

42. Se debe enseñar a los cristianos que no es la opinión del papa, en manera alguna, que la compra de indulgencias sea comparable con las obras de amor.

43. Se debe enseñar a los cristianos que quien da al pobre o presta al necesitado hace una mayor obra que el que compra indulgencias.

44. Al mostrar el amor, este aumenta y el hombre crece en su bondad, mientras que por las indulgencias el hombre no mejora, solo se libra del castigo.

45. Se debe enseñar a los cristianos que quien ve a su prójimo en necesidad, y compra indulgencias, no participa de las indulgencias papales, sino de la ira de Dios.

46. Se debe enseñar a los cristianos que, a menos que sean ricos, es su deber tener lo que es necesario para la manutención de sus casas, y que no deben malgastar sus recursos en indulgencias.

47. Se debe enseñar a los cristianos que comprar indulgencias nace de la propia voluntad, y no por obligación o deber.

48. Se debe enseñar a los cristianos que el papa, al vender indulgencias, tiene más necesidad y más deseo de una oración devota por él mismo, antes que el dinero.

49. Se debe enseñar a los cristianos que las indulgencias papales son útiles, solo si no se pone la confianza en ellas, pero muy peligrosas si por causa de ellas se pierde el temor a Dios.

50. Se debe enseñar a los cristianos que, si el papa supiera lo que hacen los predicadores de las indulgencias, preferiría que la catedral de San Pedro fuera quemada y convertida en cenizas, antes que ser construida con la piel, la carne y los huesos de las ovejas.

51. Se debe enseñar a los cristianos que el papa, como es su obligación hacer, está dispuesto a dar de su propio dinero a aquellos a quienes los predicadores de indulgencias les extorsionaron dinero, y aun vender la catedral de San Pedro si fuera necesario.

52. Es vano y falso esperar ser salvo por medio de indulgencias, aunque el comisario, es más, el mismo papa, lo prometiera con su propia alma.

53. Aquellos que, por causa de un sermón sobre las indulgencias en una iglesia, condenan al silencio la Palabra de Dios en otras iglesias, los tales son enemigos de Cristo y del papa.

54. Es contrario a la Palabra de Dios, si alguno en el mismo sermón dedica el mismo o mayor tiempo a hablar de las indulgencias, antes que de la palabra del evangelio.

55. La opinión del papa no puede ser diferente a esta: si una indulgencia, la cual es la cosa más insignificante, se celebra con un toque de campanas, una procesión y ceremonias, entonces el evangelio, el cual es la cosa más sublime, debe celebrarse con cien toques de campana, cien procesiones y cien ceremonias.

56. Los tesoros de la iglesia, de donde el papa concede las dispensas, no son lo suficientemente mencionados ni conocidos entre la comunidad de Cristo.

57. Es manifiesto que no son tesoros temporales, porque muchos de los predicadores no los gastan con ligereza, sino que los acumulan.

58. Tampoco son los méritos de Cristo ni de los santos, porque estos, sin la ayuda del papa, siempre obran gracia al hombre interior, y la cruz, la muerte y el infierno al hombre exterior.

59. San Lorenzo se refirió a los pobres de la congregación como los tesoros de la comunidad y de la iglesia, pero él entendió la palabra según el uso en su tiempo.

60. Afirmamos sin insolencia que las llaves de la iglesia, entregadas por los méritos de Cristo, son este tesoro.

61. Porque es claro que el poder del papa es suficiente para la remisión de las penas y el perdón en los casos reservados.

62. El correcto y verdadero tesoro de la iglesia es el santísimo evangelio de la gloria y de la gracia de Dios.

63. Este tesoro, sin embargo, es con razón odiado, porque hace que los primeros sean los últimos.

64. Mientras que el tesoro de las indulgencias es con razón bien recibido, porque este hace que los últimos sean los primeros.

65. Por lo tanto, los tesoros del evangelio son redes, con las cuales, en tiempos pasados, uno pescaba a los hombres arrebatándoselos al dios dinero.

66. Pero los tesoros de las indulgencias son redes, con las cuales en el presente uno pesca al dios dinero arrebatándoselo a los hombres.

67. Esas indulgencias, las que proclaman los predicadores como grandes favores o misericordias, en realidad lo son, pues proveen ganancias.

68. Pero son los más pequeños comparados con la gracia de Dios y la devoción a la cruz.

69. Los obispos y los clérigos deben velar con ojos y oídos, para que los enviados (comisarios) de las indulgencias papales se reciban con toda reverencia.

70. Pero ellos deben vigilar aún más, con ojos y oídos, que estos comisarios no prediquen sus propios asuntos, sino lo que el papa les mandó.

71. El que hable contra la verdad de las indulgencias apostólicas sea anatema y maldito.

72. Pero sea bendito el que esté alerta contra las palabras insolentes e insensatas del predicador de indulgencias.

73. Así como el papa justamente deshonra y excomulga a aquellos que utilizan cualquier forma de artilugio para dañar la venta de las indulgencias.

74. Mucho mayor es su intención, del papa, de deshonrar y excomulgar a aquellos que bajo el pretexto de las indulgencias utilizan artilugios para dañar el santo amor y la verdad.

75. Es locura pensar que las indulgencias papales tienen poder para absolver a un hombre incluso, por mencionar algo imposible, si hubiera violado a la madre de Dios.

76. Afirmamos, por el contrario, que la indulgencia papal no puede quitar el más pequeño de los pecados diarios, en cuanto a la culpa de este.

77. Declarar que San Pedro, si ahora fuera el papa, no podría mostrar mayores misericordias, sería una blasfemia contra San Pedro y contra el papa.

78. Afirmamos, por el contrario, que tanto este como todo papa tiene mayores misericordias que mostrar: concretamente, el evangelio, las capacidades espirituales, los dones de sanidad, etc. (1 Cor. 12).

79. Quien diga que la cruz con las armas del papa, solemnemente levantada, tiene tanto poder como la cruz de Cristo, blasfema contra Dios.

80. Aquellos obispos, clérigos y teólogos que permitan que tales discursos se pronuncien entre la gente tendrán que dar cuenta por ello.

81. Tales sermones insolentes sobre las indulgencias hacen difícil, aun para los entendidos, defender el honor y la dignidad del papa contra las calumnias que se le levantan, y aun contra las preguntas inquisitivas de los laicos.

82. Por ejemplo, ¿por qué el papa no libera de una vez a todas las almas que están en el purgatorio, para mostrar el santo amor y debido a la amarga angustia de dichas almas, que serían las razones ineludibles, mientras que, por otro lado, salva una cantidad innumerable de almas movido por la cosa más miserable: el dinero, para ser invertido en la catedral de San Pedro, la que sería la más insignificante de las razones?

83. De nuevo: ¿por qué continúan las misas por los muertos, y por qué el papa no devuelve o permite que se retiren los fondos que se establecieron para el bien de los muertos, puesto que ahora es erróneo rezar por aquellos que ya son salvos?

84. De nuevo: ¿cuál es esta nueva santidad de Dios y del papa que, por dinero, permiten que el impío y el enemigo de Dios salve un alma piadosa y fiel a Dios, pero que no salva un alma piadosa y

amada por la que no se paga, la cual debería ser salva no por el dinero, sino por el amor y el deseo de liberarla de la aflicción?

85. De nuevo: ¿por qué los cánones de la penitencia, que se abolieron hace mucho tiempo y que caducaron en sí mismos, porque ya no se aplicaban, aún se pagan con dinero mediante la concesión de indulgencias, como si todavía estuvieran vigentes y fueran aplicables?

86. De nuevo: ¿por qué el papa no construye la catedral de San Pedro con su propio dinero, puesto que sus riquezas son ahora más abundantes que las del antiguo aristócrata romano Craso, en lugar de hacerlo con el dinero de los pobres creyentes?

87. De nuevo: ¿qué remite el papa o confiere a aquellos que, a través de la perfecta penitencia, ya tienen el derecho a la remisión y la indulgencia plenarias?

88. De nuevo: ¿qué bien mayor podría recibir la iglesia, sino aquel en el que el papa presentara esta remisión e indulgencia cien veces por día a cualquier creyente, en lugar de hacerlo solo una vez, como lo hace ahora?

89. Si el papa busca, con sus indulgencias, la salvación de las almas, en lugar de dinero, ¿por qué anula las cartas de indulgencias conferidas tiempo atrás, y las declara expiradas, aunque no lo estén?

90. Reprimir por la fuerza estas reveladoras preguntas de los laicos, y no resolver ninguna con la verdad, es exponer a la

iglesia y al papa al ridículo delante del enemigo y hacer que el pueblo cristiano quede descontento.

91. Por lo tanto, si las indulgencias se predicaran según la intención y la opinión del papa, todas estas objeciones se responderían fácilmente; es más, nunca se hubieran suscitado.

92. Hay que rechazar a todos esos profetas que le dicen a la comunidad de Cristo: «paz, paz», y no hay paz.

93. Sean benditos todos esos profetas que le dicen a la comunidad de Cristo: «la cruz, la cruz» y no hay cruz.

94. Se debe exhortar a los cristianos a que se esfuercen en seguir a Cristo, su Cabeza, a través de la cruz, la muerte y el infierno.

95. Y así esperar, con confianza, entrar al cielo a través de muchas adversidades, en lugar de buscar hacerlo a través de una falsa seguridad.

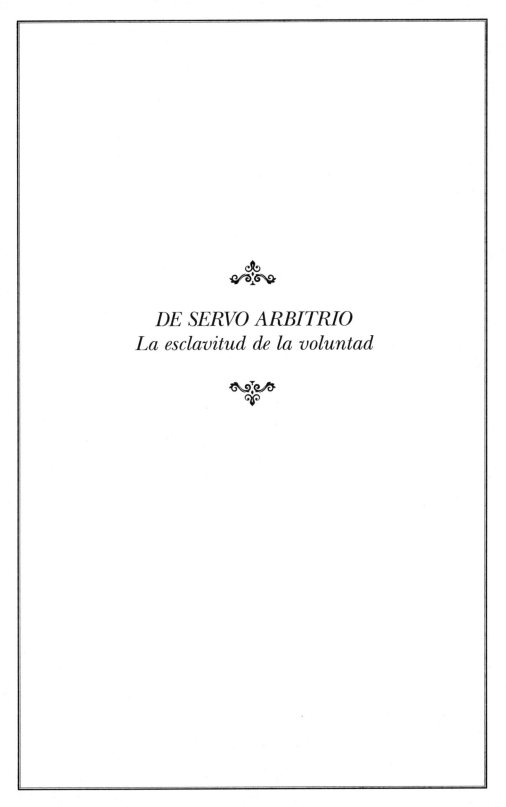

DE SERVO ARBITRIO
La esclavitud de la voluntad

Contenido

Prefacio del traductor al inglés

El traductor ha considerado desde hace tiempo presentar a la iglesia británica una versión en el idioma inglés de una selección escogida de las obras del gran reformador Martín Lutero, y en noviembre último, presentó propuestas para esa publicación. Sin embargo, considera necesario establecer que este tratado sobre *La esclavitud de la voluntad* no formaba parte de su plan cuando se enviaron las propuestas. Pero al recibir, posteriormente, la solicitud de varios amigos para emprender la presente traducción, no solo fue convencido a acceder a tal requerimiento, sino además a aceptar la prudencia de su sugerencia, que esta obra debería preceder a las que se mencionaron en las propuestas originales. El elogio rotundo que le concedió alguien tan eminente como el difunto reverendo Augustus Montegue Toplady, quien la consideró una obra maestra de composición polémica, había impresionado con razón las mentes de aquellos amigos con una correcta idea del valor del tratado; y fue su ferviente deseo que las opiniones llanas y los argumentos contundentes de Lutero sobre el tema que contenía, deberían presentarse a la iglesia, sin adornos superfluos y sin alteraciones del original, con excepción de su presentación en la versión en el idioma inglés. En suma, ¡ellos deseaban ver una traducción fiel y correcta de *La esclavitud de la voluntad* de Lutero: sin anotaciones ni comentarios! En este deseo, el traductor expresó su total acuerdo, y al recibir y aceptar la solicitud, se sentó a trabajar de inmediato, lo cual sucedió el lunes 23 de diciembre de 1822.

Puesto que el traductor es respetuoso del carácter de la versión en sí misma, después de pensar mucho sobre la eminencia del autor como una autoridad en la Iglesia de Dios, y la importancia de desviarse del texto original en cualquiera que fuese la forma, al final decidió traducir de acuerdo al siguiente principio: es su plan que en cada traducción futura que pueda presentar al público entregue con fidelidad la mente de Lutero, lo cual cumplirá de forma rigurosa; al ser tan literal como se lo permita el inglés, tanto en lo que se refiere a la redacción, la terminología y las expresiones del reformador. Con qué grado de fidelidad ha cumplido este principio el traductor en el presente trabajo, deberá decidirlo el público. La inclusión de las siguientes observaciones debería ser suficiente al considerar esta obra:

1. La obra es una traducción a partir de la edición de Melanchthon, la cual este publicó justo después de la muerte de Lutero.

2. Las divisiones principales del tratado, que no se plantean de manera expresa en el original, se agregan en la traducción para que el lector pueda tener un panorama de toda la obra

y sus partes. Las divisiones son estas: introducción, prefacio, exordio, primera, segunda y tercera parte de la discusión, y conclusión.

3. Las secciones en que se subdivide el asunto, que en el original se distinguen con una enorme mayúscula al inicio, aparecen en la traducción (en español) como secciones 1, 2, 3, 4, etc.

4. Las citas de la Diatriba[1] están, en la traducción, entre comillas, pero con esta distinción: cuando se citan las propias palabras de Erasmo en el original aparecen entre comillas angulares o bajas; pero cuando se cita solo lo que respecta a sus opiniones aparece entre comillas simples. Sin embargo, el lector observará que esta diferencia no se adoptó hasta después de que las primeras tres páginas fueron impresas, lo cual explica todas las citas, en esas páginas, que están precedidas y seguidas por comillas angulares. Aunque se estima que no habrá dificultad en descubrir cuáles son las propias palabras de Erasmo y cuáles son solo la esencia de sus opiniones.

5. Las porciones de la Escritura a las que aduce Lutero están, en algunos ejemplos, traducidas a partir de sus propias palabras, y no responden a nuestra versión de la Biblia en inglés. Se atendió a esto en particular en aquellos pocos lugares cuando la lectura de Lutero variaba un poco de nuestra versión, como algo más consistente con una correcta traducción del autor original, pero no con la pretensión de favorecer la introducción de lecturas innovadoras o diferentes de la Palabra de Dios.

---

1. *Diatriba* es un tipo de escrito o discurso en el que se debate contra algo o alguien. Se caracteriza por utilizar lenguaje áspero.

Con estas pocas y preliminares observaciones, el traductor presenta al público este profundo tratado del inmortal Lutero sobre *La esclavitud de la voluntad.* Confía en que tiene el deseo sincero, que su propia labor pueda llegar a ser, en todo aspecto, una traducción fiel, y que el trabajo pueda considerarse, bajo la bendición divina, una adquisición invaluable para la iglesia, «una trilladora llena de dientes» para la exposición de la sutileza y el error, ¡una bandera en defensa de la verdad, y un medio para la edificación y el establecimiento de todos aquellos que están dispuestos a venir a la luz para que sus obras sean manifiestas, y para ser enseñados según la Palabra de Dios!

Henry Cole
Londres, marzo de 1823.

Introducción

Martín Lutero al venerable doctor Erasmo de Róterdam: gracia y paz en Cristo. Que, contrario a lo que todos esperaban, así como a mi propia costumbre, me he tardado mucho en contestar tu Diatriba sobre el «libre albedrío», venerable Erasmo. Hasta ahora, no solo ha parecido que aceptaba con agrado oportunidades de este tipo para escribir, sino que incluso las buscaba. Quizás, alguien se pregunte sobre esta nueva e insólita indulgencia o temor, en Lutero, quien no pudo ser provocado por las burlas jactanciosas de muchos, y las cartas de adversarios, que felicitaban a Erasmo por su victoria y le cantaban el himno del triunfo: ¡qué macabeo tan obstinado, por fin ha encontrado un contrincante a su altura, contra quien no se atreve a abrir la boca!

Pero aunque estoy lejos de acusarlos, yo mismo públicamente te concedo lo que antes no concedí a nadie: que no solo me superas considerablemente en elocuencia y en ingenio (lo cual todos te reconocemos, sobre todo yo que soy un inculto y hago todas las cosas de manera tosca), sino porque has apagado tanto mi espíritu como mi ímpetu y me has debilitado antes de la batalla; y ello por dos razones. La primera, por tu habilidad, es decir, porque tratas con admirable y constante modestia esta discusión que has emprendido, lo que me ha impedido encolerizarme contra ti. Y la segunda razón, porque, sobre este gran tema, no dices nada que no se haya dicho antes. Por eso dices menos y atribuyes más al «libre albedrío» de lo que hasta el momento han dicho y atribuido los sofistas (a lo que haré referencia con mayor amplitud más adelante). Entonces, parecía hasta innecesario responder a aquellos tus argumentos, los cuales he rebatido a menudo; pero que han sido pisoteados y aplastados por el irrefutable libro de Felipe Melanchthon *Lugares comunes de la teología,* un libro, que a mi juicio, no solo merece ser inmortalizado, sino ser incluido en el canon eclesiástico, en comparación con el cual, tu libro es, en mi opinión, tan mezquino e infame, que te compadezco sobremanera porque has profanado con tal basura tu tan hermosa e ingeniosa manera de expresarte; y me indigna también que asunto tan deshonroso se presente con tal elocuencia; lo cual es como guardar porquería, o estiércol, en vasijas de oro y plata. Y tú mismo pareces haberte dado cuenta de esto, pues estabas tan poco dispuesto a emprender esta tarea; sin duda porque tu conciencia te advirtió que aunque trataras el asunto con toda elocuencia no serías capaz de engañarme, sino que una vez arrancados los artificios de las palabras, descubriría la escoria que yacía debajo. Pues, aunque sea tosco en mi manera de expresarme, no lo soy, por la gracia de Dios, en mi entendimiento del asunto. Y, con Pablo, me atrevo a arrogarme el entendimiento y con certeza negártelo; si bien estoy dispuesto a reconocer tu elocuencia e ingenio, los cuales no reclamo para mí.

Por tanto, pensé así: si hay personas que no bebieron generosamente, y no sostuvieron con firmeza mis doctrinas, las cuales se apoyan en las Escrituras, sino que se dejaron infectar por estos argumentos ligeros y triviales, aunque presentados con elegancia por Erasmo, no merecen ser sanadas con mi respuesta. Porque, para tales personas, nada que se diga o se escriba es suficiente, aunque se repitiese mil veces en muchos miles de libros. Sería como arar en la playa, o plantar semillas en la arena, o intentar llenar con agua un barril lleno de hoyos. Pues aquellos que han bebido suficiente y en abundancia del Espíritu en mis libros, de inmediato desprecian tus escritos. Sin embargo, aquellos que leen sin el Espíritu, no es de extrañar que sean llevados, como juncos, por cada viento. A ellos, ni Dios habría dicho lo suficiente, aun cuando todas Sus criaturas se convirtiesen en lenguas. Por eso, quizás, habría sido sensato no considerar a aquellos que se ofendieron por tu libro, así como a aquellos que se jactaron y te dieron el triunfo.

Por ello, mi ímpetu para responderte no fue sofocado por la multitud de compromisos, ni la dificultad de la tarea a emprender, ni la grandeza de tu elocuencia, ni el temor a ti; sino por la mera molestia, la indignación y el desprecio, o, por así decirlo, mi juicio sobre tu Diatriba. Sin dejar de notar que, según tu manera de ser, te esmeras en todas las ocasiones en ser resbaladizo y ambiguo en tus palabras; eres más cauto que Ulises[1], pues parece que navegas entre Escila y Caribdis[2], ya

---

1. Nota del traductor al español: Odiseo o Ulises es el personaje principal en la Odisea de Homero, quien emprende un viaje buscando la fama. Se caracteriza por ser versátil, inteligente, hábil o astuto, capaz de engañar para lograr sus objetivos.

2. Nota del traductor al español: Escila y Caribdis eran monstruos marinos de la mitología griega. Cada uno estaba situado a un lado de un estrecho, de manera que el navegante debía evitar a ambos, porque cualquiera de ellos representaba peligro.

que cuando afirmas algo, al mismo tiempo, parece que no lo hicieras. Me preguntaría, en cuanto a esta clase de hombres, ¿qué se puede presentar o qué se puede escribir, a menos que alguno sepa como atrapar a Proteo? Pero lo que pueda hacer en este asunto, y en qué te beneficiará, te lo mostraré más adelante, con la ayuda de Cristo.

Así pues, mi respuesta tiene sus razones. Me apremian mis hermanos en Cristo, pues muchos esperan que dé una respuesta; al ver que la autoridad de Erasmo no es despreciable, y que la verdad de la doctrina cristiana peligra en los corazones de muchos. Y así, me sentí convencido de que mi silencio no sería del todo correcto, y que fui engañado por la prudencia o la malicia de la carne, y no consideré lo suficiente mi cargo, del cual soy deudor, tanto a sabios como a ignorantes; y en particular, si fui llamado a responder por las súplicas de tantos hermanos.

Porque si bien nuestra causa es tal que requiere algo más que al maestro externo que planta y riega por fuera, también requiere del Espíritu de Dios que da el crecimiento y, como un maestro que vivifica, nos enseña las cosas vivientes por dentro (todo lo cual he considerado); no obstante, puesto que el espíritu es libre, y sopla, no donde queremos, sino donde Él quiere, fue menester observar la regla de Pablo: «… insiste a tiempo y fuera de tiempo…» (2 Tim. 4:2), porque no sabemos la hora en que viene el Señor. Por ello, quizás todavía no les ha llegado su hora a aquellos que no han sentido la enseñanza del Espíritu en mis escritos, pero que han sido abatidos por esa Diatriba.

Y quién sabe, mi querido Erasmo, si Dios aún se digne visitarte a través de mí, Su inadecuada y frágil vasija; y que pueda (lo que ruego desde mi corazón al Padre de las misericordias, a través de Jesucristo nuestro Señor) llegarte por medio de este libro en un buen momento, y ganar a un querido hermano. Porque si bien piensas y escribes equivocadamente sobre el «libre albedrío», te debo agradecer porque has confirmado aun más mi posición sobre el asunto, cuando vi que era tratado con gran talento, pero que lejos de ser mejorado, quedó peor que antes. Esto es una clara evidencia de que el «libre albedrío» es pura mentira; y que, como la mujer en el Evangelio mientras más se ocupaban los médicos de ella, peor le iba. Por eso, un mayor agradecimiento de mi parte, si por mi medio logro darte más información, así como tú me diste una mayor confirmación sobre el asunto en cuestión. Sin embargo, tanto lo uno como lo otro es un don de Dios, y no el fruto de nuestros propios esfuerzos. Por lo cual, es necesario rogar a Dios para que a mí me abra la boca, y a ti y a los demás el corazón; y que Él sea el maestro en medio de nosotros, quien habla y escucha en nosotros.

En cuanto a ti, mi querido Erasmo, concédeme esta petición: que, así como en estos asuntos soporto tu ignorancia, tú, a la vez, soportes mi falta de elocuencia. Porque ni Dios da todos los dones a una sola persona; ni esta puede hacer todas las cosas. O, como lo afirmaba Pablo: «... hay diversidad de dones, pero el Espíritu es el mismo» (1 Cor. 12:4). Entonces, los dones prestan un servicio mutuo, que aquel que tiene un don sobrelleve la carga y lo que le falta al otro; así cumpliremos la ley de Cristo (Gál. 6:2).

Prefacio revisado de Erasmo

Sección 1—Ante todo, quisiera referirme a algunas partes importantes de tu prefacio; en el cual, de alguna manera desacreditas nuestra causa y embelleces la propia. En primer lugar, he notado que censuras, así como en todos tus libros anteriores, mi obstinación en las aserciones; y declaras en este libro: «que tan poco te agradan las aserciones que no tendrías ninguna dificultad en ceder ante las opiniones de los escépticos dondequiera que te lo permitiera la autoridad inviolable de las Santas Escrituras, y los decretos de la iglesia: a los cuales estás dispuesto a someterte en todas las cosas, ya sea que entiendas lo que prescriben o no». Estos son los principios que te placen.

Considero (a lo que estoy obligado por cortesía), que afirmas estas cosas con buenas intenciones y porque amas la paz. Sin embargo, si alguien más las hubiera afirmado, tendría, quizás, que haberle atacado en mi acostumbrada manera. Sin embargo, no debo permitirte, aunque tengas buenas intenciones, errar en esta opinión. Porque no concuerda con la naturaleza de la mente cristiana disgustarse en las aserciones: más bien debe agradarse en las aserciones, o no es un cristiano. Sin embargo, (no nos equivoquemos en términos) por *aserción* me refiero a una proposición en que se afirma algo, a lo cual me adhiero, confieso, defiendo y persevero sin darme por vencido. No creo que el término signifique algo más, para los antiguos latinos o como lo usamos nosotros. Y más aún, hablo respecto a la aserción de esas cosas, las que nos han sido entregadas desde arriba en las Santas Escrituras. Por lo que no necesitamos a un Erasmo ni a otro maestro que nos enseñe que en las cosas dudosas, inútiles o innecesarias; las aserciones, las contiendas y las luchas no solo serían absurdas, sino impías. Lo cual, Pablo condena en más de un lugar. Como tampoco, creo, hablas de estas cosas, a menos que, como un ridículo orador, quisieras abordar un tema, y luego abordar otro, como el emperador romano con su rodaballo[1]; o, quisieras argüir con el delirio de un escritor perverso que el artículo respecto al «libre albedrío» es dudoso e innecesario.

Lejos estén los escépticos y los académicos de los que somos cristianos, pero estén con nosotros aquellos que confiesan con el doble de determinación aún más que los mismos estoicos. ¿Cuántas veces el apóstol Pablo exige esa aserción de la fe; es decir, la más cierta y firme aserción de la conciencia, a la que llama confesión: «… con la boca se confiesa para salvación» (Rom. 10:10)? Y Cristo también declaró: «… todo el que me confiese delante de los hombres, yo también le confesaré

---

1. Nota del traductor al español: La referencia es a las *Sátiras de Juvenal*, poeta romano, que critica al emperador Domiciano por ocuparse en nimiedades al convocar al senado y a los consejeros de la corte para consultarles cómo preparar un gran pescado rodaballo.

delante de mi Padre que está en los cielos» (Mat. 10:32). Pedro nos manda a dar «razón de la esperanza» que está en nosotros (1 Ped. 3:15). Sin embargo, ¿por qué debería insistir sobre este asunto?; nada es más conocido y habitual entre los cristianos que las aserciones. Elimina las aserciones, y eliminarás el cristianismo. Es más, el Espíritu Santo le es dado a los cristianos desde los cielos, de manera que glorifiquen a Cristo y lo confiesen incluso hasta la muerte; a no ser que esto no implique morir por causa de la confesión y la aserción. En resumidas cuentas, el Espíritu también hace aserciones, y lo hace de tal manera que viene sobre el mundo entero y lo reprende de pecado (Juan 16:8) como si provocara a la batalla. Y Pablo encomienda a Timoteo que reprenda a tiempo y fuera de tiempo (2 Tim. 4:2). Pero ¡cuán absurdo sería que el que reprende, ni él mismo creyera aquello que reprende ni lo afirmara de continuo! ¿Por qué, sin creer, lo enviaría a Anticira[2] para que fuera sanado?

Sin embargo, soy un grandísimo tonto, al malgastar palabras y tiempo sobre un asunto que está más claro que el sol. ¿Qué cristiano permitiría que esas aserciones se despreciaran? Esto sería negar de golpe toda religión y piedad: o afirmar que la religión, la piedad y toda doctrina son nada. Entonces ¿por qué declaras que no te agradan las aserciones, y que prefieres tal modo de pensar a cualquier otro?

Pero habrás entendido que no has dicho nada sobre confesar a Cristo y Sus enseñanzas. Yo recibo la amonestación. Y, como una cortesía renuncio a mi derecho y costumbre, y me abstengo

---

2. Nota del traductor al español: Es una referencia a la ciudad Anticira, en la cual, según la mitología griega, Anticireos curó a Hércules con unas hierbas (eléboros) propias del área.

de juzgar tu corazón, lo cual reservo para otra ocasión, o para otras personas. Entre tanto, te pido que procures corregir tu lengua y tu pluma, y me abstengo en lo sucesivo de usar tales expresiones. Pues cuán recto y honesto sea tu corazón, no lo sé, porque tus palabras afirman lo contrario. Porque si piensas que el asunto sobre el «libre albedrío» no es necesario que sea conocido, y que no se relaciona con Cristo, hablas con franqueza, pero piensas perversamente. En cambio, si piensas que es necesario conocer sobre el asunto, hablas con maldad, pero piensas correctamente. Y si es así, entonces no hay espacio para que te quejes y exageres demasiado respecto a inútiles aserciones y contiendas, pues ¿qué tienen que ver con la naturaleza del asunto?

Escepticismo de Erasmo

Sección 2—Sin embargo, ¿qué dirás sobre tus propias declaraciones, cuando, no hay que olvidar, que no solo te refieres al «libre albedrío», sino a todas las doctrinas en general al afirmar «que tan poco te agradan las aserciones que no tendrías ninguna dificultad en ceder ante las opiniones de los escépticos dondequiera que te lo permitiera la autoridad inviolable de las Santas Escrituras, y los decretos de la iglesia»?

¡Qué mutable Proteo[1] hay en estas expresiones: «autoridad inviolable» y «decretos de la iglesia»! ¡Parece que tuvieras una gran reverencia por las Escrituras y la iglesia, cuando al mismo tiempo expresas que desearías tener la libertad de ser un escéptico! ¿Qué cristiano se expresaría de esta manera? Pero si declaras esto respecto a las doctrinas dudosas e inútiles, ¿qué novedad hay en lo que afirmas? ¿Quién no desearía tener la

---

1. Nota del traductor al español: Proteo, en la mitología griega, era el dios del mar, y se caracterizaba por cambiar con frecuencia. El término se usa para referirse a aquellas personas que con facilidad cambian de opinión o de intereses.

libertad de un escéptico en tales cosas? Más bien, ¿qué cristiano no usa esta libertad sin impedimentos y condena a todos aquellos que son atraídos y cautivados por cualquier opinión? A no ser que consideres a todos los cristianos (como se entiende por lo general el término) como gente con doctrinas inútiles, por las cuales se pelean como tontos y se enfrentan por aserciones. No obstante, si hablas de cosas necesarias, ¿podría alguien formular una declaración más impía que desear la libertad de no afirmar nada sobre tales asuntos? En cambio, el cristiano diría esto: estoy tan reacio a las opiniones de los escépticos que siempre que no sea entorpecido por la debilidad de la carne, no solo me adheriría a los sagrados escritos por doquier y en todas sus partes, y los confesaría, sino que también desearía tener certeza en las cosas que no son necesarias y que no se encuentran en las Escrituras, pues nada es más deplorable que la incertidumbre.

¿Qué más añadiríamos cuando afirmas: «a los cuales estás dispuesto a someterte en todas las cosas, ya sea que entiendas lo que prescriben o no»?

¿Qué dices, Erasmo? ¿No es suficiente que sometas tu opinión a las Escrituras? ¿También la sometes a los decretos de la iglesia? ¿Qué puede decretar la iglesia que no esté ya decretado en las Escrituras? Si la iglesia puede, entonces ¿dónde queda la libertad y el poder de juzgar a aquellos que hacen los decretos? Como enseña Pablo en 1 Corintios 14: «los demás juzguen». ¿No te complace que haya alguien que juzgue los decretos de la iglesia, pese a que Pablo los prescribe? ¿Qué clase de nueva religión y humildad es esta, que, con nuestro propio ejemplo, nos arrebatarías el poder de juzgar los decretos de los hombres, y darla sin juicio a estos? ¿Dónde nos manda la Escritura a hacer tal cosa?

Además, ¿qué cristiano menospreciaría a tal grado los preceptos de la Escritura y de la iglesia que se atreviera a decir «ya sea que entiendas o no lo que prescriben»? Te sometes, pero no te interesa en absoluto si los entiendes o no. Pero sea anatema el cristiano que carece de certidumbre y entendimiento sobre lo que se le prescribe. Pues ¿cómo creerá lo que no entiende?

Entonces, ¿aquí te refieres a que entiendes algo con certeza, y no dudas de ello como un escéptico? Si así fuese, ¿qué hay en cualquier cosa creada que alguno puede entender, si entender fuese ver y conocer con perfección? Y si este fuese el caso, es imposible que alguno entendiera algunas cosas y al mismo tiempo no entendiera otras, en cambio si entiende una cosa, esto es a Dios, entiende todas las cosas; puesto que quienquiera que no lo entienda, nunca entenderá ninguna parte de la cosa creada.

En pocas palabras, tus declaraciones se reducen a esto: que no te importa lo que cualquiera crea en cualquier lugar, con tal que no se perturbe la paz del mundo. Y si por ello se permitiera, cuando su vida, reputación o intereses estuvieran en riesgo, seguir los pasos de aquel que declaró: «Si ellos lo afirman, yo lo afirmo, si ellos lo niegan, yo lo niego», y considerar las doctrinas cristianas como nada mejores que las opiniones de los filósofos y los hombres; y que es una gran insensatez discutir sobre ellas, defenderlas o hacerlas valer, ya que nada podría surgir de ello sino discordia, y el trastorno de la paz pública: «lo que está sobre nosotros, no nos concierne». A esto se reducen tus palabras. Por ello, para poner fin a nuestra discusión, vienes como un mediador, para que cada una de las partes deponga las armas y nos haces creer que debemos cesar de desenvainar espadas por cosas absurdas e inútiles.

¿Debería detenerme aquí, mi querido Erasmo? Creo, que lo sabes bien. Sin embargo, como lo afirmé antes, no lo expresaré abiertamente. Mientras tanto, disculpo tus buenas intenciones, pero no vayas más lejos; teme al Espíritu de Dios, quien escudriña los corazones y al que no se le engaña con palabras artificiosas. De aquí en adelante, como lo he expresado, deja de acusar nuestra causa como si se tratara de terquedad y obstinación por mantener nuestra opinión. Porque al hacerlo revelas que abrazas en tu corazón a Luciano[2] o a algún otro de los cerdos de los epicúreos, quien no cree que Dios exista, por lo cual se ríe para sus adentros de aquellos que creen y lo confiesan. Permítenos hacer aserciones, así como estudiarlas y agradarnos en ellas; tú favorece a tus escépticos y académicos hasta que Cristo te llame a ti también. El Espíritu Santo no es un escéptico; ni tampoco ha escrito dudas u opiniones en nuestros corazones, sino aserciones más ciertas y firmes que la vida misma y cualquier experiencia humana.

Sección 3—Pasaré a otra parte importante, la cual está relacionada con el asunto que nos ocupa. Donde haces una «distinción entre las doctrinas cristianas» y pretendes que algunas son necesarias y otras no. Y afirmas que «algunas son incomprensibles y otras son bastante claras». Así, solo juegas con las palabras de otros o te ejercitas a ti mismo en el uso de una figura retórica. Y presentas para respaldar esta opinión, el pasaje de Pablo en Romanos 11:33: «¡Oh profundidad de las riquezas y de la sabiduría y del conocimiento de Dios!». Y además el pasaje de Isaías 40:13: «¿Quién guio al Espíritu del Señor, o como consejero suyo le enseñó?».

---

2. Nota del traductor al español: Luciano de Samósata fue un escritor satírico, oriundo de Siria, que vivió durante el siglo II. Era escéptico por lo que se burlaba de toda creencia y dogma.

Puedes con facilidad afirmar estas cosas, o no sabías que estabas escribiendo a Lutero, sino al mundo en general, o no pensaste que estabas escribiendo contra Lutero, quien, así lo espero, admites que tiene algún conocimiento y juicio sobre los escritos sagrados. Pero si no lo admites, haré que lo admitas. Esta es la distinción que haré, al usar un poco de la retórica y la lógica: Dios y las Escrituras de Dios son dos cosas; no menos de lo que son Dios y la criatura de Dios. De que en Dios hay muchas cosas escondidas que no conocemos, ni nadie duda de ellas, así como Él mismo declara en cuanto a los últimos días: «Pero de aquel día y hora nadie sabe [...] sino solo mi Padre» (Mat. 24:36). Y «... No os corresponde a vosotros saber los tiempos ni las épocas...» (Hech. 1:7). Y de nuevo, «... yo conozco a los que he escogido...» (Juan 13:18). Y Pablo cuando afirma: «... El Señor conoce a los que son suyos» (2 Tim. 2:19). Y otras cosas similares.

Sin embargo, los impíos sofistas dan a conocer por todas partes que hay algunas cosas que son difíciles de entender, y que no todas son bastante claras; por cuya boca tú hablas también. Sin embargo, nunca han producido, ni siquiera pueden producir, un artículo por el cual prueben su necedad. Y con tales espantajos, Satanás atemorizó a los hombres de leer las Sagradas Escrituras y las hizo despreciables, de manera que su propio veneno de la filosofía prevaleciera en la iglesia. Sin duda, confieso que hay pasajes en las Escrituras que son oscuros y difíciles de entender; pero esto no es debido a la majestuosidad de los asuntos, sino debido a nuestra ignorancia sobre ciertos términos y detalles gramaticales; pero estos pasajes no impiden que se puedan conocer todas las cosas en las Escrituras. Pues ¿qué puede permanecer escondido en las

Escrituras de mayor importancia, rotos los sellos y removida la piedra de la entrada del sepulcro, ahora que se ha revelado el más grande de todos los misterios: que Cristo se hizo hombre, que Dios es trino y uno, que Cristo sufrió por nosotros y reinará para siempre? Acaso ¿no son cosas sabidas y proclamadas en nuestras calles? Quita a Cristo de las Escrituras, y ¿qué encontrarás que queda en ellas?

Por ello, todo lo que contienen las Escrituras es evidente, aunque algunos pasajes, debido a que no se entienden las palabras, aún son oscuros. Sin embargo, saber que todas las cosas en las Escrituras se exponen con la mayor claridad, y luego, solo porque unas pocas palabras son oscuras, afirmar que son oscuras, es absurdo e impío. Empero, si las palabras son oscuras en un pasaje, son claras en otro. Y si la misma cosa, la cual ha sido declarada abiertamente al mundo entero, se menciona en las Escrituras en palabras sencillas y aún permanece oculta entre palabras oscuras, poco importa porque si la cosa está clara, aun cuando ciertas ideas de ella estén o no en la oscuridad, muchas otras ideas de la misma cosa están claras. Pues ¿quién diría que una fuente pública no está a la luz, solo porque no la vean aquellos que están en alguna estrecha callejuela, cuando todos los que están en la plaza la pueden ver claramente?

Sección 4—Entonces, lo que citas como evidencia sobre la oscuridad de la cueva de Coricio[3], se reduce a nada. Sin embargo, la situación difiere en cuanto a las Escrituras. Porque aquellas cosas que son de mayor majestuosidad, y los misterios más incomprensibles, ya no están en un rincón oscuro, sino

---

3. Nota del traductor al español: Se trata de una cueva en una ladera del monte Parnaso en Grecia.

que están a la vista de todos. Pues Cristo ha abierto nuestro entendimiento para entender las Escrituras (Luc. 24:45). Y el evangelio se predica a toda criatura (Mar. 16:15; Col. 1:23). «Mas por toda la tierra salió su voz...» (Sal. 19:4). Y «Porque todo lo que fue escrito en tiempos pasados, para nuestra enseñanza se escribió...» (Rom. 15:4). Y también, «Toda Escritura es inspirada por Dios y útil para enseñar...» (2 Tim. 3:16).

Así pues, den la cara, tú y todos los sofistas, y produzcan un solo misterio que siga siendo difícil de comprender en las Escrituras. Porque si muchas cosas permanecen abstrusas para muchos, no se debe a que haya oscuridad en las Escrituras, sino a su propia ceguera o falta de entendimiento, que no se esfuerzan en ver la claridad perfecta de la verdad. Como lo declara Pablo en cuanto a los judíos: «... un velo está puesto sobre sus corazones» (2 Cor. 3:15). Y en 2 Corintios 4:3-4: «Y si todavía nuestro evangelio está velado, para los que se pierden está velado, en los cuales el dios de este mundo ha cegado el entendimiento...». Con la misma imprudencia alguno podría cubrir sus ojos, o ir de la luz a las tinieblas y ocultarse, y luego culpar al día y al sol por ser oscuros. Por ello, que aquellos hombres miserables, con perversidad blasfema, dejen de atribuir las tinieblas y la oscuridad de su propio corazón a las tan claras Escrituras de Dios.

Entonces, cuando aduces que Pablo declara: «... cuán insondables son sus juicios...», parece que te refieres al pronombre *Sus* (*ejus*) como la Escritura (*Scriptura*). Por el contrario, Pablo no declara que los juicios de la Escritura son insondables, sino los juicios de Dios. Así también, 1 Corintios 2:16 no declara, ¿quién ha conocido la mente de la Escritura?, sino, ¿quién ha conocido la mente del Señor?

Aunque Pablo afirma que los cristianos conocen la mente del Señor, esto es en aquellas cosas que se nos han dado sin reservas, como también lo asevera en el mismo texto de 1 Corintios 2:10, 16. Por ello, puedes apreciar, con cuánto descuido has estudiado estos textos de la Escritura; pues de modo conveniente los citas como citas casi todos los pasajes en defensa del «libre albedrío».

Del mismo modo, los ejemplos que añades, no sin desconfianza y amargura, no tienen nada que ver con el asunto. Esos son aquellos que se refieren a la distinción de las personas; la unión de la naturaleza humana con la divina; el pecado imperdonable, cuya ambigüedad, como expresas, nunca ha sido aclarada. Si con esto te refieres a las cuestiones de los sofistas que han provocado inquietud sobre estos asuntos, ¡bien hecho! Pero ¿qué te ha hecho la sencilla Escritura, que le atribuyes a su pureza el abuso de los más impíos de los hombres? La Escritura confiesa con sencillez la trinidad de Dios, la humanidad de Cristo y el pecado imperdonable. Aquí no hay nada de oscuridad ni de ambigüedad. Aquello que la Escritura no aclara, tampoco es necesario saberlo. Aquí es donde los sofistas aplican sus sueños; atácalos y condénalos a ellos, pero absuelve a las Escrituras. Sin embargo, si te refieres a la realidad del asunto, te insto, no ataques a las Escrituras, sino a los arrianos, y a aquellos para los cuales el evangelio está velado, que, a través de los mecanismos de Satanás, no ven la evidencia sobre la trinidad de la deidad ni la humanidad de Cristo.

Pero tengo que ser breve. La claridad de las Escrituras tiene dos aspectos, así como también la oscuridad tiene dos aspectos. Un aspecto es externo, que se encuentra en el ministerio de la Palabra; el otro aspecto es interno, que se encuentra en el entendimiento del corazón. Si hablas de claridad interna, nadie entiende siquiera una *jota* en las Escrituras, sino aquel que tiene el Espíritu de Dios. Todos tienen el corazón entenebrecido; de modo que, aunque supieran cómo hablar de todas las cosas en las Escrituras y describirlas, al final, no pueden percibirlas y saberlas, ni creer que son criaturas de Dios, ni ninguna otra cosa según lo pronuncia el Salmo 14:1: «El necio ha dicho en su corazón: No hay Dios». Pues es necesario el Espíritu para entender toda la Escritura o cada parte de ella. Si hablas de la claridad externa, absolutamente nada queda oscuro o ambiguo, sino que todo lo que está en la Escritura se ha hecho manifiesto y se ha proclamado a todo el mundo por medio de la Palabra.

Sección 5—Pero es aun más intolerable que enumeres el tema del «libre albedrío» entre aquellos que son «inútiles e innecesarios»; y nos presentas una «forma» de esas cosas que consideras sería «necesaria para la piedad cristiana». Tal forma, sin duda, cualquier judío o gentil, que ignora por completo de Cristo, podría presentar. Porque no haces ninguna mención sobre Cristo. Como si creyeses que puede haber piedad cristiana sin Cristo, con tal de que se adore a Dios con todas las fuerzas porque es por naturaleza el más misericordioso.

¿Qué diré aquí, Erasmo? Para mí, hablas como Luciano y te llenas la cabeza de las ideas de Epicuro.[4] Si consideras que este tema es «innecesario» para los cristianos, te ruego que abandones la discusión y nada tengo que ver contigo. Yo lo considero necesario. Si es cosa de «falta de religión» o «curiosidad»

---

4. Nota del traductor al español: Epicuro fue un filósofo griego del siglo IV a.C. Dos corrientes lo distinguieron: el hedonismo, el fin de la vida es buscar el placer de una forma racional; y el atomismo, el universo está hecho por la combinación de pequeñas partículas indivisibles (átomos).

o «superflua», como manifiestas, saber si el conocimiento anticipado de Dios está sujeto a que las cosas puedan o no suceder; si nuestra voluntad hace algo en cuanto a la salvación eterna, o si permanece al margen de la obra de la gracia; si lo que hacemos, sea bueno o malo, es por necesidad, o más bien dejamos que pase; entonces pregunto: ¿qué es religioso, qué es trascendental, qué es útil saber? Todo esto es completamente inútil, Erasmo. Y es difícil atribuirlo a ignorancia de tu parte porque ya estás anciano, conoces a los cristianos y has estudiado durante mucho tiempo los escritos sagrados; por ello no me das motivos para que te excuse o piense bien de ti.

No obstante, los papistas te perdonan y toleran tus desatinos porque estás escribiendo contra Lutero; de otra manera, si Lutero no estuviera en el asunto, ellos te destrozarían con dientes y uñas. Platón es un amigo; Sócrates es otro; pero la verdad debe honrarse por encima de todo. Pues, aunque tuvieras un escaso entendimiento en cuanto a las Escrituras y la piedad cristiana, seguro que incluso un enemigo de los cristianos reconocería lo que los cristianos consideran útil y necesario, así como lo que no lo es. Si bien eres un teólogo y un maestro de los cristianos, te aprestas a establecer para ellos una «forma» de cristianismo, no solo con escepticismo de lo que es necesario y útil, sino que vas en la dirección opuesta, y, contrario a tus propios principios, y a través de una aserción inaudita, declaras según tu juicio que son innecesarias todas las cosas anteriores. Pero si no son necesarias y no se conocen con certeza, ¡no queda ni Dios, ni Cristo, ni el evangelio, ni la fe, ni ninguna otra cosa, incluso el judaísmo y mucho menos el cristianismo! En nombre del Dios inmortal, Erasmo, ¡qué gran oportunidad has abierto para los que quieran actuar y hablar en tu contra! ¿Qué podrías escribir bien o con acierto sobre el «libre albedrío» que confiesas, según tus mismas palabras, si muestras una gran ignorancia de las Escrituras y de la piedad cristiana? Pero disminuiré la presión y no trataré contigo con mis propias palabras (lo que quizás haré más adelante), sino con las tuyas.

Sección 6—La «forma» de cristianismo que has establecido, entre otras cosas, afirma «que debemos luchar con todas nuestras fuerzas, recurrir a la penitencia, y por todos los medios tratar de ganar la misericordia de Dios; sin la cual, ni la voluntad humana, ni esfuerzo alguno, es eficaz». Además, «que nadie debería perder la esperanza de ser perdonado por Dios, quien por naturaleza es el más misericordioso».

Estas declaraciones tuyas sin Cristo, sin el Espíritu, y más frías que el hielo, deforman la belleza de tu elocuencia. Quizás el temor a los papas y los tiranos te las sacó para no parecer un ateo. Sin embargo, lo que afirman tus palabras es que hay fuerzas dentro de nosotros; que podemos esforzarnos con todas nuestras fuerzas; que hay misericordia en Dios, que hay medios para obtener la misericordia, que hay un Dios que por naturaleza es justo y misericordioso, etc. No obstante, si un hombre ignora qué fuerzas son estas; lo que ellas pueden hacer o si han de permanecer pasivas; cuál es su eficacia o ineficacia; ¿qué puede hacer tal hombre? ¿Qué le indicarás que haga?

Tú expresas que es cosa de «falta de religión, curiosidad y ser superfluo el querer saber si nuestra voluntad hace algo en cuanto a la salvación eterna, o si permanece al margen de la obra de la gracia». Sin embargo, expresas lo contrario cuando manifiestas que la piedad cristiana implica «esforzarse con todo el vigor»; y que «sin la misericordia de Dios la voluntad humana es ineficaz».

En este punto, con claridad afirmas que la voluntad hace algo en cuanto a la salvación eterna, cuando hablas de que hay que esforzarse. Luego afirmas que la voluntad permanece al margen cuando aseguras que sin la misericordia de Dios es ineficaz. Aunque, al mismo tiempo, no defines hasta dónde debe actuar y hasta dónde debe mantenerse al margen. En cambio, intencionalmente quieres mantenernos en la ignorancia sobre el alcance de la misericordia de Dios y nuestra voluntad; al prescribir qué hace nuestra voluntad y qué hace la misericordia de Dios. Así, tu misma prudencia te lleva consigo, pues resolviste mantenerte neutral, y escapar de manera segura a través de Escila y Caribdis, de manera que cuando entras a mar abierto y te encuentras a merced de las impetuosas olas y confundido, afirmas lo que niegas, y niegas lo que afirmas.

La necesidad de conocer
a Dios y Su poder

S ección 7—Consideraremos tu teología a partir de algunas similitudes. ¿Qué pasa si alguien que pretende escribir un poema o un discurso, nunca pensara sobre eso, tampoco se preguntara sobre sus capacidades, ni qué podría hacer, ni qué no podría, ni qué exigiría el asunto a tratar; e ignorara por completo el precepto de Horacio: «Examinad si vuestros hombros pueden llevar o no tal o tal carga»;[1] sino con precipitación se lanzara a la tarea y pensara así: es innecesario y asunto de curiosidad que deba procurar llevar a cabo la tarea asignada e inquirir si tengo la formación, la elocuencia e el ingenio que se requieren? ¿O qué pasa si alguien que desea tener una abundante cosecha de su campo, sin tener el interés de examinar con gran cuidado las propiedades del suelo (como

---

1. Nota del traductor al español: *Poesías de Horacio*, poeta romano que vivió entre 65 a.C. y 27 d.C.

Virgilio[2] enseña curiosa e infructuosamente en sus *Geórgicas*), de inmediato y con prisa, al pensar solo en el trabajo, ara la orilla del mar y tira la semilla dondequiera que la tierra esté removida, ya sea arena o lodo? O qué pasa si alguien que está por irse a la guerra y desea una gloriosa victoria o pretende prestar un servicio al estado, no debería ser tan curioso como para deliberar sobre lo que está en su poder hacer; si las arcas contienen el dinero suficiente, si los soldados son aptos, si existe la oportunidad de actuar, sino que, sin considerar lo que advertía el historiador: «Antes de actuar, es preciso que haya deliberación, y una vez hecha la deliberación, es preciso proceder con rapidez»; pero ¿debería precipitarse con los ojos cerrados y los oídos tapados y solo exclamar: *¡Guerra! ¡Guerra!* y estar decidido a emprender la acción? Te pregunto Erasmo: ¿qué pensarías de tales poetas, agricultores, generales y jefes de asuntos de estado? Agregaré también lo que está escrito en el Evangelio: «Porque ¿quién de vosotros, deseando edificar una torre, no se sienta primero y calcula el costo, para ver si tiene lo suficiente para terminarla?» ¿Qué juicio pronuncia Cristo en cuanto a este hombre? (Luc. 14:28-32).

Así, nos mandas hacer las obras solas, pero nos prohíbes examinar, evaluar y conocer, primero, nuestras fuerzas, es decir lo que podemos y no podemos hacer, como si fuese un asunto innecesario, de pura curiosidad y falta de religión. Por ello, mientras que con tu prudencia demasiado cautelosa finges detestar la irreflexión y haces un espectáculo de sobriedad, vas tan lejos que incluso enseñas la mayor de

---

2. Nota del traductor al español: Virgilio, poeta romano que vivió entre el 70 a.C. y el 19 a.C.

las insensateces. Pues, aunque los sofistas son irreflexivos e insensatos cuando se dedican a sus asuntos por mera curiosidad, su pecado es menor que el tuyo, porque tú aun enseñas y mandas a los hombres a ser insensatos y a comportarse irreflexivamente. Y para que la insensatez sea aún mayor, nos persuades, que esta es la más sublime irreflexión y piedad cristiana, que es sobriedad, seriedad religiosa e incluso salvación. Y aseguras, que si no actuamos así, somos gente sin religión, curiosos y vanos, aunque tú eres un gran enemigo de las aserciones. Por ello, al alejarte de Caribdis también, con gracia extraordinaria, te has escapado de Escila. Sin embargo, a esto te impulsó la confianza en tus capacidades. Crees que puedes imponerte con tu elocuencia sobre lo que piensan los demás, que nadie descubrirá la intención de tu corazón y a lo que apuntas en todos tus escritos. Pero Dios no puede ser burlado (Gál. 6:7), porque tal conducta nunca produce buenos resultados.

Además, si nos hubieras exigido esta insensatez para escribir poesía, preparar la tierra para la siembra, conducir la guerra u otras tareas, o edificar casas; aunque sería inaceptable, sobre todo en un hombre tan grande como tú, aún podrías haber sido digno de algún perdón, al menos de los cristianos, pues ellos no toman en cuenta las cosas temporales. Pero cuando ordenas a los cristianos que sean trabajadores irreflexivos y que no sean curiosos sobre lo que pueden y no pueden hacer para obtener la salvación eterna. Esto, sin duda, y en la realidad, es el pecado imperdonable. Porque mientras los cristianos ignoran qué y cuánto pueden hacer, tampoco sabrán qué deben hacer. Y, si ellos ignoran qué deben hacer, tampoco podrán arrepentirse cuando han hecho mal; y la impenitencia es el pecado imperdonable. Y a esto, nos conduce tu moderada y escéptica teología.

Por eso, no es un asunto de falta de religión, mera curiosidad o superfluo, sino que es fundamentalmente saludable y necesario que un cristiano sepa si la voluntad hace algo o nada en cuanto a la salvación. Más aún, en esto estriba nuestra discusión. Es el mismo corazón del asunto. Porque nuestro objetivo es inquirir qué puede hacer el «libre albedrío», en qué tiene un papel pasivo y su posición con relación a la gracia de Dios. Si ignoramos estas cosas, tampoco sabremos sobre otros asuntos cristianos, cualquiera que sean, y nos habremos quedado a la zaga de todas las gentes sobre la tierra. Aquel que no tenga este mismo sentir que confiese que no es cristiano. Y aquel que desprecia y se burla de esto, que sepa que es el más grande enemigo de los cristianos. Porque si ignoro cuánto puedo hacer yo mismo, cuál es el alcance de mis fuerzas y qué puedo hacer hacia Dios; entonces estaré igualmente inseguro e ignorante de cuánto hará, el alcance de lo que hará y qué hará Dios hacia mí; ya que «... es el mismo Dios el que hace todas las cosas en todos» (1 Cor. 12:6). Sin embargo, si ignoro la distinción entre lo que nosotros efectuamos y el poder de Dios, tampoco conozco a Dios mismo. Y si no conozco a Dios, tampoco puedo adorarlo, ni darle gracias, ni servirlo, puesto que no sabría cuánto atribuirme a mí mismo y cuánto a Dios. Por ello, es necesario poder distinguir con absoluta certeza entre el poder de Dios y el nuestro, entre Su obra y la nuestra, si queremos vivir en Su temor.

Como ves, este es otro aspecto de la totalidad del cristianismo, del que depende y en el que está en juego, el conocimiento de nosotros mismos, así como el conocimiento y la gloria de Dios. Por lo cual, mi querido Erasmo, no puedo tolerar cuando llamas a este conocimiento una falta de religión, pura curiosidad y cosa inútil. Te debemos mucho, pero todos nos debemos a Dios. Más aún, tú mismo sabes, que todo lo bueno debe atribuírsele a Dios, lo cual afirmas en tu «forma» de cristianismo. Y, al asegurar esto, sin duda, al mismo tiempo aseguras que la sola misericordia de Dios lo hace todo, y que nuestra voluntad no hace nada, sino que actúa en consecuencia, y así debe ser, de otra manera no se atribuiría todo a Dios. Sin embargo, acto seguido, expresas que afirmar estas cosas y conocerlas es una falta de religión, impío y cosa vana. Pero así se expresa una mente que es inestable de por sí, perturbada e inexperta en la piedad cristiana.

Sección 8—Otro aspecto de la totalidad del cristianismo es saber si el conocimiento anticipado de Dios está sujeto a que las cosas puedan o no suceder, o si todo lo que hacemos es por necesidad. Este aspecto también lo calificas de falta de religión, simple curiosidad e infructuoso. Así los inicuos, como los demonios y los condenados lo declaran detestable y abominable. Empero, eres cauto al mantenerte neutral en tales cuestiones, siempre que puedes. Pero por más, no eres tan buen orador o teólogo porque pretendes hablar sobre el «libre albedrío» sin tomar en cuenta estas partes. Entonces, seré como una piedra de afilar, y aunque no soy un buen orador, indicaré lo que un célebre orador debe hacer. Si Quintiliano[3] al escribir sobre retórica, expresara: «A mi juicio, toda esa tontería innecesaria sobre invención, arreglo, elocución, memoria y pronunciación se deben omitir, pues es suficiente saber que la oratoria es el

---

3. Nota del traductor al español: Retórico y pedagogo hispanorromano del primer siglo.

arte del bien decir». ¿No te reirías de tal escritor? Pero haces lo mismo al intentar escribir sobre el «libre albedrío» porque desprecias y desechas la esencia y todos los aspectos del asunto sobre el cual quieres escribir. Si bien, es imposible que sepas qué es el «libre albedrío», si no sabes qué hace la voluntad humana y qué hace y conoce Dios de antemano.

¿Acaso no enseñan los versados en retórica que cuando se quiere hablar sobre alguna cosa, primero debe demostrarse que la cosa existe; luego qué es, cuáles son sus partes, qué es contrario a ella, a qué está conectada, a qué es semejante, etc.? Sin embargo, tú omites todas estas cosas al tratar el de por sí miserable «libre albedrío», y tampoco defines ninguna cuestión referente a él, sino la primera, esto es, que existe y esto lo haces con ese tipo de argumentos como se podrá ver enseguida, y nunca he visto un libro tan despreciable sobre el «libre albedrío», salvo la elegancia del lenguaje. La verdad es que al menos los sofistas argumentan sobre este punto mejor que tú, pues, aunque los que han intentado articular sobre el tema del «libre albedrío» no son maestros de retórica, definen todas las cuestiones que se refieren a él, es decir, que existe, qué hace, y su comportamiento, etc., aunque no logran lo que se procuraba. Por ello, con este libro, te forzaré a ti y a los sofistas a que me definan el poder del «libre albedrío» y qué puede hacer. Y, espero forzarte (que Cristo me sea favorable) a que te arrepientas de haber publicado tu Diatriba.

La soberanía de Dios

Sección 9—Por lo tanto, es necesario y saludable que los cristianos sepan que el conocimiento anticipado de Dios no está sujeto a que las cosas puedan o no suceder, sino que Él prevé, decide y hace todas las cosas según Su voluntad inmutable, eterna e infalible. Mediante este rayo fulminante, el «libre albedrío» es derribado y hecho pedazos. Por eso, aquellos que afirman el «libre albedrío», deben negar este rayo, o fingir que no lo ven o desviarlo. Sin embargo, antes de demostrar este punto con mis propios argumentos, y con la autoridad de las Escrituras, lo plantearé con tus propias palabras.

¿No eres la persona que acaba de afirmar que Dios es justo y misericordioso por naturaleza? Si esto es cierto, ¿no se desprende de ello que Él es inmutablemente justo y misericordioso? Que, como Su naturaleza no ha cambiado por toda la eternidad, ¿tampoco Su justicia ni Su misericordia? Y lo que se afirma sobre Su justicia y Su misericordia, debe afirmarse también sobre Su conocimiento, Su sabiduría, Su bondad, Su voluntad y Sus otros atributos. Por ello, así como tú mismo lo expresas, al hacer estas aserciones sobre que Dios es religioso, piadoso y saludable, ¿qué te pasó, que ahora, contrario a ti mismo, afirmas que es un asunto de falta de religión, mera curiosidad o inútil decir que el conocimiento anticipado de Dios es por necesidad, es decir, que las cosas deben suceder? Pues de manera abierta declaras que se debe conocer la inmutable voluntad de Dios, pero prohíbes que se conozca sobre Su inmutable conocimiento anticipado de las cosas, o presciencia. ¿Piensas que Él sabe de antemano las cosas, pero no está comprometida Su voluntad, o que quiere algo, pero no está comprometido Su conocimiento? Entonces, si Él sabe de antemano y eso quiere, Su voluntad es eterna e inmutable porque así es Su naturaleza, y si Él quiere y lo sabe de antemano, Su conocimiento es eterno e inmutable porque así es Su naturaleza.

De lo cual se desprende irremisiblemente, que todo lo que hacemos, aunque nos parece que está sujeto a la contingencia, esto es que pueda o no suceder, y a la mutabilidad, esto es que cambia, en realidad ocurre de manera inevitable e inalterable con relación a la voluntad de Dios. Pues la voluntad de Dios es eficaz y no puede impedirse; porque el mismo poder de Dios es propio a Su naturaleza; y Su sabiduría es tal que no puede ser engañada. De modo que, si Su voluntad no puede impedirse, tampoco puede impedirse que Su obra misma sea hecha en el lugar, el tiempo y la medida en que Él prevé y quiere. Además, si es tal la voluntad de Dios, que cuando la obra es hecha, esta permanece, pero la voluntad cesa (como en el caso de la voluntad de los hombres, la cual, cuando terminan de construir la casa que querían, dejan de querer, como si terminara con

la muerte), entonces, sin duda, podría afirmarse, que las cosas
están sujetas a que puedan o no suceder, y a que cambien.
Sin embargo, en este caso es lo contrario: la obra se termina
y la voluntad permanece. Es desacertado pensar que la obra
hecha o su permanencia estén sujetas a la contingencia o la
mutabilidad. Pero (para que no seamos engañados con los
términos) ser hecho por contingencia, no significa en latín
que la obra misma que es hecha es contingente, sino que
es hecha según una voluntad contingente y mutable, pero
¡tal voluntad no se encuentra en Dios! Además, una obra
no puede llamarse contingente, a menos que la hubiéramos
hecho sin darnos cuenta, conforme a la contingencia, por así
decirlo, por casualidad, o sea que nuestra voluntad o nuestra
mano se aferran a aquello como algo que nos es presentado
por casualidad, sin que hubiéramos pensado en ello ni lo
hubiéramos querido antes.

Sección 10—Sin duda, desearía que estuviéramos mejor
equipados en esta discusión. con una mejor definición para
el término «necesidad», porque el tal no puede usarse con
precisión tanto para referirse a la voluntad humana como la
divina. Tiene un significado demasiado severo e inadecuado
para este tema, ya que fuerza a pensar en una idea de coacción,
la que es por completo contraria a la voluntad; mientras que
el tema que estamos discutiendo no exige tal idea, pues la
voluntad, ya sea divina o humana, hace lo que hace, ya sea
bueno o malo, no por coacción sino por la mera voluntad o
deseo, por así decirlo, totalmente libre. No obstante, la voluntad
inmutable e infalible de Dios gobierna nuestra voluntad
mutable, como expresa Boecio: «¡Oh tú, que gobiernas
el mundo con leyes inmutables [...] que permaneciendo

en tu inmovilidad inquebrantable das a las cosas universal movimiento!». Y nuestra propia voluntad, en particular nuestra voluntad corrupta que de por sí no puede hacer algo bueno. Por ello, cuando el término «necesidad» no expresa la idea que se requiere, entonces que la comprensión del lector supla la deficiencia, al saber que lo que quiere expresarse se refiere a la voluntad inmutable de Dios y a la impotencia de nuestra voluntad depravada, o, como algunos lo han expresado, a la necesidad de la inmutabilidad, aunque ninguna es ni gramatical ni teológicamente suficiente.

Sobre este punto, los sofistas han trabajado arduamente durante años, y siendo por fin vencidos, se han visto obligados a emprender la retirada. Ellos afirman que todas las cosas existen por la necesidad de la consecuencia, como parte de un conjunto y no por necesidad de lo consecuente como una parte. No me tomaré la molestia de mostrar que esto supone absolutamente nada. Ellos se refieren a la necesidad de la consecuencia (para dar una idea general de esto), queriendo decir que, si Dios quiere algo, es necesario que esto mismo sea hecho, pero no es necesario que lo que es hecho sea necesario. Porque solo Dios es necesario; y todo lo demás puede no ser, si Dios así lo quiere. Por ello, declaran ellos, el obrar de Dios es necesario si Él quiere, pero la obra misma no es necesaria, esto es, no tiene necesidad esencial. Pero ¿de qué manera influyen con este juego de palabras? Solo en esto: que la misma obra no es necesaria, es decir, no tiene necesidad esencial. Esto no es más que afirmar que la obra no es Dios mismo. No obstante, esto está claro, si el obrar de Dios es necesario, o si hay una necesidad de la consecuencia, todo ocurre por necesidad, entonces hasta qué punto la obra no es necesaria, esto es, que no sea Dios mismo o que no tenga necesidad esencial. Porque, si no soy hecho porque debo existir, es de poca relevancia para mí, si mi existencia y mi ser son mutables o no. No obstante, si soy un ser mutable y contingente, no soy el Dios necesario, soy creado.

Por lo cual, su juego ridículo de palabras que todo ocurre por la necesidad de la consecuencia, pero no por la necesidad de lo consecuente, no es más que esto: todo ocurre por necesidad, es decir porque debe suceder, pero no es Dios mismo. Pero ¿qué necesidad había de que se nos dijera esto? Como si hubiera temor alguno que afirmáremos que las cosas hechas son Dios mismo, o que poseyeren naturaleza divina o necesaria. Por ello, esta aserción permanece invencible: ¡que todo ocurre según la voluntad inmutable de Dios!, a lo cual ellos llaman la necesidad de la consecuencia. Y no hay ninguna oscuridad o ambigüedad. En Isaías 46:10 (RVR1960) se asevera: «… Mi consejo permanecerá, y haré todo lo que quiero». ¿Y qué estudiante no entiende el significado de expresiones como «consejo», «quiero», «haré» y «permanecerá»?

Sección 11—Sin embargo, ¿por qué deberían ser incomprensibles estas cosas para nosotros los cristianos, de modo que se consideren como un asunto falto de religión, mera curiosidad e infructuoso discutirlas y conocerlas, si los poetas paganos y el pueblo hablan de ellas de manera frecuente? ¿Cuántas veces Virgilio menciona el destino? «Todo está determinado por la ley del destino». De nuevo, «el destino ha señalado término a tu vida». Otra vez, «Si el destino te llama». Nuevamente, «Si podrás oponerte al cruel destino». Todo lo que escribe este poeta tiene la intención de mostrar que el destino hizo más que todos los esfuerzos abnegados de los hombres en la destrucción de Troya y el ascenso del Imperio romano. En pocas palabras, Virgilio hace que incluso sus dioses inmortales estén sometidos al destino. En este sentido, incluso Júpiter y Juno deben ceder, porque inevitablemente ha de suceder. Por ello, crearon a las inmutables, implacables e inexorables Moiras o Parcas (según la mitología griega y romana respectivamente).

Aquellos hombres sabios sabían lo que está demostrado por la misma experiencia, o sea que ningún hombre ha logrado sus proyectos de la manera como había imaginado. El personaje de Héctor, en la obra de Virgilio, declaraba: «Si Pérgamo hubiera podido ser defendida por manos mortales, mi mano la hubiera defendido». De ahí, el dicho común que está en boca de todos: «Que sea como Dios quiere». Y estos otros: «Si Dios quiere, lo haremos». «Así lo quiso Dios». «Esa es la voluntad de los dioses» y «Esa es tu voluntad», escribió Virgilio. De donde podemos ver que el conocimiento de la predestinación y la presciencia de Dios, no fue menos marginado en el mundo que la noción de la misma Deidad. Y aquellos que querían parecer sabios, llegaron a tal punto en sus discusiones, que sus corazones siendo entenebrecidos se hicieron necios (Rom. 1:21-22), y negaron, o fingieron que no sabían lo que sus poetas y el pueblo, e incluso sus propias conciencias, consideraron conocer como cierto y verdadero.

Sección 12—Opino además, que lo anterior es verdadero (de lo cual hablaré más adelante desde las Escrituras), pero que también es una cuestión religiosa, piadosa y que es necesario conocer estas cosas. Porque si se ignoran, no puede haber ni fe, ni adoración a Dios. Más aún, no conocerlas sería en la práctica estar en total ignorancia en cuanto a Dios, y con tal ignorancia no puede haber salvación. Porque si dudas y desprecias el saber que Dios conoce de antemano y quiere todas las cosas, no porque puedan o no suceder, sino porque de modo inevitable e inalterable han de suceder, ¿cómo podrías creer con seguridad, confiar y depender de Sus promesas? Pues cuando Él promete algo, es necesario que tengas la certeza de que Él conoce, puede y quiere llevar a cabo lo que promete, de otra manera no creerás que es veraz ni fiel, lo cual es incredulidad, ¡la mayor perversidad y negación del Dios Altísimo!

Y ¿cómo podrías tener certeza y seguridad, a menos que estés persuadido de que Él conoce, quiere y hará lo que promete de modo indudable, infalible, inmutable y necesario? No solo debemos tener la certeza de que Dios quiere y hace las cosas de modo inevitable e inalterable, sino que debemos gloriarnos en esto mismo como Pablo, quien expresó: «... Antes bien, sea hallado Dios veraz, aunque todo hombre sea hallado mentiroso...» (Rom. 3:4). Y también afirmó: «Pero no es que la palabra de Dios haya fallado...» (Rom. 9:6). Y en otro pasaje dijo: «... el sólido fundamento de Dios permanece firme, teniendo este sello: El Señor conoce a los que son suyos...» (2 Tim. 2:19). Y: «... la cual Dios, que no miente, prometió desde los tiempos eternos» (Tito 1:2). Y también: «... porque es necesario que el que se acerca a Dios crea que Él existe, y que es remunerador de los que le buscan» (Heb. 11:6).

Por eso, si se nos enseña y si creemos que no nos corresponde saber sobre la necesaria presciencia de Dios, y la necesidad de lo que ha de suceder, entonces se destruye por completo la fe cristiana y las promesas de Dios y todo el evangelio se desploman por completo al suelo, pues esta es la única y más grande consolación que tienen los cristianos en los tiempos de adversidad: saber que Dios no miente y que todo lo hace de modo inmutable, y que Su voluntad no puede resistirse, cambiarse o impedirse.

Sección 13—Considera, entonces, mi querido Erasmo, ¿adónde nos conduce tu pacífica y parca teología? Nos mandas callar y prohíbes nuestros esfuerzos para llegar a conocer la presciencia de Dios y la necesidad que yace en los hombres y las cosas, y nos adviertes que dejemos, evitemos y despreciemos tales cuestiones. Con ello nos enseñas tus opiniones irreflexivas, es decir, ¡que procuremos no saber nada en cuanto a Dios (lo cual se cierne sobre nosotros por sí solo y nos es innato), que menospreciemos la fe, que dejemos a un lado las promesas de Dios y que del todo no tomemos en cuenta el consuelo del Espíritu y el testimonio de la conciencia! ¡Tal consejo ni el mismo Epicuro lo daría!

Además, no contento con esto, llamas irreligioso, curioso y vano al que desea conocer sobre estas cuestiones. Pero llamas religioso, piadoso y sobrio al que las desprecia. ¿Qué otras cosas implicarían estas palabras, más que los cristianos son irreligiosos, curiosos y vanos; y que el cristianismo es una cosa vacía, vana, insensata y claramente impía? Por ello, también en este caso, mientras nos quieres disuadir de la irreflexión, te ves corriendo como un tonto en la dirección opuesta, y no enseñas sino la más grande temeridad, impiedad y perdición. ¿No te das cuenta de que en esta cuestión, tu libro es impío, blasfemo y sacrílego, que nada semejante se encuentra en ningún sitio?

Como afirmé antes no hablo de tu corazón; ni pienso que se haya corrompido tu corazón que desees que estas cosas se enseñen y se practiquen. Sin embargo, te mostraré los excesos a los que se ve obligado a discutir sin saberlo, aquel que apoya una mala causa. Y, por otra parte, te mostraré qué significa oponerse a las verdades y cosas divinas, cuando, por condescender con otros y contra la propia conciencia, asumimos una identidad diferente. Enseñar las verdades sagradas y la piedad no es ni un juego ni una broma; pues es muy fácil caer en lo que habla Santiago: «... cualquiera que [...] tropieza en un punto, se ha hecho culpable de todos» (Sant. 2:10). Porque cuando nos inclinamos hacia las tonterías y no reconocemos las verdades sagradas con la debida reverencia, pronto participamos en la impiedad y nos inundan las blasfemias. Tal como ocurrió contigo Erasmo. ¡Que el Señor te perdone y tenga misericordia de ti!

Que los sofistas han dado a luz tal número de preguntas sobre estos temas y hayan entremezclado muchas otras infructuosas, de lo cual haces mención, esto lo sé y confieso, al igual que tú, y he expresado mi indignación contra ellas mucho más de lo que tú lo has hecho. Pero actúas con imprudencia e irreflexión, cuando equiparas, mezclas y confundes la pureza de las verdades sagradas con las cuestiones tontas y profanas de los impíos. Ellos profanaron el oro con estiércol y cambiaron su color, como lo expresa Jeremías en Lamentaciones. Pero tú comparas el oro con el estiércol y lo desechas junto con él. Debe arrebatárseles el oro y separar la pura Escritura de su escoria e inmundicia. Esta ha sido siempre mi intención: que la divina verdad sea vista con un criterio y las tonterías de estos hombres con otro. Pero no debe considerarse de ninguna utilidad para nosotros el que estas cuestiones no han llevado a nada, sino a que las desaprobemos y no cuenten con nuestro favor, si, con todo, aún deseamos ser siempre más sabios. Para nosotros, la cuestión no es cuánto los sofistas lograron con sus razonamientos, sino cómo llegamos a ser buenos hombres y cristianos. Y no debes atribuir a la doctrina cristiana que los impíos procedan mal. Esto no tiene nada que ver, pues bien podrías hablar de eso en otra parte y ahorrarte papel aquí.

Sección 14—Otro punto importante es que nos conviertes en epicúreos moderados y discretos. Sin duda, lo haces con un tipo de consejo distinto, pero no mejor que los dos mencionados anteriormente: «Hay ciertas cosas (expresas) de tal naturaleza que aunque fuesen verdad en sí mismas y pudiesen conocerse, no sería sensato degradarlas a oídos profanos».

Una vez más, según tu costumbre, mezclas y confundes todo y degradas las cosas sagradas a un nivel profano sin hacer ninguna distinción. Con lo cual desprecias y deshonras a Dios. Como lo manifesté antes, estas cosas que se encuentran en las Escrituras y que se nos presentan como verdad, no solo son claras, sino también provechosas. Por ello deben divulgarse, aprenderse y conocerse. De modo que lo que afirmas, que ciertas cosas no deberían degradarse a oídos profanos, es falso, si hablas de lo que está en las Escrituras. Pero si te refieres a otras cosas, estas no significan nada para mí y no vienen al caso. Has malgastado tu tiempo y papel en opinar algo sobre ellas.

Además, sabes que no coincido con los sofistas en ningún punto, así bien podrías liberarme y no vincularme con su abuso de la verdad. Tenías que haberte pronunciado en mi contra en este libro tuyo. Conozco los yerros de los sofistas y no te quiero como mi instructor; además ya los he reprobado bastante. Por eso, quiero que esto se tome en cuenta de una vez por todas, cuando me vincules con los sofistas y denigres mi opinión sobre el tema usando sus disparates. Pues con esa actitud me ofendes y eso lo sabes muy bien.

Sección 15—Ahora veamos las razones para tu consejo. Sostienes que, aunque esto fuese verdad, Dios por Su naturaleza, está en el hoyo de un escarabajo, o aun en una cloaca (para lo cual tienes demasiada reverencia en afirmarlo y culpas a los sofistas por hablar de esa manera) no menos que en el cielo, empero sería irracional discutirlo ante la multitud.

Primero, que hable quien quiera hablar así. En este caso, nosotros no discutimos sobre cuáles son los hechos de los hombres, sino sobre la ley y la justicia, esto es, no que podamos vivir sino cómo debemos vivir. ¿Quién de nosotros vive y actúa correctamente? Pero no por eso se condenan la justicia y la doctrina de la ley, sino que ellas nos condenan. Traes de lejos estas cosas intrascendentes y reúnes muchas de estas de todas partes porque no puedes superar este único punto: la presciencia de Dios. Y, como son inútiles todos tus esfuerzos para ganar esta discusión, quieres, mientras tanto, agotar al lector con una multiplicidad de observaciones vacías. Pero de esto, ya no más. Regresemos al tema que nos incumbe.

Entonces ¿cuál es tu intención al opinar que hay ciertas cosas de las cuales no deberíamos hablar abiertamente? ¿Acaso te refieres a contar el tema del «libre albedrío» entre ellas? Si así lo hicieras todo lo que he manifestado en cuanto a la necesidad de saber qué es el «libre albedrío» se volverá en tu contra. Y además, en tal caso, ¿por qué no te atienes a tus propios principios y dejas a un lado tu Diatriba? Pero si haces bien en tratar el «libre albedrío», ¿por qué te pronuncias en contra de esta discusión? Y si es un mal tema, ¿por qué lo empeoras? Sin embargo, si no lo cuentas entre aquellas cosas que no deben divulgarse, aprenderse y conocerse, entonces te desvías del punto del tema. Y entonces, como un orador abundante y copioso de palabras solamente, tratas cosas intrascendentes que no vienen al caso.

Sección 16—Tampoco tienes razón en el uso de este ejemplo, ni en condenar, ante la multitud, la discusión como algo inútil ¡si Dios está en el hoyo de un escarabajo o en una cloaca! Pues tus pensamientos en cuanto a Dios son demasiado humanos. Sin duda, reconozco que hay ciertos predicadores grotescos que se oponen a la religión o que no tienen temor de Dios, sino que tienen ansias de gloria, sed de alguna novedad o les produce intranquilidad el silencio, los cuales hablan mucho y sin sustancia. Pero estos hombres no agradan a Dios ni a los hombres, aunque afirmaran que Dios está en los cielos de los cielos. Sin embargo, donde hay predicadores piadosos y serios que enseñan con palabras modestas, puras y de provecho, pueden sin peligro alguno y para beneficio, hablar sobre este tema ante la multitud.

¿No es nuestro deber enseñar que el Hijo de Dios estuvo en el seno de la virgen y nació de su vientre? Y ¿en qué se diferencia el vientre humano de cualquier otro lugar impuro? ¿Y quién no podría describirlo con palabras sucias y desvergonzadas? Pero condenamos con razón a los que lo hacen, porque existe un sinnúmero de palabras puras con las cuales podemos expresar lo mismo con pudor y gracia. Además, el cuerpo de Cristo fue humano como el nuestro. Y ¿qué podía ser más sucio que nuestro cuerpo? Pero ¿quizás por eso no deberíamos decir que Dios habitó en un cuerpo como el nuestro? Como lo afirma el mismo apóstol Pablo en Colosenses 2:9. Y ¿qué es más impuro que la muerte? O ¿qué es más horrible que el infierno? Sin embargo, el profeta se gloría porque Dios está con él en la muerte y lo socorre en el infierno (Sal. 16:10; 139:8).

Por lo tanto, un alma piadosa no se escandaliza cuando escucha que Dios está en la muerte y el infierno, cada uno de los cuales es más terrible y aborrecible que un hoyo o una cloaca. Entonces, dado que la Escritura da testimonio de que Dios está en todas partes y lo llena todo, esta alma piadosa no solo afirma que Él está en esos lugares, sino que es necesario que aprenda y sepa que Él está allí. A menos que supongamos que si en algún momento yo fuese llevado y arrojado en una prisión o una cloaca (lo cual ha sucedido a muchos santos), y allí no pudiera invocar a Dios, ni creer que Él estaba conmigo, hasta que pudiera entrar a una iglesia bien engalanada. Si nos enseñas así en cuanto a Dios y te ofendes porque Él está presente en esos lugares, dentro de poco ni siquiera permitirás que more con nosotros en el cielo. Pues «los cielos de los cielos no te pueden contener» (1 Rey. 8:27), ni son dignos de Él. Pero como ya lo expresé, según tu costumbre, desacreditas maliciosamente nuestra causa, la cual menosprecias y la expones como si fuera cosa detestable porque sabes que no la puedes superar ni vencer.

Sección 17—En cuanto al ejemplo sobre la confesión y la satisfacción, es admirable ver la sagaz prudencia con la que procedes. Y en todo el asunto, según tu costumbre, te mueves sigilosamente, porque das la impresión de que ni condenas con franqueza mis opiniones ni te opones a la tiranía de los papas: un camino bastante peligroso para ti. Por ello, desechas en este asunto tanto a Dios como la conciencia (pues ¿qué son estas cosas para Erasmo? ¿Qué tiene que ver con ellas? ¿En qué le son de beneficio?) y te lanzas sobre esta pesadilla y te ensañas contra el pueblo.

Afirmas que ellos, por su depravación, abusan de la predicación de que la confesión y la satisfacción son libres, para dar libre curso a la carne. No obstante, aseguras que la confesión obligatoria, de alguna manera los restringe.

¡Qué discurso más memorable y magnífico! ¿Esto es enseñar teología? ¡Amarrar con leyes a las almas (Ezeq. 13:18) y matarlas, cuando Dios no las amarró! Con tu discurso nos persigues con la tiranía universal de las leyes papales como cosa útil y de provecho, porque mediante estas leyes se contiene la depravación del pueblo.

Pero no expresaré mi oposición sobre este punto como lo amerita. Razonaré el asunto con brevedad: un buen teólogo enseña que si el pueblo hace lo malo debe contenerse con el poder de la espada, así como lo afirma Pablo (Rom. 13:1-4). Pero no se deben encadenar sus conciencias con falsas leyes, para que no sean atormentados por pecados donde Dios no quiso que los hubiera. Porque las conciencias están amarradas solo a la ley de Dios. De modo que debe quitarse de en medio esa tiranía de los papas que se puso entre la conciencia y Dios y que con falsedad aterroriza y mata a las almas por dentro y en vano agobia los cuerpos por fuera. Aunque por fuera se puede obligar a la confesión y otras prácticas, no obstante, no se puede reprimir al alma, sino que provocan a más ira contra Dios y los hombres. Y en vano se disciplina el cuerpo en las cosas externas, al convertirlos nada más que en hipócritas. De modo que los que tiranizan con esta clase de leyes no son otra cosa sino lobos rapaces, ladrones y saqueadores de las almas. Y tú, un excelente consejero de las almas, nos recomiendas de nuevo a estos tiranos, es decir, que promueves a estos crueles asesinos de las almas que llenan el mundo con hipócritas, y como estos que blasfeman contra Dios y lo odian en sus corazones, de modo que puedan contenerse un poco de su pecado externo. Como si no hubiese otro modo de restricción, uno que no hace hipócritas y que forja las conciencias sin destruirlas.

Sección 18—En este caso, presentas varios ejemplos (con los cuales parece que tratas de abundar y usar de manera apropiada), y declaras: hay ciertas enfermedades que es más tolerable sufrirlas que tratarlas, como la lepra y otras. También agregas el ejemplo de Pablo, quien hace una distinción entre las cosas que son lícitas y las que son de provecho. Afirmas: «es lícito decir la verdad, pero no es provechoso decirla ante toda persona, ni en todo tiempo, ni en todas las maneras».

¡Qué orador más abundante en palabras! Sin embargo, no entiendes nada de lo que dices. En pocas palabras, tratas este asunto como si fuera una disputa solo entre tú y yo para recuperar una suma de dinero que está en riesgo o algo trivial, por cuya pérdida, que sería de menor importancia que la paz general de la comunidad, ninguno debería inquietarse, sino que pudiera ceder, actuar y tolerar, según las circunstancias, de algún modo para que el mundo no se hunda en el tumulto. Manifiestas claramente que esta paz y tranquilidad de la carne es un asunto de mayor consideración que la fe, la conciencia, la salvación, la palabra de Dios, la gloria de Cristo y Dios mismo. Por tanto, te ruego que comprendas en lo profundo de tu mente, que en esta discusión estoy tratando un asunto tan solemne, necesario y grandioso que aun enfrentaría la misma muerte por sostenerlo y defenderlo, aun cuando el mundo entero se hunda en el tumulto y el conflicto, aun cuando se lance en el caos y se reduzca a nada. Si no puedes comprender esto ni te causa ningún efecto, ocúpate de tus propios asuntos, pero deja que lo comprendamos y nos conmueva a quienes nos ha sido dado de Dios.

Pues, por la gracia de Dios, no soy tan tonto ni tan loco como para tener el deseo de defender y prolongar esta causa por mucho tiempo con tanta entereza y firmeza (a lo que tú llamas obstinación) ante tantos peligros en mi vida, tanto odio, tanto engaño, en una palabra, la furia de los hombres y los demonios. No lo he hecho por el dinero, que no tengo ni quiero, ni por la vanagloria, porque aunque la quisiera no la podría obtener en un mundo que está lleno de ira en contra mía, ni por mi vida, la cual puedo perder en un instante. Entonces ¿crees que eres el único que tiene un corazón que se conmueve por estos tumultos? No soy de piedra ni nací de las rocas de Marpeso. Pero si no puede ser de otra manera, ¡prefiero ser partido a golpes en el tumulto temporal, feliz en la gracia de Dios, por la palabra de Dios que debe afirmarse con una mente incorruptible e inquebrantable, porque esto es mucho mejor que sufrir dolor y aflicción en el tumulto eterno bajo la ira de Dios y con tormentos intolerables! Que Cristo me conceda, lo que deseo y espero, que tu corazón no sea así, pues tus palabras implican que, como Epicuro, consideras la palabra de Dios y la vida futura como meras fábulas. Puesto que mediante tus enseñanzas quieres que, por el bien de los papas, los príncipes y la paz, nos apartemos, según las circunstancias, de la verdadera e incuestionable Palabra de Dios. Pero si nos apartamos de ella, nos apartaríamos de Dios, la fe, la salvación y todo el cristianismo. Cuán diferente es la enseñanza de Cristo: ¡que más bien deberíamos despreciar el mundo entero!

Sección 19—Sin embargo, cuando expresas estas cosas es porque no lees o no observas que la Palabra de Dios siempre ha sido causa de tumultos en el mundo. Y Cristo lo expresó abiertamente: «No penséis que vine a traer paz a la tierra; no vine a traer paz, sino espada» (Mat. 10:34). Y también en Lucas: «Yo he venido para echar fuego sobre la tierra...» (Luc. 12:49). Asimismo, Pablo declaró en 2 Corintios 6:5: «... en tumultos...», etc. En el Salmo 2, el profeta testificó lo mismo al declarar que las naciones se sublevan, los pueblos traman cosas vanas, los reyes se levantan y los gobernantes conspiran contra el Señor y contra Su Cristo. Como si el profeta hubiera dicho que la multitud, lo ilustre, la riqueza, el poder, la sabiduría, la justicia y todo cuanto sea de elevada jerarquía o nobleza en el mundo se oponen a la Palabra de Dios.

Considera los Hechos de los apóstoles y mira lo que sucedió en el mundo debido a la palabra de Pablo (por no mencionar a los otros apóstoles), cómo él solo provocó conmoción entre los gentiles y judíos. O como sus mismos enemigos lo expresaron: «... han trastornado al mundo...» (Hech. 17:6). El rey Acab se quejó de Elías: «¿Eres tú, perturbador de Israel?» (1 Rey. 18:17). ¡Cuán grande tumulto hubo bajo los otros profetas, cuando fueron muertos o apedreados, cuando Israel fue llevado cautivo a Asiria, y Judá a Babilonia! ¿Fue esto paz? El mundo y su dios (2 Cor. 4:4) no pueden ni resisten la Palabra del Dios verdadero; y el Dios verdadero no puede ni guarda silencio. Por ello, mientras estos dos dioses están en guerra entre sí, ¿qué puede haber en el mundo sino tumulto?

Por tanto, querer acallar estos tumultos, no es más que querer estorbar la Palabra de Dios e impedir que se enseñe. Pues de donde venga la Palabra de Dios, viene a cambiar y a renovar el mundo. Aun los escritores paganos dan testimonio de que no pueden ocurrir cambios sin conmoción y tumulto, ni siquiera sin derramamiento de sangre. Por eso corresponde a los cristianos esperar y sufrir estas cosas, con propósito firme como Cristo lo articuló: «Y habréis de oír guerras y rumores de guerra. ¡Cuidado! No os alarméis, porque es necesario que todo esto suceda, pero todavía no es el fin» (Mat. 24:6). Y en cuanto a mí, si no viera estos tumultos, diría que la Palabra de Dios no está presente en el mundo. Pero ahora, cuando los veo, mi corazón se regocija y no les tengo temor, porque estoy segurísimo de que el reino del papa, junto con todos sus seguidores, caerá a tierra, porque la Palabra de Dios que ahora se predica se dirige en particular contra este reino.

Sin duda, veo, mi amigo Erasmo, que te quejas de estos tumultos en muchos de tus libros, así como de la pérdida de la paz y la concordia; y tratas por numerosos medios de llegar a una solución, y (me inclino a creer) con buena intención. Pero esta enfermedad de gota se ríe de tu medicina. Porque aquí, a decir verdad, como tú mismo lo aseguras, navegas contra la corriente, es más, apagas el fuego con paja. Deja de quejarte, deja de ejercer la medicina; este tumulto procede de Dios, y Él lo lleva adelante, y no se detendrá hasta que haya convertido en el barro de las calles a todos los adversarios de la Palabra. Aunque lamento que, siendo tú un teólogo tan grande, tenga que enseñarte estas cosas como a un discípulo, cuando debieras ser maestro de otros.

Entonces, tu excelente opinión de que es más tolerable sufrir algunas enfermedades que tratarlas se aplica aquí, pero no la usas apropiadamente. Mejor llama enfermedades a estos tumultos, conmociones, trastornos, sublevaciones, discordias, guerras y otras cosas de la misma índole que sacuden y hacen temblar al mundo debido a la Palabra de Dios. Estas cosas son temporales, y es más tolerable sufrirlas que aquellos hábitos malos y arraigados, los cuales destruyen el alma si no es cambiada por la Palabra de Dios. Y si esta fuese eliminada, así también lo serían el bien eterno, Dios, Cristo y el Espíritu Santo.

Pero ¿cuánto mejor es perder el mundo entero que perder a Dios el Creador del mundo, quien puede crear de nuevo innumerables mundos y qué es mejor que un número infinito de ellos? Pues, ¿qué comparación es posible entre las cosas temporales y lo eterno? Por eso, es preferible sufrir la lepra de las cosas temporales antes que las almas se destruyan y se pierdan eternamente, antes que el mundo mantenga la paz y se libre de estos tumultos con su sangre y perdición, ¡considerando que ni el precio del mundo entero puede redimir una sola alma!

Sin duda, dominas las opiniones y los ejemplos elegantes y magníficos. Sin embargo, cuando tratas cosas sagradas, los aplicas de modo pueril, es más, distorsionado, porque te arrastras por el suelo y no reflexionas en nada que esté por encima de la mente humana. Porque aquello que Dios obra, no es pueril, ni civil, ni humano, sino divino, y sobrepasa la capacidad humana. Así no ves que estos tumultos y divisiones aumentan en el mundo según el consejo y la obra de Dios; y por eso temes que el cielo se desmorone. Sin embargo, yo, por la gracia de Dios, veo estas cosas con claridad porque se levantarán otros tumultos muchos más grandes en el siglo venidero, comparados con los cuales estos de ahora se asemejan al susurro de una suave brisa o al canturreo de un apacible arroyo.

Sección 20—En cuanto a la doctrina de la libertad de la confesión y la satisfacción, la niegas o no sabes que se encuentra en la Palabra de Dios. Y aquí surge otra cuestión. Sabemos y estamos convencidos de que se afirma la libertad cristiana en la Palabra de Dios para que no seamos atrapados en la esclavitud de las tradiciones y leyes de los hombres. Esto lo demuestro en abundancia en otras oportunidades. Pero si quieres entrar en la lid, estoy preparado para luchar el buen combate contigo sobre este punto.

Sin embargo, aseveras: «Por amor a Dios y al prójimo, pueden soportarse y observarse las leyes de los papas, si quizás así la salvación eterna por la Palabra de Dios y la paz del mundo puedan existir a la vez sin tumultos».

He manifestado antes que esto no puede ser. El príncipe de este mundo no dejará al papa ni a sus obispos que se observen sus leyes en libertad, sino que su designio es enredar y atar las conciencias. Esto no lo tolera el Dios verdadero. Por eso, la Palabra de Dios y las tradiciones de los hombres se enfrentan entre sí con implacable discordia, no menos que Dios mismo y Satanás, pues cada uno destruye las obras y los dogmas del otro, como cuando dos reyes se enfrentan y uno asola el reino del otro. Como leemos en el Evangelio: «El que no está conmigo, contra mí está...» (Luc. 11:23).

En cuanto al: «miedo de que muchos que son propensos a los vicios abusen de esta libertad», esto debe considerarse entre aquellos tumultos, como una parte de esa lepra temporal que debe tolerarse y ese mal que debe soportarse. Pero no se le debe dar tanta importancia como para abolir la Palabra de Dios con el fin de restringir el abuso de esta libertad. Porque si no todos pueden salvarse, algunos sí se salvan, y a estos vino la Palabra de Dios; y estos, por esa razón, la aman con fervor y la ratifican con solemnidad. Pues, ¿cuánto mal no hicieron antes los hombres impíos, cuando no había Palabra? Es más, ¿qué bien hicieron? ¿Acaso no estaba el mundo sumido en la guerra, el fraude, la violencia, la discordia y toda clase de iniquidad? Ya que si Miqueas 7:4 compara a los mejores de ellos a un seto de espinos, ¿cómo supones que llamaría al resto?

Pero ahora que el evangelio ha venido, los hombres culpan al mundo de ser malo. Pero lo cierto es que el evangelio ha hecho evidente la maldad del mundo, mientras que sin el evangelio las obras del mundo eran hechas en las tinieblas. De igual manera, el iletrado podría culpar a la educación, porque esta al florecer hace evidente su ignorancia. ¡Así agradecemos a la Palabra de vida y salvación! Y ¿qué temor imaginamos que hubo entre los judíos cuando el evangelio los liberó de la ley de Moisés? ¿Qué oportunidades parecería que esta gran libertad no les da a los hombres malos? Sin embargo, no por eso el evangelio fue invalidado; sino que se abandonó a los impíos y se les predicó a los piadosos, de manera que no usasen su libertad como ocasión para la carne (Gál. 5:13).

Sección 21—Tampoco es parte de tu consejo ni de tu remedio, para ningún efecto, cuando afirmas: «es lícito decir la verdad, pero no es provechoso decirla ante toda persona, ni en todo tiempo, ni en todas las maneras». Y es bastante absurdo cuando citas a Pablo donde declara: «Todas las cosas me son lícitas, pero no todas son de provecho...» (1 Cor. 6:12).

Porque Pablo no habla aquí sobre la doctrina o la verdad que se enseña; como tú lo haces al confundir y malinterpretar sus palabras a tu antojo. Antes bien, Pablo quiere que la verdad se divulgue en todo lugar, en todo tiempo y en todas las maneras. Tanto que incluso se regocija de que Cristo se predique aun por envidia y rivalidad. Es más, Pablo declara sin rodeos que se regocija porque se predica a Cristo de todas maneras (Fil. 1:15-18).

Pablo, entonces, habla de los hechos y del uso de la doctrina, o sea, de aquellos que buscando lo suyo no tenían consideración del daño o la ofensa que ocasionaban a los débiles. La verdad y la doctrina deben predicarse siempre, a la vista de todos, con resolución y nunca encubrirse ni ocultarse, pues no hay ofensa en ellas, sino que son el cetro de la rectitud.

Y ¿quién te dio la autoridad o el derecho de restringir la doctrina cristiana a personas, lugares, tiempos y causas, cuando Cristo quiere que se proclame e impere con libertad en todo el mundo? Así lo expresó Pablo: «... la palabra de Dios no está presa» (2 Tim. 2:9). Pero Erasmo la encarcela. Tampoco Dios nos dio la Palabra de manera que hiciéramos distinción entre las personas, los lugares y los tiempos; así Cristo declaró: «Id por todo el mundo». Pero Erasmo expresa que hay que ir a este lugar y no a aquel. También declaró nuestro Señor: «... predicad el evangelio a toda criatura» (Mar. 16:15). Pero Erasmo dice que hay que predicar a algunos y no a otros. En resumen, en cuanto a la administración de la Palabra de Dios ordenas que se haga distinción entre las personas, los lugares, las costumbres y los tiempos; pero parte de la gloria de la Palabra, por su misma naturaleza, consiste en que, como lo afirma Pablo, no hace acepción de personas, y que Dios no hace acepción de personas. Ves, entonces, con cuánta imprudencia compites contra la Palabra, como si favorecieras tu propio consejo y deliberación antes que aquella.

Por ende, si te exigiéramos que determinaras para nosotros los tiempos en los cuales debería hablarse la verdad, así como a quiénes y la manera en que debería hacerse, ¿cuándo concluirías? Antes de que establecieras una regla precisa, el tiempo se terminaría y el mundo llegaría a su fin. Mientras tanto, ¿dónde quedaría el deber de la enseñanza? ¿Dónde quedarían las almas? Y ¿cómo podrías establecer alguna regla si ignoras la naturaleza de las personas, los tiempos y las maneras? E incluso, si supieras estas cosas a la perfección, no conoces sus corazones. A menos que para ti, la manera, el tiempo y la persona sea esto: ¡que enseñemos la verdad de tal manera que no se indigne el papa, que el César no se enfurezca y que muchos no se ofendan y se hagan peores de lo que eran antes! Pero qué clase de consejo es este, lo acabas de ver. Por eso, imagino que has hecho uso de la retórica en vanas palabras para que no parezca que no has dicho nada.

Por eso, cuánto mejor es que nosotros, hombres miserables, le atribuyamos a Dios, quien conoce los corazones de todos, la gloria de determinar la manera, las personas y los tiempos en que debe hablarse la verdad. Puesto que solo Él conoce qué debe hablarse, a quién, cuándo y cómo. Entonces, Él dispone que Su evangelio, el cual es necesario a todos, no sea confinado a un lugar ni a un tiempo, sino que se predique a todos, en todo tiempo y en todo lugar. Ya he demostrado que todo lo que se nos ha entregado en la Escritura es bastante claro y provechoso, y que es necesario que se proclame en todo lugar, como tú mismo concluyes en tu *Paráclesis*, y en eso mostraste mucha más sabiduría que ahora. Pero dejemos que aquellos que no quieren que las almas sean redimidas, como el papa y sus seguidores, encarcelen la Palabra de Dios e impidan que los hombres alcancen la vida eterna y el reino de los cielos, pues ni ellos mismos entrarán ni dejan que otros lo hagan. A cuya saña, Erasmo, con este consejo tuyo, sirves de manera perniciosa.

Sección 22—No con suma prudencia aconsejas más adelante: «Si en los concilios se aprobara una resolución equivocada, no debería admitirse públicamente, no sea que por ello se tuviera a menos la autoridad de los padres».

Sin duda, ¡esto es justamente lo que el papa quería que dijeras! Y lo escucha con mayor placer que al mismo evangelio y sería el hombre más miserable si no te honrara con el capelo cardenalicio junto con todos los beneficios del cargo. Pero entre tanto, amigo Erasmo, ¿qué harían las almas que han sido encadenadas y muertas por esa ley injusta? ¿No te importaría esto? Pero sin importar lo que creas o finjas creer, es peligroso observar las leyes humanas junto con la Palabra de Dios. Si se pudiera, me convertiría de inmediato a tu opinión.

Pero si estás todavía en la ignorancia, te reitero que las leyes humanas no pueden observarse junto con la Palabra de Dios porque aquellas amarran las conciencias y esta las desata. Se oponen como el agua al fuego. Salvo que se observen con libertad, es decir, que no amarren las conciencias. Pero esto ni lo quiere ni puede quererlo el papa, a menos que quiera que su reino sea destruido y llegue a su fin, el cual solo se sostiene en el engaño y la atadura de las conciencias, las cuales el evangelio las ha declarado libres. Por eso, no debemos tener en cuenta la autoridad de los padres y deben romperse y tirarse las leyes que aprueban erróneamente (como lo son todas aquellas que no están conforme a la Palabra de Dios), porque Cristo es superior a la autoridad de los padres. En una palabra, si piensas así en cuanto a la Palabra de Dios, piensas como un impío; si es en cuanto a otras cosas, me tiene sin cuidado esa disputa charlatana sobre tu opinión. ¡Yo disputo en cuanto a la Palabra de Dios!

Sección 23—En la última parte de tu prefacio nos induces a que desistamos de esta clase de doctrina, y crees que casi has obtenido la victoria.

Declaras: «Qué puede ser más inútil que esta paradoja sea proclamada públicamente al mundo: lo que hacemos, no lo hacemos por el libre albedrío, sino por mera necesidad, es decir, porque debe suceder. Y aquel dicho de Agustín que Dios obra en nosotros tanto lo bueno como lo malo, que Sus buenas obras en nosotros las recompensa y Sus malas obras en nosotros las castiga». (Eres abundante en palabras al dar o, más bien, en objetar al respecto). También afirmas: «¡Qué torrente de iniquidad se abriría a los hombres si estas cosas se proclamaran públicamente! ¡Qué hombre malo enmendaría su vida!¡Quién creería que Dios lo ama! ¡Quién combatiría contra su carne!».

Me sorprende que en tu gran vehemencia y celo contendiente te olvidaste de nuestro tema en discusión, y dijiste: dónde se hallaría, entonces, el «libre albedrío».

¡Mi amigo Erasmo! vuelvo a indicarte que si estas paradojas son invenciones de hombres, ¿por qué pugnas contra ellas? ¿Por qué te enfureces tanto? ¿Contra quién despotricas? ¿Acaso hay hombre en el mundo, en este día, que haya expresado con más vehemencia su indignación contra las doctrinas de hombres que Lutero? ¡Por eso tu amonestación no significa nada para mí! No obstante, si crees que estas paradojas son las palabras de Dios, dónde queda tu tolerancia, dónde queda tu sentido de la vergüenza, dónde queda, no diré tu modestia, sino el temor y la reverencia que se le deben al verdadero Dios, cuando dices que ¡nada es más inútil de proclamarse que la Palabra de Dios! ¡Cómo te atreves! ¿Acaso tu Creador tiene que aprender de ti, tú que eres Su criatura, qué es útil y qué es inútil predicar? ¡Qué! ¿Ese Dios tonto e insensato no sabía lo que era necesario enseñar, hasta que tú, Su maestro, le prescribiste cómo podía llegar a ser sabio y dar órdenes? ¿Acaso Él mismo ignoraba, si no se lo enseñabas, que lo que concluyeras sería el resultado de esta paradoja suya? Por ello, si Dios quiso que tales cosas se hablaran y proclamaran en todo lugar, independientemente de lo que vendría a continuación, ¿quién eres tú para prohibirlo?

El apóstol Pablo, en su Epístola a los Romanos, no comenta «en secreto» sobre estas mismas cosas, sino en público y ante todo el mundo. Además, lo hace sin reservas y en los términos más duros, al afirmar que «… al que quiere endurece» (Rom. 9:18). Y «… Dios […] dispuesto a demostrar su ira…», etc. (Rom. 9:22). ¿Qué palabra más dura para la carne que la de Cristo: «Porque muchos son llamados, pero pocos son escogidos» (Mat. 22:14) y «… yo conozco a los que he escogido…» (Juan 13:18)? Entonces, según tu opinión, nada puede ser más inútil que hablar de todo esto, ya que los hombres impíos pueden caer en la desesperación, el odio y la blasfemia.

En este caso, veo que presumes que la verdad y la utilidad de la Escritura deben sopesarse y juzgarse según la opinión de los hombres, es más, de los hombres más impíos. De modo que lo que les agrada o les parece tolerable, debe considerarse verdad, divino y provechoso. Pero lo que tiene el efecto contrario en ellos, debe considerarse inútil, falso y pernicioso. ¿Qué otra cosa pretendes con todo esto, sino que las palabras de Dios dependen por completo de la autoridad y albedrío de los hombres? La Escritura en cambio afirma que todo depende por completo de la voluntad y la autoridad de Dios. En una palabra, que toda la tierra guarde silencio delante del rostro del Señor (Hab. 2:20). Aquel que pudiera hablar como tú lo haces, debería imaginar que el Dios vivo no es más que un irrisorio y desconsiderado charlatán que habla desde una tribuna, y cuyas palabras se pueden desechar, interpretar, comprender y refutar según te plazca, porque solo habló cuando vio que conmovía e impresionaba en el ánimo de hombres impíos.

En este caso manifiestas que salió de tu corazón tu consejo '¡que la majestad de los juicios de Dios debe venerarse!'. En esa oportunidad, cuando discutíamos sobre las doctrinas de la Escritura, y no era necesario venerar las cosas incomprensibles y ocultas, porque no existen doctrinas de tal naturaleza, nos asombraste porque usabas palabras que parecían religiosas con la oscuridad de la cueva de Coricio, no sea que apresurados por la curiosidad nos metiéramos en ella, casi lograste asustarnos para que no leyésemos la Escritura; (aunque Cristo y los apóstoles nos exhortan e inducen a que la leamos, al igual que lo haces tú en otro lugar). Sin embargo, aquí hemos llegado no solo a las doctrinas de la Escritura, ni solo a la cueva de Coricio, sino a los mismos grandes misterios venerados de la majestad divina, por ejemplo: ¿por qué Dios obra de este modo?, ¡aquí, como suele decirse, abres de golpe las rejas y entras con violencia, y casi blasfemas abiertamente! ¡Cuán indignado te muestras con Dios porque no puedes ver Su razón y Su propósito en este consejo suyo! ¿Por qué en este caso no alegas que hay oscuridad y ambigüedad? ¿Por qué no te moderas y disuades a otros de entrometerse en todo aquello que Dios quiso que permaneciera oculto y que no nos ha entregado en las Escrituras? Aquí debemos cerrar la boca, venerar lo que yace oculto, adorar los consejos secretos de la majestad divina, y exclamar con Pablo: «... ¿quién eres tú, oh hombre, que le contestas a Dios?...» (Rom. 9:20).

Sección 24—«¿Quién (preguntas) se esforzará en enmendar su vida?». Yo respondo: ¡ningún hombre podrá hacerlo! Aquellos que tratan de enmendarse a sí mismos sin el Espíritu, Dios no se interesa en ellos porque son hipócritas. Pero aquellos que son electos y temen a Dios, serán corregidos por el Espíritu y los demás perecerán sin haber recibido corrección. Tampoco Agustín afirma que las obras de alguien serán coronadas, ni las de todos, sino las obras de algunos. Por ello, habrá algunos que enmendarán sus vidas.

«¿Quién creerá —inquieres— que Dios le ama?». Yo respondo: ¡ningún hombre lo creerá, ni podrá creerlo! Pero los electos lo creerán, los demás perecerán sin creerlo, llenos de indignación e irreverencia, como los describes aquí. Y en cuanto a tu declaración: «¡Qué torrente de iniquidad se abriría a los hombres si estas cosas se proclamaran públicamente!». Respondo: ¡que así sea! Pues estas doctrinas abren a los hombres inicuos una puerta a la iniquidad, y ellos pertenecerían a esa lepra que debe soportarse, de lo cual comenté antes. No obstante, por las mismas doctrinas se abre a los electos y a los que temen a Dios una puerta a la justicia, una entrada al cielo, ¡un camino a Dios! Y si, según tu consejo, debemos renunciar a estas doctrinas y ocultar a los hombres la Palabra de Dios, de manera que cada uno, engañado por una idea falsa sobre la salvación, nunca aprendiera a temer a Dios y nunca se humillara delante suyo para que mediante este temor pudiera llegar a la gracia y el amor; entonces, sin duda, ¡habríamos cerrado tu puerta! ¡Porque en su lugar, habríamos abierto para nosotros mismos y para todos, las puertas de par en par, es más, los enormes abismos y las arrasadoras corrientes, no solo a la iniquidad, sino a las profundidades del infierno! Así, nosotros mismos no entraríamos al cielo y le impediríamos la entrada a otros.

«¿Qué utilidad hay —inquieres—, o qué necesidad, en proclamar estas cosas públicamente, cuando tanta maldad parece probable que procede de ahí?». Yo respondo que es suficiente decir que Dios quiso que estas cosas se proclamaran públicamente. Pero no se debe inquirir sobre el fundamento de la voluntad divina, sino solo debe adorarse y darse la gloria a Dios, quien es justo y sabio, no le hace mal a nadie, y no puede obrar irreflexiva o desconsideradamente, aunque nos parezca lo contrario. Con esta respuesta aquellos que temen a Dios están contentos. Sin embargo, tengo mucho más que decir y añadiré esto: hay dos razones que exigen que tales cosas se prediquen. La primera es la humillación de nuestro orgullo y el conocimiento de la gracia de Dios. La segunda es la misma fe cristiana.

La primera razón, Dios ha prometido Su gracia al humillado, es decir, al que se reprueba a sí mismo y no tiene esperanza. Sin embargo, un hombre no puede humillarse del todo hasta que sepa que su salvación está por completo fuera del alcance de sus propias fuerzas, consejo, esfuerzos, voluntad y obras, y que depende de manera absoluta de la voluntad, consejo, gozo y obra de otro, es decir, de Dios solamente. Pues si el hombre tuviese alguna convicción de que puede hacer alguna contribución, aunque fuere nimia, para obtener su salvación, retendría alguna confianza en sí mismo y no perdería las esperanzas, y por eso no se humillaría ante Dios, sino que se propondría para sí un lugar, un tiempo o alguna obra, por los cuales pudiese alcanzar la salvación. Mas el hombre que no duda de que todo depende de la buena voluntad de Dios, pierde toda esperanza en sí mismo, no hace lo que le place, sino que espera que Dios obre en él, y el tal es el más cercano a la gracia, de manera que pueda ser salvo.

Por eso, estas cosas se proclaman de manera pública a causa de los electos. Pues siendo de esta forma humillados y reducidos a nada, puedan ser salvos. Los demás se resisten a esta humillación, es más, condenan la enseñanza sobre la pérdida de toda esperanza en sí mismos, y quieren que se les deje un poquito que puedan hacer ellos mismos. En el fondo, siguen siendo soberbios y adversan la gracia de Dios. Creo que esta es una razón por la cual, aquellos que temen a Dios, conocen, invocan y reciben humillados la gracia de Dios.

La segunda razón es que la fe es la convicción de las cosas que no se ven. Por tanto, para que pueda haber lugar para la fe, es necesario que todas las cosas que sean objeto de la fe, estén ocultas. Pero no están más ocultas que bajo aquello que es lo contrario de lo que se mira, se siente o se experimenta. Así, cuando Dios da vida, lo hace al matar; cuando justifica, lo hace al declarar al culpable; cuando exalta al cielo, lo hace al bajar al infierno. Como afirma la Escritura: «El Señor da muerte y da vida; hace bajar al Seol y hace subir» (1 Sam. 2:6). Respecto a estas cosas, no es necesario que me explaye más, pues los que han leído mis escritos están familiarizados con ellas. Así Dios esconde Su eterna misericordia y bondad detrás de Su ira eterna; Su justicia detrás de Su aparente iniquidad.

Este es el grado más alto de la fe: creer que es misericordioso aquel que salva a muy pocos y condena a tantos; creer que es justo aquel cuya voluntad nos hace necesariamente condenables, que parece, como afirma Erasmo, 'deleitarse en los tormentos de los miserables y ser objeto de odio y no de amor'. Por ello, si de alguna forma pudiera comprender cómo el mismo Dios que es misericordioso y justo da la impresión de tanta ira e iniquidad, no tendría necesidad de la fe. Pero ahora, puesto que no puede comprenderse, hay lugar para ejercer la fe, mientras tales cosas se predican y se proclaman abiertamente, de igual manera cuando Dios mata, la fe en la vida se ejercita en la muerte. He dicho suficiente sobre tu prefacio.

En este sentido, procederemos a dar una opinión más apropiada a aquellos que discuten sobre estas paradojas, y no según tu opinión con la cual quieres permitir su impiedad mediante el silencio y abstenerte de expresar algo, lo cual no reporta ningún beneficio. Pues si crees o aun supones que estas paradojas son verdad (considerando que son paradojas de no poca importancia), al hacerlas públicas mediante tu amonestación has hecho que todos tengan un mayor deseo de saber si estas paradojas son verdad o no, pues tal es el deseo insaciable de los mortales por escudriñar las cosas secretas, tanto más cuanto más las queremos mantener en secreto. Así, ahora, incitados por tu fervor en esta pugna, querrán inquirir lo que ninguno de nosotros se atrevió a dar a conocer, como tú lo has hecho con tu religiosa y fervorosa amonestación. Habrías actuado con mayor prudencia, si no hubieras dicho nada en cuanto a ser cauteloso al mencionar estas paradojas, si este era tu deseo. Pero ya que no negaste directamente que son verdad, mantenerlas ocultas ya no será posible; y debido a que dan la impresión de que son verdad, todos los hombres se sentirán atraídos hacia ellas y las querrán escudriñar. Por eso, si quieres que otros callen, calla tú primero o niega que son verdad.

Sección 25—En cuanto a la otra paradoja que mencionaste, 'que lo que hacemos, no lo hacemos por el libre albedrío, sino por mera necesidad, es decir porque debe suceder'.

Consideremos esto brevemente para que no se hable más perniciosamente sobre esta paradoja. Aquí entonces, observo que si se demuestra que nuestra salvación está al margen de nuestra propia fuerza y consejo, y que depende únicamente de la obra de Dios (lo cual espero demostrar más adelante y con claridad durante el curso de esta discusión), ¿no es evidente que se desprende de ello que cuando Dios no está presente para obrar en nosotros, todo lo que hacemos es malo, y lo que hacemos por necesidad no sirve para la salvación? Pues si no somos nosotros mismos, sino Dios el que obra la salvación en nosotros, entonces, queramos o no, nosotros no hacemos nada para alcanzar la salvación antes de que Dios obre en nosotros.

Sin embargo, por necesidad, no me refiero a coacción; sino (como lo definen) a la necesidad de la inmutabilidad, no de la coacción. Es decir, un hombre sin el Espíritu de Dios no hace lo malo porque es obligado mediante la violencia y contra su voluntad, como si hubiese sido tomado por el cuello y forzado a hacerlo, del mismo modo que un ladrón o un asesino es arrastrado al castigo en contra de su voluntad, sino que aquel hace lo malo de manera espontánea y con la voluntad deseosa para ello. Y esta voluntad y deseo de hacer lo malo, por su propia fuerza, no lo puede dejar, contener o cambiar, sino que sigue deseando y queriendo. Aun si pudiese ser obligado mediante la fuerza a hacer aparentemente otra cosa, el intenso deseo en el interior permanece reacio y se indigna contra eso que lo obliga o lo resiste. No obstante, no se indignaría si fuera cambiado o estuviera dispuesto a someterse a una fuerza coercitiva. A esto nos referimos cuando hablamos de la necesidad de la inmutabilidad: que la voluntad no puede cambiarse a sí misma, ni disponerse a sí misma, más bien cuanto más se le resiste, más estimula el deseo, como lo manifiesta su indignación. Este no sería el caso si fuera libre, o tuviera un «libre albedrío». Pregunta a la experiencia, cuán difícil es convencer a aquellos cuyas inclinaciones están fijas en una cosa. Pues si ceden, ceden por la fuerza, o por algo que les ofrece una mayor ventaja, pero nunca ceden por voluntad propia. Y si sus inclinaciones no están fijas, dejan que las cosas pasen y salgan tal como quieren.

Por otra parte, si Dios obra en nosotros, nuestra voluntad, al ser cambiada y movida por el Espíritu de Dios, quiere y obra no por coacción sino que responde por pura disposición, inclinación y no por obligación; de modo que no puede cambiarse en algo que le sea contrario, ni puede obligarse o ser vencida incluso por las puertas del infierno, sino que sigue queriendo, anhelando y amando aquello que es bueno, así como antes deseaba, anhelaba y amaba aquello que era malo. Esto lo demuestra la experiencia. Así podemos observar hombres piadosos ¡cuán invencibles e inquebrantables son, porque aun cuando son obligados con el uso de la fuerza y otras opresiones a hacer otra cosa, son impulsados y estimulados a desear lo bueno! Así como el fuego que el viento aviva las llamas en lugar de extinguirlas. De modo que no hay ninguna disposición ni «libre albedrío» para cambiar de dirección, o desear otra cosa, mientras la influencia del Espíritu y la gracia de Dios permanezcan en el hombre.

En pocas palabras, si estamos bajo el dios de este mundo, sin la obra y el Espíritu de Dios, somos llevados cautivos dirigidos por él bajo su voluntad, como lo afirma Pablo (2 Tim. 2:26). De modo que no podemos querer nada sino lo que él quiere. Pues él es aquel «fuerte hombre armado» que guarda su fortaleza de modo que aquellos a quienes tiene cautivos estén en paz para que no se amotinen contra él, de otra manera el reino de Satanás se dividiría contra sí mismo y no podría permanecer, mientras que lo que Cristo afirma, eso permanece. Y esto lo hacemos por propio gusto e iniciativa, según la naturaleza de la voluntad: si esta fuera obligada ya no sería voluntad, porque la coacción sería, por así decirlo, hacer lo que no quiero. Pero si viene y nos vence «otro más fuerte», y nos lleva como Su botín, entonces, a través de Su Espíritu, somos Sus siervos y prisioneros (lo cual es la libertad de los reyes), de modo que deseemos y hagamos con gusto lo que Él quiere.

Así es la voluntad humana, por así decirlo, como una bestia de carga. Si se sienta Dios sobre ella, quiere y va adonde Dios quiere, como declara el salmo: «… era como una bestia delante de ti. Sin embargo, yo siempre estoy contigo…» (Sal. 73:22-23). Si se sienta Satanás sobre ella, quiere y va adonde Satanás quiere. Y no está en el poder de su propia voluntad elegir hacia cuál jinete correrá ni a cuál buscará, sino que los mismos jinetes contienden para ver quien la tendrá y mantendrá.

Sección 26—Ahora bien, ¡qué pasa si te demuestro a partir de tus propias palabras, en las cuales afirmas la libertad de la voluntad, que no hay tal «libre albedrío»! ¿Qué pasa si pongo en evidencia lo que, con tanta habilidad, niegas de manera insensata y te esfuerzas en afirmar? Pero si no lo logro, juro de verdad que quedará revocado todo lo que escribo contra ti en este libro, y quedará confirmado todo lo que presentas contra mí en tu Diatriba.

Afirmas que el poder del «libre albedrío» es 'limitado y que sin la gracia de Dios es totalmente ineficaz'.

¿Reconoces esto? Ahora te pregunto y exijo: ¿si la gracia de Dios no está presente, o, si se quita ese poder limitado, qué puede hacer ese poder por sí mismo? Asegurar que 'es ineficaz y no puede hacer nada bueno'. Por eso, no puede hacer lo que quiere Dios o Su gracia. ¿Por qué? Porque hemos separado la gracia de Dios de este poder, y lo que no hace la gracia de Dios, no es bueno. Por lo tanto, el «libre albedrío» sin la gracia de Dios no es libre, sino que (por necesidad de la inmutabilidad) es siervo y esclavo de lo malo porque no puede dirigirse hacia lo bueno. Si esto queda decidido, dejaré que presentes el poder del «libre albedrío» no solo como un poder limitado, sino como evangélico si así lo quieres, o si puedes, como divino, a condición de que añadas este triste apéndice: que este poder sin la gracia de Dios es ineficaz. Porque, entonces de inmediato le quitas todo poder, pues ¿qué es un poder ineficaz, sino claramente, ningún poder?

Por lo tanto, afirmar que la voluntad es libre y que tiene algún poder, pero ineficaz, es lo que los sofistas denominan 'una contradicción directa'. Como si dijeras que el «libre albedrío» no es libre, o el fuego es frío y la tierra caliente.

Pues si el fuego tiene el poder del calor, sin duda el calor del infierno, pero no quemara ni ardiera, sino que fuera frío y enfriara, no lo llamaría fuego, mucho menos diría que es caliente, a no ser que estuvieras pensando en un fuego imaginario o representado en una pintura. Pero si llamáramos poder del «libre albedrío» aquello por el cual un hombre es apto para ser tomado por el Espíritu o ser tocado por la gracia de Dios, como uno que ha sido creado para vida o muerte eterna, bien diríamos, porque yo también confieso este poder, es decir, esta aptitud, o (como la denominan los sofistas) 'calidad de disposición' y 'aptitud pasiva'. ¿Y quién no sabe que este poder no está en los árboles o las bestias? Pues (como ellos afirman) el cielo no fue hecho para los gansos.

Por lo tanto, se establece la veracidad, incluso por tu propio testimonio, de que todo lo hacemos por necesidad, no por el «libre albedrío», al observar que el poder del «libre albedrío» no es nada ni hace ni puede hacer lo bueno, si no está presente la gracia. A no ser que quieras darle un nuevo significado a la eficacia y que se entienda en el sentido de perfección, es decir, que el «libre albedrío» puede, sin duda, comenzar y querer algo, pero no terminarlo, lo cual no creo. Y sobre esto me referiré más adelante.

Podemos concluir que el «libre albedrío» es claramente un término divino y que puede aplicarse a nadie más sino a la majestad divina, pues solo Él (como canta el salmo) hace lo que quiere en el cielo y en la tierra (Sal. 135:6). En cambio, si se le atribuyese a los hombres, se les atribuiría no como es debido, sería como si se les atribuyese la divinidad de Dios mismo, lo cual es el mayor de los sacrilegios. Por consiguiente, si los teólogos quieren hablar de la capacidad humana, han de abstenerse del uso de este término y aplicarlo solo a Dios. Además, deben eliminarlo de las bocas y del lenguaje de los hombres, y afirmar que le pertenece al sagrado y santo nombre de su Dios.

Pero si debían atribuir algún poder a los hombres, debían enseñar lo que algunos denominan con una expresión que no sea la de «libre albedrío», en particular porque sabemos y vemos con claridad que las personas son lamentablemente engañadas y seducidas por ese término, al entender que significa algo bastante distinto de aquello que opinan los teólogos en sus discusiones. Pues el término «libre albedrío» es demasiado monumental, amplio y abundante, por el cual la gente cree que ese poder implica (como lo exige la fuerza y la naturaleza del término) que puede dirigirse con libertad adonde quiere y que no está bajo la influencia ni sujeta a nadie. En cambio, si supieran que es justamente lo contrario, y que el término difícilmente implicaría la mínima chispa de poder que es completamente ineficaz por sí mismo, que este «libre albedrío» es siervo y esclavo de lo malo, entonces no sería extraño que nos apedrearan como a burlones y embusteros, que dicen una cosa, pero dan a entender otra completamente diferente, es más, que a lo que se refieren lo dejan confuso. Pues «él que habla como sofista —dice el hombre sabio— es aborrecido», en particular si lo hace en cosas que corresponden a la piedad, donde la salvación eterna está en riesgo.

Entonces, dado que hemos perdido la importancia de un término tan monumental y lo que este implica, o más bien, nunca los hemos tenido (lo cual de todo corazón deseaban los pelagianos, pues ellos mismos se dejaron engañar por este término), ¿por qué tan tenazmente asimos una palabra falta de contenido exponiendo al pueblo creyente al peligro y al engaño? No hay más sabiduría en ello que la que hay en los reyes y príncipes que se aferran, reclaman o hacen alarde de títulos vacíos de reinos y países, cuando son al mismo tiempo puros mendigos y cualquier otra cosa antes que los poseedores de esos reinos y países. No obstante, esto es tolerable porque no engañan ni embaucan nadie, sino que solo alimentan su propia vanidad sin ningún provecho. Pero en este caso que tratamos, es un riesgo en cuanto a la salvación y un engaño por demás nocivo.

¿Quién no se reiría, o más bien consideraría aborrecible al innovador más inoportuno de términos, que contrario al uso establecido, tratase de introducir tal modo de hablar que el término «mendigo», por ejemplo, significase «rico», no porque posea él mismo riquezas, sino porque algún rey, quizás, le concediese las suyas? ¿Y si tal persona de verdad hiciera esto, no por alguna figura retórica, como una perífrasis o ironía, sino con una sencilla y sincera intención? En el mismo sentido, la expresión «enfermo de muerte» podría denotar «en perfecto estado de salud» porque otro podría darle su salud. Así también, «idiota ignorante» podría referirse al «sumamente instruido» porque alguien más podría cederle su conocimiento adquirido. De la misma índole es esto: el hombre tiene «libre albedrío», por esta razón, si acaso Dios le da Su propio «libre albedrío». Por este abuso en la manera de hablar, cualquiera puede hacer alarde de cualquier cosa. Así: él es Señor del cielo y la tierra si acaso Dios se lo otorga. Sin embargo, esta manera de hablar no es correcta para los teólogos, pero si la es para los actores de teatro y los presuntuosos. Nuestras palabras deben ser correctas, puras y sobrias; y como lo declara Pablo: «... palabra sana e irreprochable» (Tito 2:7-8).

Pero si nos disgusta excluir este término por completo (lo cual sería más seguro y religioso) podríamos, aun así, enseñar con buena conciencia, que debe utilizarse para referirse al «libre albedrío» que se le concede al hombre solo con respecto a aquello que está por debajo él y no con respecto a aquello que está por encima. Es decir, el hombre debe saber que en cuanto a sus bienes y posesiones tiene el derecho de usar, hacer y dejar de hacer de acuerdo a su «libre albedrío»; aunque al mismo tiempo, ese mismo «libre albedrío» es anulado por el libre albedrío de Dios y es llevado en la dirección que a Él le place. Pero en cuanto a Dios o a las cosas que conciernen a la salvación o la condenación, no tiene «libre albedrío», sino que es un cautivo, esclavo y siervo, ya sea de la voluntad de Dios o la de Satanás.

Sección 27—Hago estas reflexiones sobre las partes importantes de tu prefacio, las cuales, sin duda, podría decirse que encierran en sentido estricto todo el asunto que el contenido que sigue del libro. Sin embargo, la totalidad de estas reflexiones podría haberse resumido en esta breve respuesta para ti: en tu prefacio te quejas ya sea de las palabras de Dios o las de los hombres. Si te quejas de las palabras de los hombres, todo fue en vano; si te quejas de las palabras de Dios, todo es impío. Por eso, nos hubiera ahorrado mucha molestia si sencillamente se hubiera mencionado si estábamos discutiendo sobre las palabras de Dios o las de los hombres. Pero esto, quizás, se tratará en el exordio que sigue, o en la misma discusión.

Sin embargo, lo que insinúas en la conclusión de tu prefacio, no tiene ningún peso.

Por ejemplo, afirmas que mis dogmas son 'fábulas y cosas inútiles' y que 'deberíamos seguir el ejemplo de Pablo y predicar a Cristo crucificado, que la sabiduría hay que enseñarla entre aquellos que son perfectos, que el lenguaje de la Escritura se acomoda a las diferentes capacidades de los oyentes, de modo que piensas que debe dejarse a la prudencia y al amor del maestro enseñar lo que es de provecho para su prójimo'.

En todo esto hablas con torpeza y no cabe en este asunto. Porque no enseñamos sino a Cristo crucificado. Pero el Cristo crucificado trae todas estas cosas consigo, y esa «misma sabiduría entre aquellos que son perfectos» debe enseñarse, pues no ha de ser otra sabiduría la que se enseñe entre los cristianos, esa que está «escondida en el misterio» y pertenece a los «perfectos» y no a los hijos de los judíos y a una generación legalista que no tiene fe y se gloría en sus obras, ¡como Pablo parece pensar en 1 Corintios 2!

Y en cuanto a tu observación de que 'Dios es una persona que se enoja, que se enfurece, que odia, que se aflige, que se compadece, que se arrepiente, nada de lo cual, no obstante, es atribuible a Dios'.

Esto es solo tropezar a propósito en terreno llano, o *buscarle cinco pies al gato*. Porque estas cosas ni hacen oscuras a la Escritura, ni es preciso que se acomode a las diversas capacidades de los oyentes. Excepto que, alguno se agrade en hacer oscuro aquello que no lo es. Pues estas cosas no son más que detalles gramaticales y ciertas figuras retóricas, que incluso los colegiales conocen. Pero nosotros en esta discusión no contendemos sobre figuras gramaticales, sino sobre dogmas.

Exordio

Sección 28—Al entrar en esta discusión prometes 'que la abordarás conforme a las Escrituras canónicas, y eso, porque Lutero no ha sido persuadido por la autoridad de ningún otro escritor'.

¡Excelente! ¡Acepto tu promesa! Pese a que no la haces porque pienses que estos mismos escritores serían útiles a tu causa sino porque podrías escribir en vano. Pues sé que no apruebas mi audacia u otro término que elijas para nombrar mi proceder en esta discusión.

Afirmas que 'tan gran número de hombres letrados, aprobados por el consenso de tantos siglos, no carece de importancia para ti. Entre quienes hubo algunos de los mejores conocedores de los escritos sagrados y algunos de los más santos mártires, muchos reconocidos por sus milagros, así como los teólogos más recientes, y tantas escuelas, concilios, obispos y papas'. Entonces, en resumen: en tu lado de la balanza hay erudición, ingenio, multitudes, grandeza, dignidad, fortaleza, santidad, milagros y ¡tantas cosas más! Pero en mi lado de la balanza solo está Wycliffe y Laurentius Valla (aunque te olvidas de Agustín, quien está por completo de mi lado), quienes en comparación con los otros, no tienen ningún peso; por ello Lutero está solo, una persona particular, un advenedizo con sus partidarios, en quien no hay erudición, ni ingenio, ni multitudes, ni grandeza, ni santidad, ni milagros. 'Pues estos hombres ni siquiera son capaces —expresas— de curar un caballo cojo. Sin duda se jactan de la Escritura, la que ponen en entredicho al igual que aquellos en el otro lado del asunto. También se jactan del Espíritu al cual nunca muestran'. Y así tantas otras cosas que, por tu mordacidad, puedes enumerar con abundancia. Pero estas cosas no nos afectan y te decimos como el lobo al ruiseñor después de devorarlo: «¡Eres una voz y nada más!». «Ellos hablan —señalas— y solo por eso, quieren que les creamos».

Confieso, amigo Erasmo, que todas estas cosas podrían haberte afectado. A mí mismo me afectaron tanto por más de diez años que pienso que ningún otro mortal ha estado tan dominado por ellas. Tampoco pensé que esta Troya nuestra, la cual había permanecido invencible por tanto tiempo y a través de tantas guerras, pudiese alguna vez ser tomada. «Más yo invoco a Dios como testigo sobre mi alma…» (2 Cor. 1:23) que habría seguido así y bajo su dominio hasta el día de hoy, si la insistencia de mi conciencia y la evidencia de los hechos no me hubiesen forzado a tomar un camino diferente. Puedes fácilmente imaginar que mi corazón no es de piedra, y si fuese de piedra se habría ablandado por la lucha y el embate con tanto oleaje y conmoción, cuando me atreví, si acaso lo logré, a ver que toda la autoridad de aquellos a quienes enumeraste caería sobre mi cabeza como un diluvio incontenible.

Sin embargo, este no es el momento para presentar la historia de mi vida o de mis obras, tampoco emprendí esta discusión con el fin de enaltecerme, sino para exaltar la gracia de Dios. Quién soy y con qué espíritu y propósito he sido llevado a esa discusión, esto se lo dejo a Él que sabe que todo se lleva a cabo según Su libre albedrío y no según el mío, aunque el mismo mundo ya debería haberlo admitido. Sin duda, en tu exordio me colocas en una situación molesta, de la cual no podré zafarme fácilmente a menos que me ensalce a mí mismo y denigre a los padres. Pero lo haré en unas pocas palabras: en ese caso, según tu propia opinión sobre mí, estoy al margen de toda erudición, ingenio, multitudes, autoridad y todo lo demás.

Entonces, si te preguntara sobre estas cosas: ¿Qué es la manifestación del Espíritu?, ¿qué son los milagros?, ¿qué es la santificación? Hasta donde sé, por tus libros y cartas, se vería que eres tan inexperto e ignorante que no podrías explicarlas ni siquiera con una sílaba. O si te lo pusiera lo más real posible y te preguntara: ¿Cuál de entre aquellos que alabas podrías mostrarme con certeza a uno que sea o fuese un santo, o que tuvo el Espíritu, o que realizó milagros? Comprendo que tendrías un trabajo difícil de resolver, y todo en vano. Muchas cosas que enseñas son de uso común y se predican al público, pero no admites cuánta importancia y autoridad pierden cuando se llevan al juicio de la conciencia. Un viejo proverbio señala: «¡Muchos se contaron entre los santos sobre la tierra, pero sus almas están ahora en el infierno!».

Sección 29—Pero reconoceremos, si lo deseas, 'que todos eran santos, que todos tenían el Espíritu y que todos realizaron milagros (aunque no lo exiges)'. Pero dime esto: ¿Alguno de ellos fue hecho un santo, recibió el Espíritu o realizó milagros en el nombre o a causa del «libre albedrío», o para confirmar la doctrina del «libre albedrío»? Lejos esté ese pensamiento, afirmarás, sino que todas estas cosas fueron hechas en el nombre y a causa de Cristo. ¿Por qué entonces traes a colación la santidad, el Espíritu y 'los milagros de estos para confirmar la doctrina del «libre albedrío»', los cuales no fueron dados y producidos para confirmar tal doctrina?

Por eso, los milagros, el Espíritu y la santidad nos pertenecen a los que predicamos a Jesucristo y no la capacidad y las obras de los hombres. Y ahora, cómo extrañarse si aquellos que eran santos, espirituales y maravillosos para los milagros, estuvieron en ocasiones bajo la influencia de la carne, y hablaron y actuaron según la carne, y esto le ocurrió, no solo una vez, a los mismos apóstoles que anduvieron con el mismo Cristo. Y no niegas, sino que afirmas que el «libre albedrío» no pertenece al Espíritu o a Cristo, sino que es humano, de modo que el Espíritu que fue prometido para glorificar a Cristo no puede predicar el «libre albedrío». Por eso, si los padres en algún momento predicaron el «libre albedrío», sin duda hablaron según la carne (pues eran hombres), y no según el Espíritu de Dios, y mucho menos hicieron milagros para confirmar esta doctrina. Por tanto, tu discurso en cuanto a la santidad, el Espíritu y los milagros de los padres no tiene parte en este asunto porque el «libre albedrío» no se demuestra con estos dones, sino la doctrina de Jesucristo contra la doctrina del «libre albedrío».

Pero ustedes que afirman que el «libre albedrío» es una doctrina verdadera, es decir, que procede del Espíritu de Dios, muestren al Espíritu, realicen milagros y hagan manifiesta la santidad. Sin duda, nos lo deben a quienes negamos el «libre albedrío». A nosotros, que lo negamos, no se nos debe exigir el Espíritu, la santidad y los milagros, sino a aquellos que lo afirman. Los que estamos de este lado de la discusión no pretendemos nada y no estamos obligados a probar nada, ni hay nada que se deba probar. En cambio, los que lo afirman deben probarlo. Sostienen que el «libre albedrío» es un poder y de origen humano, pero hasta ahora no he visto o escuchado que Dios realizara algún milagro en respaldo de una doctrina de origen humano, sino solo en respaldo de las doctrinas de origen divino. Y también somos mandados a no recibir ninguna doctrina que no haya sido probada antes con señales de lo alto (Deut. 18:15-22). Es más, la Escritura llama al hombre «vanidad» y «una mentira», lo cual no es otra cosa que decir que todos los seres humanos son vanidades y mentiras. En este caso, les insisto: ¡Sigan adelante!¡Sigan adelante! Demuestren la veracidad del «libre albedrío», el cual procede de la vanidad humana y es una mentira. ¡Dónde está ahora su demostración del Espíritu! ¡Dónde está su santidad! ¡Dónde están sus milagros! Veo su ingenio, erudición y autoridad, ¡pero estos dones Dios los ha dado por igual a todo el mundo! Con todo, no vamos a obligarles a que realicen grandes milagros, ni a «curar un caballo cojo», no sea que usen como excusa la carnalidad del siglo. Aunque Dios suele confirmar Sus doctrinas mediante milagros, sin tener en cuenta la carnalidad del siglo, ni cambia ya sea por los méritos o deméritos de un siglo carnal, sino por pura gracia y misericordia y amor por las almas que han de confirmarse mediante la verdad para Su gloria. Pero a ustedes, les damos la oportunidad de realizar milagros, tan pequeños como quieran.

Pero ¡sigan adelante! Yo, en cambio, incito a su Baal para que actúen, lo ofendo y lo desafío para que en nombre y por causa del «libre albedrío» produzcan siquiera una rana, aunque, por cierto, los gentiles y los magos impíos en Egipto pudieron crear muchas. No pediré que produzcan piojos, los cuales ninguno de aquellos pudo crear. Sin embargo, voy a pedirles algo más simple: atrapen una mosca o un piojo (ya que tientan y ridiculizan a nuestro Dios con aquello de «curar un caballo cojo»), y si, después de combinar todas las fuerzas y concentrar todos los esfuerzos tanto de su dios como de sus partidarios, en el nombre y por causa del «libre albedrío», pueden matarla, entonces serán vencedores, se establecerá su causa, y nosotros de inmediato vendremos y adoraremos a su dios, ese maravilloso dios que mató al piojo. No niego que incluso pudieran mover montañas, pero una cosa es decir que algo fue hecho por el «libre albedrío» y otra distinta es probarlo.

También lo que indiqué en cuanto a los milagros, lo indico en cuanto a la santidad. Si puedes, de semejante lista de siglos, de hombres y de todas las cosas que mencionas, mostrar una sola obra (aunque solo sea levantar una pajita del suelo), o una sola palabra (aunque solo sea la sílaba «mi»), o un solo pensamiento (aunque solo sea el más débil suspiro), ocasionados por el «libre albedrío», por el cual los hombres se apliquen a la gracia, o sean dignos del Espíritu, o alcancen el perdón, o prevalezcan sobre Dios, incluso en lo más mínimo (no digo nada sobre ser santificado de este modo). Repito, ustedes serán vencedores y nosotros los vencidos en el nombre y por causa del «libre albedrío».

Pues todo lo que es hecho en los hombres mediante el poder de la creación divina se basa en los testimonios abundantes de la Escritura. E indudablemente, tú y tus partidarios deben producir lo mismo, a menos que quieran dar la impresión de ser ridículos maestros que con tanta arrogancia y autoridad divulgan doctrinas que no pueden probar. Estas serán consideradas sueños que no tienen consecuencia, ¡lo cual no podría ser de mayor vergüenza para hombres de tantos siglos, tan grandes, tan ilustrados, tan santos y tan milagrosos! De ser así, los estoicos gozarían de mayor predilección que ustedes porque aunque se ocuparon en describir tal hombre sabio que nunca vieron, no obstante intentaron describir alguna parte de su carácter. Pero ustedes no pueden presentar nada, ni siquiera una sombra de su dogma.

También opino lo mismo en cuanto al Espíritu. Si entre los que afirman el «libre albedrío» pueden mostrarme a uno que tuviera un mínimo de fortaleza de ánimo y afecto como para, en el nombre y por causa del «libre albedrío», rechazar un solo centavo, estar dispuesto a prescindir de una sola moneda, tolerar una sola palabra o señal de perjuicio (no hablo del desprecio estoico a las riquezas, la vida y la fama), repito que la palma de la victoria sería suya, y nosotros de buen grado sufriremos la deshonra de la derrota. Y ustedes que andan pregonando el poder del «libre albedrío» están obligados a presentarnos estas pruebas. O, de otra manera, darán la impresión de que están pugnando por cosas de poco valor, o como aquel que se sienta a ver una obra en un teatro vacío.

Sección 30—Yo solamente te probaré con facilidad lo contrario: los hombres santos de los cuales alardeas, cada vez que se acercaron a Dios ya sea para orar o arreglárselas con Él, lo hicieron como hombres que se olvidaron por completo de su propio «libre albedrío» y perdieron las esperanzas respecto de sí mismos, e imploraron a Él por pura gracia porque sabían que merecían algo muy distinto. Muchas veces, Agustín experimentó esto; Bernardo, al borde de la muerte, expresó: «He perdido mi tiempo, porque he vivido una vida perdida». No veo que en este caso hubiese poder alguno que se aplicara a la gracia, sino que se condenó a todo ese poder por ser contrario a la gracia; aunque esos mismos santos, cuando discutieron sobre el «libre albedrío» se expresaron de otra manera. Y veo que a todos les pasa lo mismo: cuando se empeñan en palabras y discusiones son otras personas que cuando se refiere a la experiencia y la práctica. En las discusiones, hablan de manera distinta de lo que sintieron antes, en la experiencia y la práctica, sienten de manera distinta de lo que hablaron antes. Pero a los hombres, tanto piadosos como impíos, han de juzgarse más por lo que sienten que por lo que hablan.

No obstante, condescenderemos aún más. No exigiremos ni milagros ni Espíritu ni santidad. Regresemos a la misma doctrina. Solo les exigimos esto: que al menos nos expliquen qué obra, qué palabra, qué pensamiento echa a andar, trata de alcanzar o realiza ese poder del «libre albedrío» para aplicarse a la gracia. ¡Pues no es suficiente afirmar que existe un poder, un cierto poder del «libre albedrío»! ¿Nada es más fácil que afirmarlo? Tampoco es la manera de proceder de los hombres más ilustrados y santos que tienen la aprobación de tantos siglos, sino que debe nombrarse como a un niño (como dice el proverbio alemán). Debe definirse este poder, qué puede hacer, en qué se mantiene al margen y qué le ocurre. Por ejemplo (y seguiré presionando de la manera más tosca), se debe cuestionar: ¿Ese poder tiene la obligación o la intención de orar, ayunar, trabajar, castigar el cuerpo, dar limosna, o hacer otro trabajo de esta índole? Pues si fuera un poder, debería hacer alguna clase de trabajo. Pero en esto son más tontos que las ranas y los peces en la isla de Serifos. Y ¿cómo darían la definición cuando según su propio testimonio no tienen ninguna certeza sobre ella, y hay diferencias y contradicciones entre ustedes? Y ¿cuál sería esta definición si lo que se quiere definir se contradice a sí mismo?

Pero podría ser que después de la época de Platón se llegue a un acuerdo entre ustedes sobre ese poder, y que entonces se pueda definir que su obra es orar, ayunar o hacer algo de la misma índole, lo que quizás yace todavía sin descubrir en las ideas de Platón. ¿Quién nos asegurará que tal definición es acertada, que complace a Dios y que estamos haciendo lo correcto? Sobre todo, si ustedes mismos afirman que este poder es de origen humano, que no tiene el testimonio del Espíritu porque lo trataron los filósofos y estaba en el mundo antes de que Cristo viniera y antes de que el Espíritu fuera enviado desde el cielo. Entonces, lo más seguro es que esta doctrina no fue enviada desde el cielo con el Espíritu, sino que brotó de la tierra hace ya mucho tiempo. Por lo tanto, no son necesarios los testimonios de peso para confirmar si esta doctrina es cierta y verdadera.

Entonces, admitamos que nosotros somos personas particulares y pocos, y en cambio ustedes son personajes públicos y muchos; nosotros somos ignorantes, ustedes los más ilustrados; nosotros somos estúpidos, ustedes los más espabilados; nosotros nacimos ayer, ustedes tienen más años que Deucalión.[1] Nosotros nunca recibimos este dogma, pero

---

1. Personaje de la mitología griega. Hijo del titán Prometeo y Pronea.

ustedes tienen la aprobación de muchos siglos; en suma: nosotros somos pecadores, carnales e imbéciles, pero ustedes causan pavor a los mismos demonios por su santidad, espíritu y milagros. Sin embargo, otórguenos al menos el derecho que favorece a los turcos y a los judíos, demandar que nos den la razón de su doctrina, como Pedro lo mandó. Les demandamos con moderación, es decir, que no les exigimos que nos prueben esta doctrina mediante la santidad, el Espíritu y los milagros, aunque podríamos hacerlo por derecho propio ya que ustedes exigen lo mismo de otros. Es más, hasta ahora hemos condescendido con ustedes porque no les hemos exigido que presenten algún ejemplo de una obra, palabra o pensamiento que corrobore su doctrina, sino solo que nos la expliquen de manera sencilla, cómo ha de entenderse y cuál es la forma de esta. Si no quieren o no pueden hacerlo, entonces al menos nosotros intentaremos presentar un ejemplo de ella. Ustedes son tan malos como el papa y sus partidarios, que afirman: «Hagan todo lo que les decimos, pero no hagan conforme a nuestras obras». De igual manera ustedes dicen que ese poder exige que se realice una obra, entonces nosotros nos empeñaremos en hacerla, mientras ustedes se quedan tranquilos. Sin embargo, ¿no nos concederán esto? Cuantos más sean ustedes, cuanto más tiempo retengan su prestigio, cuanto más importantes, cuanto más superiores a nosotros en todos los aspectos, tanto más vergonzoso es para ustedes, que nosotros que somos en todo sentido una nada para ustedes, que deseamos aprender y practicar su doctrina, no puedan aportar pruebas ya sea mediante un milagro, la muerte de un piojo, alguna pequeña acción del Espíritu, alguna mínima obra de santidad, ¿ni

siquiera presentar algún ejemplo de alguna obra o palabra?
Y además, algo sin precedentes, ¡que ni siquiera puedan
explicarnos cuál es la forma de este dogma y cómo ha de
entenderse! ¡Oh, magníficos maestros del «libre albedrío»!
¿Qué son ustedes sino «puro ruido»? ¿Quiénes son aquellos,
Erasmo, que «se jactan del Espíritu, pero no lo manifiestan»?
¿Quiénes son aquellos que «solo hablan y que quieren
que luego se les crea»? ¿Acaso no son tus amigos, que son
ensalzados hasta las nubes y que no pueden decir nada, y aun
así se jactan y demandan cosas tan grandes?

Por ello, te suplico mi amigo Erasmo, tanto a ti como a los
tuyos, que nos concedas, azorados ante el peligro que corre
nuestra conciencia, mantenernos al margen, o al menos
demorar nuestra aprobación a este dogma, ya que tú mismo ves,
aun cuando lograras probar y establecer todos tus argumentos, no
es más que una expresión vacía y el ruido de sílabas: '¡Existe un
poder del «libre albedrío»!'. ¡Existe un poder del «libre albedrío»!
Además, hasta este momento, ni siquiera hay certeza entre tus
propios amigos si se trata de una expresión, porque difieren y
se contradicen entre sí. Por eso, es lo más perverso, es más, es
la desdicha más grande que nuestras conciencias, las cuales ha
redimido Cristo con Su sangre, sean atormentadas por el fantasma
de una expresión, y encima de todo, que no haya ninguna certeza
sobre ella. Y si nos dejamos atormentar, somos considerados
culpables de inaudita arrogancia por despreciar a tantos padres
que por tantos siglos aseguraron que el «libre albedrío» era
cierto. Si bien, la verdad es que, a partir de lo que se ha expuesto,
ellos nunca definieron nada en cuanto al «libre albedrío», sino
que los usaron como pretexto y en su nombre construyeron la
doctrina del «libre albedrío». Dicho esto, no han sido capaces

de mostrarnos cuál es la forma de este dogma y cómo ha de entenderse; ¡y así engañan al mundo con una mentira!

Sección 31—En este caso, Erasmo, te pido que tengas presente tu propio consejo. Acabas de aconsejar 'que hay cuestiones de esta índole que hay que dejar fuera, y que más bien se enseñe a Cristo crucificado y aquello que sea necesario para la piedad cristiana'. Siendo que esto es lo que estamos buscamos y tratando de hacer. ¿Acaso no pugnamos porque prevalezca la sencillez y la pureza de la doctrina cristiana, y que se deje fuera y aun se desprecie aquello que ha sido inventado e introducido por los hombres? Pero tú que nos das este consejo, no actúas conforme a este. Es más, haces lo contrario porque escribes diatribas, exaltas los decretos papales, enalteces la autoridad del hombre y tratas por todos los medios posibles de arrastrarnos hacia esas cosas extrañas y contrarias a las Escrituras. Sin embargo, al no considerar aquello que es necesario, corrompes la sencillez y la pureza de las Escrituras y las mezclas con las invenciones que han agregado los hombres. A partir de esto vemos claramente que este consejo tuyo no viene del corazón, que no escribes nada con la gravedad que el asunto requiere, sino que confías que mediante tus palabras vacías lleves al mundo a donde se te antoje. En cambio, no lo llevas a ninguna parte porque no enseñas sino meras contradicciones en todo y en todas partes. De modo que sería el más acertado aquel que te llamara Proteo o Vertumno[2], o como afirma Cristo: «Médico, cúrate a ti mismo». '¡Es una deshonra para el maestro cuyos errores demuestran su ignorancia!'.

---

2. Divinidad romana equivalente al Proteo griego. Representa la mutabilidad, el cambio.

Entonces, hasta que aportes pruebas que demuestren que estás en lo correcto, nosotros mantendremos nuestra posición. Y en el juicio, incluso de toda esa compañía de santos de los cuales alardeas, o más bien de todo el mundo, nos atreveremos a decir y nos gloriaremos en ello, que es nuestro deber no admitir aquello que es nada y que no se puede probar con certeza qué es. Y todos ustedes deben estar poseídos de una increíble presunción o locura al demandar que admitamos tal doctrina. Y esto, porque muchos grandes desde hace mucho tiempo escogieron afirmar aquello que ustedes mismos reconocen que no es nada. Como si fuera la conducta apropiada de los maestros cristianos engañar al humilde pueblo en cosas que corresponden a la piedad con aquello que no es nada, como si esto fuera de provecho para la salvación. ¡Dónde está la perspicacia antigua de los griegos, que hasta hoy al menos ocultaba las mentiras bajo la apariencia de verdad, pero ahora miente sin rodeos!

¡Dónde está la laboriosa destreza latina, que ahora engaña y se deja engañar por una expresión vacía!

Pero así les sucede a los que leen de manera maliciosa e insensata aquellas cosas que fueron las debilidades de los padres o de los santos y las convierten de máxima autoridad, por lo que el error no está en los autores, sino en los lectores. Es como si alguien que depende de la santidad y la autoridad de Pedro, alegase que todo lo que Pedro dijo era verdad e incluso tratara de persuadirnos que era verdad cuando por la debilidad de la carne le aconsejó a Cristo que no sufriera (Mat. 16:22). O cuando Pedro mandó a Cristo que se apartase de Él y abandonase la barca (Luc. 5:8). Y muchas otras circunstancias por las cuales Cristo lo reprendió.

Hombres como estos son semejantes a aquellos que solo hablan por hablar, desaprueban por desaprobar y afirman que no todas las cosas que están en el evangelio son ciertas. Y con esta intención toman aquel pasaje donde los judíos le dicen a Cristo: «... ¿No decimos con razón que tú eres samaritano y que tienes un demonio?» (Juan 8:48). O el otro pasaje: «¡Es reo de muerte!». O aquel otro: «Hemos hallado que este pervierte a nuestra nación, prohibiendo pagar impuesto al César». Estos hombres hacen exactamente lo mismo que aquellos que afirman el «libre albedrío», pero con un fin distinto y no de manera deliberada, sino como producto de la ceguera y la ignorancia; pues toman aquello que dijeron los padres por la debilidad de la carne en favor del «libre albedrío», que incluso lo oponen a lo que en otro lugar los mismos padres dijeron contra el «libre albedrío», y esto lo hicieron en el poder del Espíritu. Es más, insisten y fuerzan esto, que lo mejor es ceder a lo peor. De ahí que conceden autoridad a las expresiones inferiores porque se adaptan a sus mentes carnales; y quitan autoridad a las expresiones superiores porque están en contra de sus mentes carnales.

Sin embargo, ¿por qué no seleccionamos más bien lo mejor? Pues hay mucho de esto en los padres. Para presentar un ejemplo: ¿Qué podría ser más carnal, mejor dicho, más impío, sacrílego y blasfemo que lo que Jerónimo solía decir: 'El estado de virginidad llena el cielo, el estado matrimonial, la tierra'? Como si la tierra y no el cielo era para los patriarcas, los apóstoles y los esposos cristianos. O, como si el cielo fuera para las vírgenes consagradas a Vesta[3] entre los gentiles, aunque

---

3. Nota del traductor al español: Diosa romana del hogar. Correspondía a la diosa griega Hestia.

no tengan a Cristo. Y estas cosas y otras similares las recogen los sofistas de los padres para obtener autoridad, al llevar todas las cosas más por los números que por la sensatez. Como aquel repugnante carpintero de Constanza, que hace poco fabricó una joya de esto, los establos de Augías,[4] un regalo para el público, algo que podría causar náusea y vómitos al piadoso e ilustrado.

Sección 32—Y mientras hago estas observaciones, responderé a tu comentario donde expresas 'que es imposible que Dios haya pasado por alto un error en Su iglesia por tantos siglos y no haya revelado a ninguno de Sus santos aquello que pugnamos como fundamental de la doctrina cristiana'.

En primer lugar, no opinamos que Dios haya ignorado este error en Su iglesia ni en ninguno de Sus santos. Porque la iglesia es gobernada por el Espíritu de Dios y los santos son guiados por el Espíritu de Dios (Rom. 8:14). Y Cristo está con Su iglesia hasta el fin del mundo (Mat. 28:20). Y la iglesia es columna y sostén de la verdad (1 Tim. 3:15). Nosotros sabemos estas cosas, pues el credo que defendemos dice así: «Creo en la santa iglesia católica»; de modo que es imposible que pueda errar aun en el artículo más pequeño. Y aunque admitiéramos que algunos de los electos se mantienen en el error durante su vida, no obstante, es necesario que regresen al camino de la verdad antes de morir, porque Cristo indica: «… nadie las arrebatara de mi mano» (Juan 10:28). Pero esta es la dificultad, esta la cuestión: si puede probarse con certeza que a los que llamas iglesia son iglesia, o, más bien si los que estuvieron en el

---

4. Nota del traductor al español: Los establos de Augías, según la mitología griega, tenían más de 3000 reses y nunca los limpiaron en más de 30 años.

error durante toda su vida, por fin antes de morir retomaron el camino de la verdad. Pues esto no será fácil probar: si Dios permitió que los hombres más ilustrados que mencionas permanecieran en el error por tantos siglos, entonces Dios permitió que Su iglesia estuviera en el error.

Mira al pueblo de Israel: durante muchos reinados y tan largo tiempo, no se menciona rey alguno que no estuviera en el error. Y en los tiempos del profeta Elías, todo el pueblo y todo lo público se había volcado hacia la idolatría, al punto que pensó que era el único que no lo había hecho. Pero mientras que reyes, príncipes, profetas y cuanto podía llamarse pueblo o Iglesia de Dios iba a la destrucción, Dios había reservado para Sí mismo a «… siete mil hombres que no han doblado la rodilla a Baal» (Rom. 11:4). Pero ¿quién pudo ver o saber que estos eran el pueblo de Dios? Y ¿quién, incluso ahora, se atrevería a negar que Dios, en medio de estos grandes hombres (pues no mencionas a nadie que no sea de renombre u ocupe altos cargos), hubiese reservado para Sí mismo una iglesia entre el pueblo, y permitió que todos aquellos perecieran siguiendo el ejemplo del reino de Israel? Ya que es una característica de Dios frenar a los electos de Israel y matar a los más robustos de ellos; pero preservar a los rechazados y remanente de Israel (Sal. 78:31; Isa. 1:9; 10:20-22; 11:11-16).

¿Qué ocurrió en el tiempo de Cristo, cuando todos los apóstoles se escandalizaron, o cuando todo el pueblo lo repudió y condenó a muerte, y solo se salvaron un José, un Nicodemo y un ladrón en la cruz? ¿Se dijo de ellos que eran el pueblo de Dios? Sin duda, había un remanente, pero no fue llamado el pueblo de Dios, y los que eran así llamados, no eran el pueblo de Dios. Y ¿quién sabe quiénes constituyen el pueblo de Dios,

cuando a través de todo el mundo, desde el principio, el estado
de la iglesia siempre fue que los que eran llamados el pueblo
y los santos de Dios no lo eran, mientras otros entre ellos, que
eran como los rechazados, sí eran el pueblo y los santos de
Dios, aunque no los llamaran así? Lo cual es evidente en las
historias de Caín y Abel, Ismael e Isaac, Esaú y Jacob.

Considera de nuevo la era de los arrianos, cuando apenas
cinco obispos católicos se mantuvieron en la sana doctrina y
fueron expulsados de sus puestos, mientras que los arrianos
reinaron, con el nombre público y el oficio de la iglesia. Con
todo, bajo estos herejes, Cristo protegió a Su Iglesia, pero lo
hizo de una manera que ni se pensaba ni se consideraba iglesia.

Muéstrame de nuevo, bajo la corona del papa, un solo obispo
que cumpla con sus funciones. Muéstrame un solo concilio en
el cual sus resoluciones se refieran a aquello que corresponde
a la piedad y no a indumentarias, cargos, prebendas y otras
menudencias, cosas que no se pueden afirmar, sin estar loco,
que corresponden al Espíritu Santo. Con todo, se llaman iglesia,
cuando todos, al menos los que viven así, son depravados y
pueden ser cualquier cosa menos iglesia. No obstante, en medio
de ellos, Cristo preservó a Su Iglesia, aunque no se llamó iglesia.
¡A cuántos santos crees que la Inquisición, durante algunos
siglos, mató y quemó, como a Juan Huss y a otros, en cuyo
tiempo, sin duda, vivieron muchos otros santos hombres que
tenían el mismo espíritu!

¿Por qué, Erasmo, más bien no te maravillas de que siempre
hubo, desde el principio del mundo, ingenios más esclarecidos,
mayor erudición y más ardiente empeño entre los hombres
en general que entre los cristianos o el pueblo de Dios? Como
Cristo mismo declaró: «... pues los hijos de este siglo son más

sagaces en las relaciones con sus semejantes que los hijos de la luz» (Luc. 16:8). ¿Qué cristiano puede compararse (por no hablar de los griegos) con Cicerón solo en ingenio, erudición o minuciosidad? ¿Cuál diremos, entonces, fue la causa por la cual ninguno de ellos pudo alcanzar la gracia, ya que ciertamente ejercieron el «libre albedrío» con todas sus fuerzas? ¿Quién se atrevería a declarar que no hubo siquiera uno entre ellos que no pugnara por la verdad con todo su empeño? Y con todo, debemos afirmar que ninguno la alcanzó. ¿Dirás también que es imposible creer que Dios abandonara por completo a tantos grandes hombres, durante tantos siglos, y les permitiera afanarse en vano? Sin duda, si el «libre albedrío» fuese algo o pudiese hacer algo, debía haberse manifestado y hecho algo en esos hombres, al menos en alguna ocasión. Pero no sirve de nada, es más, siempre hizo algo en el sentido contrario. Por eso, ¡solo mediante este argumento puede ser debidamente demostrado que el «libre albedrío» no es nada, ya que no hay pruebas de su existencia desde el principio del mundo hasta el fin!

Sección 33—Pero volvamos al asunto. ¿Por qué maravillarse si Dios deja que todos los notables de la iglesia sigan sus propios caminos, que permitió que todas las naciones siguieran sus propios caminos, como Pablo lo aseguró (Hech. 14:16; 17:30)? Sin embargo, amigo Erasmo, *la iglesia de Dios* no es algo tan común como la expresión: «la iglesia de Dios», ni tampoco *los santos de Dios* se encuentran en todas partes como la expresión: «santos de Dios». Son perlas y joyas preciosas, que el Espíritu no arroja delante de los cerdos, sino que (como lo expresa la Escritura) las mantiene ocultas, ¡de modo que los impíos no vean la gloria de Dios! De otra manera, si fuesen abiertamente conocidos, ¿cómo podría ocurrir que fueran atormentados y afligidos en el mundo? Como expresó Pablo: «... porque si la hubieran entendido no habrían crucificado al Señor de gloria» (1 Cor. 2:8).

No sostengo estas cosas porque quiera negar que aquellos que mencionas son los santos y la Iglesia de Dios, sino porque no puede probarse si alguien pretendiera negar que son de verdad santos, por lo que debe quedar como algo incierto, y por eso la postura que se deduce a partir de la santidad de estos hombres no es lo suficientemente creíble para la confirmación de mi doctrina. Los llamo santos y los tengo como tales. Los llamo Iglesia y los considero como tal. Todo esto según la ley del amor y no según la ley de la fe. Es decir, el amor siempre piensa lo mejor de cada uno, no desconfía de nadie, cree y supone todas las cosas para bien del vecino, llama a todo aquel que es bautizado un santo. Tampoco hay peligro si se equivoca, porque el amor es susceptible de equivocarse y está expuesto a toda clase de usos y abusos de todos, es un siervo universal de buenos y malos, creyentes e incrédulos, sinceros y falsos. Sin embargo, la fe no llama santo a ninguno, sino al que ha sido declarado mediante el juicio de Dios, pues la fe no puede ser engañada. Por eso, aunque debemos tenernos por santos entre nosotros según la ley del amor, aun así, nadie debe ser declarado santo según la ley de la fe, como si fuese un artículo de fe que este o aquel sea un santo. Ya que de esta manera el adversario de Dios, el papa, quien se sienta en el lugar de Dios, canoniza a sus seguidores a quienes ni conoce (2 Tes. 2:4).

Todo lo que digo en cuanto a aquellos santos tuyos, o más bien nuestros, es esto: dado que entre ellos se han pronunciado de manera diferente, debería más bien seleccionarse aquellos que lo hicieron mejor. Es decir, los que hablaron en defensa de la gracia y en contra del «libre albedrío», y los que queden fuera son los que, por la debilidad de la carne, dieron testimonio de la carne y no del Espíritu. Además, en cuanto a los que son inconsistentes consigo mismos, deberían seleccionarse y tomar solo aquellas partes de sus escritos donde hablan guiados por el Espíritu y omitir aquellas donde hablan guiados por la carne. Esto le pasa al lector cristiano y al animal limpio que tiene la pezuña dividida y rumia (Lev. 11:3; Deut. 14:6). En cambio, ahora, nos tragamos todo sin discernir, o lo que es peor, por nuestro juicio pervertido, desechamos lo mejor y aceptamos lo peor de los mismos autores, y además, atribuimos a esas peores partes el título y la autoridad de la santidad de estos autores, la cual no alcanzaron debido al «libre albedrío» o la carne, sino por causa de lo mejor que escribieron y por el espíritu solo.

Sección 34—Pero como indicas, «entonces, ¿qué hemos de hacer? ¡La iglesia está escondida y los santos no se conocen! ¿Qué debemos creer? ¿A quién debemos creer? O, como tú disputas con gran aspereza, ¿quién dará testimonio de que estamos en lo cierto? ¿Cómo hemos de acogernos al Espíritu? Si buscamos erudición ¡en ambos lados de la discusión, todos son rabinos! Si buscamos vida ¡en ambos lados de la discusión, todos son pecadores! Si buscamos las Escrituras, ¡todos afirman que les pertenece! Con todo, nuestra discusión no es tanto sobre las Escrituras (la cual no es en sí misma bastante clara), sino sobre el sentido de las Escrituras. Y aunque hay hombres de toda categoría en ambos lados del tema que nos ocupa, sin embargo, ni los números, ni la erudición, ni el renombre o los altos cargos contribuyen al tema, mucho menos la escasez, la ignorancia y la condición sencilla».

En ese caso supongo que el asunto debe quedar como algo dudoso y el punto de la controversia debe permanecer abierto delante del juez de modo que, debería parecer que actuamos con sensatez si aprobamos las opiniones de los escépticos. A no ser que actuáramos como tú, pues pretendes que dudas y que buscas y deseas aprender la verdad, si bien, al mismo tiempo, te adhieres a los que afirman el «libre albedrío», hasta que la verdad se manifieste con claridad.

Pero ¡no! En este caso ni dices todo, ni dices nada. Pues no debemos buscar al Espíritu mediante razones aducidas ni por la erudición, ni la vida, ni el ingenio, ni las multitudes, ni el renombre o los altos cargos, ni la ignorancia, ni la inexperiencia, ni la escasez, ni la condición sencilla. Y a la vez no puedo aprobar a aquellos cuyo único recurso es alardear del Espíritu. Pues durante el último año, he sostenido, y todavía lo hago, una intensa lucha con aquellos fanáticos que someten las Escrituras a la interpretación de sus propios espíritus envanecidos.

Por el mismo motivo, hasta aquí he determinado disponerme en contra del papa, en cuyo reino, nada es más común o generalmente aceptado que la declaración '¡que las Escrituras son oscuras y ambiguas, y que debe pedirse el Espíritu, como el intérprete, a la sede apostólica de Roma!'. Nada podría afirmarse que fuera más pernicioso, pues a través de esta declaración un grupo de hombres impíos se elevó a sí mismo por encima de las Escrituras, y por lo mismo hicieron con ellas lo que se les antojaba, al punto que las hollaron bajo sus pies y nos forzaron a creer y enseñar nada más que los sueños de hombres que están locos. En resumen, esa declaración más que una invención de los hombres es un veneno que ha sido vertido en el mundo por la espantosa maldad del diablo, el príncipe de todos los demonios.

Nosotros sostenemos esta causa así: que los espíritus deben ser juzgados y probados mediante un doble juicio. El primero es interno, por el cual, a través del Espíritu Santo o un don específico de Dios, cualquiera puede discernir y juzgar con certeza los dogmas y las opiniones de todos los hombres en cuanto a su propia persona y su salvación personal. De esto se enseña: «... el que es espiritual juzga todas las cosas; pero él no es juzgado por nadie» (1 Cor. 2:15). Esto corresponde a la fe y es necesario para todo cristiano, incluso como persona particular. A esto llamamos antes «la claridad interna de las santas Escrituras». Y quizás esto era a lo que se refirieron aquellos que te respondieron que todo debe determinarse por el juicio del Espíritu. Sin embargo, este juicio no beneficia a ningún otro, ni es el punto de esta discusión, pues nadie duda de su existencia.

El segundo juicio es entonces el externo; por el cual juzgamos con la mayor certeza los espíritus y las doctrinas de los hombres, no solo para nosotros, sino también para otros y para su salvación. Este juicio es característico del ministerio público de la Palabra y al oficio externo, y corresponde en particular a los maestros y los predicadores de la Palabra. Hacemos uso de este juicio cuando fortalecemos al débil en la fe y cuando refutamos a los oponentes. A esto llamamos antes «la claridad externa de las santas Escrituras». Así que afirmamos que todos los espíritus deben probarse en el contexto de la iglesia por el juicio de la Escritura. Pues, por encima de todas las cosas, debe aceptarse y establecerse entre los cristianos que las santas Escrituras son una luz espiritual mucho más clara y brillante que el mismo sol, en particular en las cosas que conciernen a la salvación o que es necesario conocer.

Sección 35—Pero dado que esa pestilente declaración de los sofistas 'que las Escrituras son oscuras y ambiguas' nos ha convencido de lo contrario, estamos obligados antes que nada a probar ese primer gran principio que sostenemos, mediante el cual todas las demás cosas han de probarse, lo que los sofistas considerarían absurdo e imposible.

Primero Moisés declaró que cuando surgiera un caso demasiado difícil de juzgar, los hombres debían ir al lugar que Dios escogiera, y allí consultar a los sacerdotes quienes juzgarían conforme la ley del Señor (Deut. 17:8-12).

Moisés indicó: «según los términos de la ley». Pero ¿cómo juzgarían esto, si la ley del Señor no era evidente en el exterior, de modo que les resultase satisfactoria? De otra manera, habría sido suficiente indicar que juzgaran según su propio espíritu. Es más, así es en cada gobierno del pueblo, los pleitos judiciales de todos se resuelven según las leyes. Pero ¿cómo podrían resolverse, si no fueran leyes incuestionables y, sin duda, faros para el pueblo? Sin embargo, si las leyes fueran cuestionables y ambiguas no se resolverían los pleitos judiciales y tampoco habría estabilidad en las costumbres. Por eso, las leyes se promulgan para regular las costumbres según ciertas normas admitidas tácitamente, así como resolver las cuestiones en los pleitos judiciales. Para esto es necesario que lo que ha de ser la regla y el estándar en los tratos entre los hombres, como lo es la ley, debería ser, de todas las cosas, lo de mayor certeza y claridad. Entonces, si esa certeza y claridad de las leyes son necesarias en la administración pública donde se tratan las cosas profanas, lo cual ha sido concedido a todo el mundo por la benevolencia de Dios; ¿cómo no daría a los cristianos, es decir a Sus escogidos, leyes y reglas de mayor certeza y claridad, según las cuales podrían ajustarse ellos mismos y resolver sus pleitos judiciales? Y sobre todo eso, porque es Su voluntad que todos los Suyos desprecien las cosas temporales. «Y si Dios viste así la hierba del campo, que hoy es y mañana es echada al horno...», ¿cuánto más a nosotros? (Mat. 6:30). Pero continuemos y derrumbemos esa pestilente declaración de los sofistas utilizando las Escrituras.

El Salmo 19:8 declara: «... el mandamiento del Señor es puro, que alumbra los ojos». Y, sin duda, ¡lo que alumbra los ojos no puede ser oscuro o ambiguo!

También el Salmo 119:130 afirma: «La exposición de tus palabras imparte luz; da entendimiento a los sencillos». En este texto, las palabras de Dios se asocian con una puerta y algo que está abierto. Esto indica que es bastante evidente a todos e ilumina incluso al simple.

Isaías 8:20 refiere todas las preguntas «a la ley y al testimonio»; y si no lo hacemos así, la luz del este nos será negada.

En Malaquías 2:7 ordena: «Pues los labios del sacerdote deben guardar la sabiduría, y los hombres deben buscar la instrucción de su boca, porque él es el mensajero del Señor de los ejércitos». Pero ¡qué brillante mensajero del Señor de los ejércitos sería aquel que presentase cosas que son ambiguas para sí mismo y oscuras al pueblo, de modo que aquel ni sabría qué dijo, ni el pueblo sabría qué escuchó!

Y ¿qué es lo que se repite en alabanza de la Escritura en todo el Antiguo Testamento, en particular el Salmo 119? ¿No es acaso, que ella misma es luz segurísima y evidente? Leemos que el Salmo 119:105 lo expresa así: «Lámpara es a mis pies tu palabra y luz para mi camino». No dice *tu Espíritu es lámpara a mis pies*; aunque lo asocia con Su función al expresar: «… tu buen Espíritu me guíe a tierra firme» (Sal. 143:10). Entonces, se llama a la Escritura un «camino» y una «senda» debido a su perfecta certeza.

Sección 36—Ahora pasemos al Nuevo Testamento. Pablo señaló que el evangelio fue prometido «por medio de sus profetas en las santas Escrituras» (Rom. 1:2). También que la justicia por la fe fue testificada «por la ley y los profetas» (Rom. 3:21). Pero ¿qué testimonio sería este si fuese oscuro? Sin embargo, Pablo en todas sus epístolas presenta el evangelio como la palabra de luz y el evangelio de la claridad; lo cual hace decidida y abundantemente (2 Cor. 3 y 4); y donde trata de la manera más gloriosa lo que se refiere a la claridad tanto de Moisés como de Cristo.

Asimismo, Pedro manifestó: «Y así tenemos la palabra profética más segura, a la cual hacéis bien en prestar atención como a una lámpara que brilla en el lugar oscuro…» (2 Ped. 1:19). En este caso, Pedro presenta la Palabra de Dios como una lámpara que resplandece y todas las demás cosas como tinieblas; mientras que nosotros oscurecemos la palabra.

También Cristo con frecuencia se llamó a Sí mismo «la luz del mundo» (Juan 8:12; 9:5), y a Juan el Bautista lo llamó «la lámpara que ardía y alumbraba» (Juan 5:35). Sin duda, no por causa de su vida santa, sino por causa de la Palabra que predicaba. Así también Pablo llamó a los filipenses «luminares en el mundo» (Fil. 2:15) porque, observó, «sosten[ían] la palabra de vida» (v. 16). Pues la vida sin la palabra es incierta y oscura.

Y ¿cuál era el propósito de los apóstoles para probar su predicación con la Escritura? ¿Acaso podían oscurecer su propia oscuridad con mayor oscuridad? ¿Cuál fue la intención de Cristo al enseñar a los judíos que debían examinar las Escrituras porque ellas daban testimonio de Él? ¿Acaso se los dijo para hacerlos dudar en cuanto a la fe en Él? ¿Cuál era su intención, quienes habían escuchado a Pablo, de escudriñar las Escrituras día y noche, para ver «si estas cosas eran así» (Hech. 17:11)? ¿Acaso no prueban estas cosas que tanto los apóstoles como el mismo Cristo apelaron a las Escrituras como a los testimonios más claros de la verdad de sus discursos? ¿Con qué desfachatez las presentamos como «oscuras»?

¿Son oscuras o ambiguas estas palabras de la Escritura: «... creó Dios los cielos y la tierra» (Gén. 1:1); «Y el Verbo se hizo carne...» (Juan 1:14) y todas las demás palabras que el mundo acepta como artículos de la fe? ¿De dónde los elaboran? ¿De las Escrituras? Y ¿qué hacen aquellos que predican? ¿Acaso no exponen y explican las Escrituras? Pero si estas son oscuras, ¿quién nos asegura que es fiable aquello que explican? ¿Tendrá que haber una nueva explicación? ¿Quién la dará? Y así podríamos continuar indefinidamente.

En una palabra, si la Escritura es oscura o ambigua, ¿qué necesidad había de que fuese enviada desde el cielo? ¿No somos lo suficientemente oscuros y ambiguos en nosotros mismos como para que se nos enviara desde el cielo más oscuridad, ambigüedad y tinieblas? Y si este fuese el caso, ¿dónde queda lo que afirmó el apóstol en cuanto a que toda la Escritura es soplada por Dios «y útil para enseñar, para reprender, para corregir, para instruir en justicia» (2 Tim. 3:16)? Es más, Pablo, ¡eres del todo vano porque todas las cosas que atribuyes a la

Escritura han de buscarse en los padres aprobados a través de los siglos y en la sede apostólica! Por tanto, debe revocarse tu opinión que escribes a Tito, en cuanto a que un obispo debe retener la doctrina para exhortar y convencer a los que contradicen, y tapar la boca a los que hablan vanidades y engañan las almas (1:9). ¿Cómo ha de retener la doctrina, cuando lo dejas con Escrituras oscuras, esto es armas de estopa y débiles pajitas en lugar de una espada? Y Cristo necesariamente debe también revocar Su palabra cuando nos promete en falso al afirmar: «porque yo os daré palabras y sabiduría que ninguno de vuestros adversarios podrá resistir ni refutar» (Luc. 21:15). ¿Cómo no van a resistir cuando luchamos contra ellos con cosas oscuras e inciertas? Por qué también tú, Erasmo, nos prescribes una forma de cristianismo, ¡si las Escrituras son oscuras para ti!

Pero me temo que ya he sido gravoso, aun para el insensible al extenderme tanto tiempo y emplear demasiada energía sobre un punto totalmente claro. Pero era necesario abatir esa declaración descarada y blasfema en cuanto a que «las Escrituras son oscuras». Y, tú también, mi amigo Erasmo, sabes lo que dices cuando niegas que la Escritura es clara, pues al mismo tiempo llega a mis oídos esta aserción: 'por lo tanto, necesariamente se desprende que todos los santos que mencionas son mucho menos claros'. Y de veras sería así. ¿Quién nos asegura que en ellos hay luz, si nos presentas las Escrituras como oscuras? Por eso, aquellos que niegan la claridad y sencillez de las Escrituras, nos dejan sin nada excepto oscuridad.

Sección 37—Pero en este caso quizás indiques que todo esto no me incumbe. No digo que las Escrituras sean oscuras en todas sus partes (¿quién estaría tan loco?), sino en este asunto y en otros similares. Respondo: no digo estas cosas contra ti solamente, sino contra todos los que opinan como tú. Además, contra ti declaro con respecto a toda la Escritura que no existe parte alguna oscura; y me asiste lo que Pedro afirma que es la Palabra de Dios para nosotros: «una lámpara que brilla en el lugar oscuro» (2 Ped. 1:19). No obstante, si parte alguna de esta lámpara no brilla, será más bien una parte del lugar oscuro que de la lámpara en sí misma. Pues Cristo no nos iluminó, como para querer que alguna parte de Su Palabra permaneciese oscura, aun cuando nos manda prestarle atención. Pues Su mandato es en vano si Su Palabra es oscura.

Por tanto, si la doctrina respecto al «libre albedrío» es oscura y ambigua, no pertenece a los cristianos ni a las Escrituras, y por eso ha de dejarse fuera del todo y considerarla entre aquellas «fábulas *de viejas*» que Pablo condena en los cristianos que contienden sobre ellas (1 Tim. 7:7). Pero si pertenece a los cristianos y a las Escrituras, debe ser clara, evidente y manifiesta, y en todos los sentidos semejante al resto de los artículos de la fe. Pues todos los artículos de la fe que pertenecen a los cristianos deben ser de tal naturaleza que no solo sean especialmente evidentes sobre sí mismos, sino que tengan el apoyo de las claras y manifiestas Escrituras frente a los que se oponen, de modo que tapen la boca a todos y no puedan refutarlos. Como Cristo nos prometió: «porque yo os daré palabras y sabiduría que ninguno de vuestros adversarios podrá resistir ni refutar» (Luc. 21:15). Pero si nuestras palabras son débiles de manera que los adversarios puedan resistirlas, entonces Su afirmación es falsa. En la doctrina del «libre albedrío», por tanto, no tendremos adversarios (lo cual será el caso si no nos pertenece), o si nos pertenece, ciertamente tendremos adversarios, pero serán tales que no podrán resistir.

Ahora bien, en cuanto a la incapacidad de resistir por parte de nuestros adversarios (como eso en particular cabe aquí), observaría, por si acaso, que es así: no se refiere a que los adversarios estén obligados a ceder con el corazón, o confesar su error o permanecer en silencio. ¿Quién puede obligar a los hombres contra su voluntad a ceder, confesar su error o permanecer en silencio? '¿Qué es —afirma Agustín— más locuaz que la vanidad?'. Esta incapacidad se refiere a que las bocas de los adversarios se tapan, de modo que no tienen qué refutar, y si dicen muchas cosas, no obstante, según el dictamen del sentido común no dicen nada. Esto será mejor ilustrado con unos ejemplos.

Un ejemplo es cuando Cristo calló a los saduceos al probar la resurrección de los muertos al citar a Moisés: «... Yo soy el Dios de Abraham [...]. El no es Dios de muertos, sino de vivos» (Mat. 22:23-32; comp. Ex. 3:6). No le pudieron resistir en esto, ni tuvieron palabras para oponerse. Sin embargo, ¿cambiaron de opinión?

También ¿cuántas veces refutó a los fariseos con la evidencia de las Escrituras y los argumentos, de modo que el pueblo los vio derrotados y ellos mismos lo percibieron? No obstante, continuaron siendo Sus adversarios. Esteban así lo expresó según el testimonio de Lucas: «... no podían resistir a la sabiduría y al Espíritu con que hablaba» (Hech. 6:10). Pero ¿qué hicieron? ¿Se rindieron? ¡No! A causa de la vergüenza por su derrota y su incapacidad para resistir se enfurecieron, cerraron sus ojos y oídos y presentaron testigos falsos contra él (Hech. 6:11-13).

Considera cuando el mismo apóstol, frente al concilio, refutó a sus adversarios: enumeró las misericordias que Dios tuvo para con el pueblo de Israel desde el principio y luego les probó que Dios nunca había mandado construir un templo para Él (fue precisamente en cuanto a este punto que lo habían declarado culpable y el tema en disputa). Sin embargo, al fin admitió que hubo un templo que se construyó bajo Salomón. Entonces concluyó: «… el Altísimo no habita en casas hechas por manos de hombres…» (Hech. 7:48). Y para probar esto presentó al profeta Isaías: «… ¿Dónde, pues, está la casa que podríais edificarme?...» (Isa. 66:1). ¿Qué podrían haber dicho contra un texto tan evidente? Aun así, no se conmovieron, sino que se mantuvieron firmes en su posición. Por tanto, Esteban se dirigió a ellos con duras palabras: «Vosotros, que sois duros de cerviz e incircuncisos de corazón y de oídos, resistís siempre al Espíritu Santo…» (Hech. 7:51). Dice: «resistís», aunque no eran capaces de resistir.

Pero pasemos a nuestros tiempos. Juan Hus predicó contra el papa al citar Mateo 16:18, 'las puertas del infierno no prevalecerán contra mi iglesia, ¿hay allí alguna oscuridad o ambigüedad? Pero las puertas del infierno prevalecen contra el papa y los suyos, pues son notorias en todo el mundo su impiedad e iniquidad. ¿Tampoco hay oscuridad alguna aquí? Por lo tanto: el papa y los suyos no pertenecen a la Iglesia de la cual habla Cristo'. ¿Qué refutarán aquí o cómo resistirán a la palabra que Cristo le había dado? Sin embargo, resistieron y persistieron hasta que lo quemaron en la hoguera, tan poco prestos estaban de cambiar de opinión. Y esta es la clase de resistencia a la que alude Cristo: «… ninguno de vuestros adversarios podrá resistir…» (Luc. 21:15). Señala que son «adversarios», por eso resistirán, de otra manera no seguirían siendo adversarios, sino se convertirían en amigos. No obstante, dice que ellos no podrán resistir. ¿Qué otra cosa es esto sino decir: aunque resistan no podrán resistir?

Por eso, si he de refutar la doctrina del «libre albedrío» de manera que los adversarios no puedan resistir, aun cuando persistan en su opinión y resistan en contra de su conciencia, he hecho lo suficiente. Sé por experiencia que nadie quiere ser vencido. Y (como Quintiliano afirmaba) 'todos prefieren aparecer como los que saben y no como a los que se enseña'. Aunque, en estos tiempos, todos los hombres, en todos los lugares, tienen este proverbio en la lengua, aunque más por el uso o abuso que por convicción: «Estoy dispuesto a aprender y cuando se me aconseja estoy dispuesto a seguir lo que es mejor, soy humano y sujeto al error». Porque, bajo esta máscara, con esta apariencia de hermosa humildad pueden decir con toda tranquilidad: «No estoy del todo satisfecho». «No lo comprendo». «Está atentando contra las Escrituras». «Se obstina en hacer afirmaciones». Sin duda se acomodan bajo esta tranquilidad y piensan que nadie sospechará que almas de semejante humildad podrían resistir, incluso de manera tenaz, y con determinación atacar la verdad conocida. Así pues, no hay disposición en sus corazones de cambiar de opinión, y esto es debido a la oscuridad y duplicidad de sus argumentos y para nada se lo atribuyen a su malicia.

De la misma manera actuaron los filósofos griegos para que nadie pareciera que cedía ante el otro, aun cuando su derrota era evidente, según lo registra Aristóteles, comenzaron a negar los primeros principios. De la misma manera nos convenceríamos a nosotros mismos y a otros de que en el mundo hay muchos hombres buenos que quieren aceptar la verdad, si hubiese alguien que se las pudiera mostrar con claridad, y tampoco cabe suponer que tantos hombres ilustres a través de los siglos estuvieran todos en el error y no supieran la verdad. Como si no supiéramos que el mundo es el reino de Satanás, donde, además de la ceguera natural que surge de nuestra misma carne, aquellos perversos espíritus también tienen dominio sobre nosotros, somos endurecidos en esa ceguera y atados en la oscuridad, ya no humana, sino diabólica.

Sección 38—¿Si la Escritura es clara, preguntas, por qué hombres de renombrado talento, a través de los siglos, han estado ciegos sobre este punto? Respondo: Estos han estado ciegos para la alabanza y gloria del «libre albedrío» para que se mostrara ese «poder» del que tanto se alardea y por el cual el hombre 'puede aplicarse en aquello que se refiere a la salvación eterna', ese poder que ni ve las cosas vistas, ni oye las cosas oídas, y mucho menos las entiende y las busca. En este sentido, se aplica lo que muchas veces Cristo y los evangelistas enseñaron de Isaías 9: «... Escuchad bien, pero no entendáis; mirad bien, pero no comprendáis». ¿Qué es esto, sino que el «libre albedrío» o el corazón humano está esclavizado por el poder de Satanás, y a menos que sea vivificado por el Espíritu de Dios, no puede por sí mismo ni ver ni oír aquello que golpea contra los ojos y los oídos de manera tan evidente como si pudiera palparse con las manos? ¡Tan grande es la miseria y la ceguera de la raza humana! Por ende, cuando los mismos evangelistas se preguntaron cómo podía ser que los judíos no fueran persuadidos por las palabras y las obras de Cristo, las cuales eran indisputables e innegables, se convencieron a sí mismos con este texto de la

Escritura que muestra que el hombre, dejado a sí mismo, no ve nada ni oye nada. ¡Qué puede ser más monstruoso! «Y la luz [afirma Cristo] brilla en las tinieblas, y las tinieblas no la comprendieron» (Juan 1:5). ¿Quién podría creer esto? ¡Quién ha escuchado cosa semejante: que la luz resplandece en las tinieblas, y no obstante, las tinieblas permanecen tinieblas y no son iluminadas!

En este sentido, no es sorprendente que, a través de muchos siglos, hombres de renombrado talento permaneciesen ciegos respecto de las cosas divinas. Sería sorprendente respecto a las cosas humanas, pero en las cosas divinas sería más bien sorprendente si hubiese uno aquí y otro allá que permaneciese ciego, pero que todos permanezcan completamente ciegos no es sorprendente. Porque ¿qué es toda la raza humana sin el Espíritu, sino el reino del diablo y (como manifesté) un caos confuso de tinieblas? Y por eso Pablo llama a los demonios, «los poderes de este mundo de tinieblas» (Ef. 6:12). Además, afirma que ninguno de los gobernantes de este siglo conoció la sabiduría de Dios (1 Cor. 2:8). ¿Qué debe pensar de los demás, si afirma que los príncipes de este siglo son esclavos de las tinieblas? Pues al hablar de príncipes se refiere a aquellos que son los primeros y más poderosos, a quienes tú, Erasmo, llamas 'hombres reconocidos por su talento'. ¿Por qué estuvieron ciegos todos los arrianos? ¿No había entre ellos hombres de renombrado talento? ¿Por qué Cristo es locura para las naciones? ¿No hay entre las naciones hombres de renombrado talento? «… El Señor [dice Pablo] conoce los razonamientos de los sabios, los cuales son inútiles» (1 Cor. 3:20). Pablo escogió no decir «de los hombres», como aparece en el texto al cual se refiere, sino que señala a los primeros y más poderosos para que a partir de estos evaluemos a los demás. Ahora bien, sobre esto quizás podamos profundizar más adelante.

Baste haber argumentado, en el exordio, que las Escrituras son absolutamente claras, y que mediante ellas podemos defender nuestras doctrinas de manera que los adversarios no pueden resistirse. Pero aquellas doctrinas que no pueden defenderse no nos competen, pues no pertenecen a los cristianos. Sin embargo, si hubiese alguno que no ve esta claridad y está ciego a ella o se ofende bajo este sol, este es un impío y pone en evidencia cuán grande es el dominio y el poder de Satanás sobre los hijos de los hombres, ya que no puede ni oír ni comprender las clarísimas palabras de Dios, sino es como uno que es engañado por un prestidigitador que le ha hecho pensar que el sol es una brasa fría o que una piedra es oro. Si teme a Dios, debe contarse entre los electos, que, hasta cierto punto, es llevado al error para que se ponga de manifiesto en él el poder de Dios, sin el cual no puede ver ni hacer cosa alguna. A mi modo de ver el no comprender las palabras de Dios no es una debilidad de entendimiento como pretendes. Es más, nada es más adecuado para recibir las palabras de Dios que una debilidad de entendimiento, pues por causa de los débiles y a los débiles vino Cristo y a ellos envió Su Palabra. Pero es la maldad de Satanás la que reina y radica en nuestra debilidad y se resiste a la Palabra de Dios. Si Satanás no hiciese esto, un mundo entero de personas se convertiría una vez oída la Palabra de Dios y no se requeriría de una sola más.

Sección 39—Pero ¿por qué extenderme más? ¿Por qué no concluyo esta discusión con este exordio, y emito mi sentencia contra ti con tus propias palabras, según aquella declaración de Cristo: «Porque por tus palabras serás justificado, y por tus palabras serás condenado» (Mat. 12:37)? Pues afirmas que la Escritura no es clara sobre este punto. Y entonces, dejas en suspenso declarar tu propia opinión. Discutes lo que puede decirse a favor o en contra sobre el tema, y no aportas nada más en tu libro; y por esta razón has querido llamarlo Diatriba (una recopilación) y no Apófasis (una negación), o algo de esa índole; porque escribiste con la intención de recopilar todas las cosas, pero no afirmar nada. Sin embargo, si la Escritura no es clara sobre este asunto, ¿por qué aquellos de quienes alardeas, no solo permanecen ciegos respecto a este asunto, sino que definen y afirman el «libre albedrío» sin reflexionar, como si el incuestionable y seguro testimonio de la Escritura lo hubiese revelado, me refiero a esa innumerable lista de los hombres más ilustrados, que han sido aprobados hasta hoy por el consenso de muchos siglos, y muchos de ellos no solo elogiados por su admirable conocimiento de los escritos sagrados, sino además por una vida piadosa? Algunos dieron testimonio con su sangre de la doctrina de Cristo, la cual habían defendido mediante la Escritura. Si afirmas esto porque estás convencido, entonces es un punto resuelto para ti que el «libre albedrío» tiene defensores que cuentan con un admirable conocimiento de los escritos sagrados y que aun dieron testimonio de esa doctrina con su sangre. Si esto es verdad, sin duda tendrían una comprensión clara de las Escrituras y ¿dónde más estaría su admirable entendimiento de los escritos sagrados? Además, ¿no sería acaso una ligereza e imprudencia derramar la sangre de uno por un asunto incierto y oscuro? ¡Esto no es característico de los mártires de Cristo, sino de los demonios!

Ahora bien, ¿solo considera y reflexiona si debe darse mayor mérito a las declaraciones de tantos doctos, tantos teólogos ortodoxos, tantos santos, tantos mártires, tantos teólogos antiguos y recientes, tantas escuelas, tantos concilios, tantos obispos y sumos pontífices, todos de la opinión que las Escrituras son claras, y que (según tú) lo confirmaron a través de sus escritos y con su sangre; o a tu propio juicio particular, que niegas que las Escrituras sean claras y quizás nunca derramaste una lágrima ni exhalaste un suspiro en toda tu vida por la doctrina de Cristo? Si crees que la opinión de aquellos era correcta, ¿por qué no los sigues? Si crees lo contrario, ¿por qué alardeas de ellos con tal exageración y labia como si quisieras abrumar nuestras cabezas y oídos con una tormenta o diluvio de elocuencia? Sin embargo, ¡este diluvio se precipitará sobre tu propia cabeza, mientras que mi arca navegará con seguridad sobre las aguas! Además, atribuyes a tantos y grandes hombres la mayor insensatez y temeridad. Porque cuando hablas de ellos como hombres que conocen a profundidad las Escrituras y lo afirman con su pluma, su vida y su muerte, pero a la vez sostienes que la misma Escritura es oscura y ambigua, esto equivale a presentarlos como los más ignorantes en entendimiento y los más necios en hacer afirmaciones. Así que, yo los tengo en poco y no los elogio como tú, que los adulas en público.

Sección 40—Por eso, aquí te tengo asido firmemente en un dilema o «silogismo cornuto» (como lo llaman). Pues una u otra de tus afirmaciones debe ser falsa. O aquella donde señalas que 'aquellos hombres eran admirables por su conocimiento de los escritos sagrados, por su vida y su martirio', o aquella donde señalas que «las Escrituras no son claras». Pero ya que te sientes atraído a esta última opción, es decir, creer que las Escrituras no son claras (pues insistes sobre esto en todo tu libro), ya sea por tu propia inclinación hacia aquellos hombres o por favorecerlos, pero de ningún modo obedeces a la seriedad cuando llamas a aquellos hombres, 'hombres del mayor conocimiento en las Escrituras y mártires de Cristo', simplemente para engañar al pueblo inexperto y hacer más gravoso el trabajo para Lutero al cargar su causa con palabras vacías de odio y desprecio. Pero compruebo que ninguna de tus afirmaciones es verdadera, sino que ambas son falsas. Ante todo, compruebo que las Escrituras son clarísimas y que aquellos hombres que afirmaron el «libre albedrío» eran los más ignorantes de los escritos sagrados, y tampoco lo afirmaron ni con su vida ni con su muerte, sino solo con su pluma mientras su corazón estaba en otro asunto.

Por eso concluyo así esta parte de la controversia: si la Escritura es oscura, entonces hasta ahora no se ha definido nada, ni tampoco se podrá definir con respecto al «libre albedrío», según tu propio testimonio. Además, nunca se ha manifestado en las vidas de todos los hombres desde el principio del mundo para confirmarlo, como se ha demostrado anteriormente. Entonces, enseñar algo que dentro de las Escrituras no se explica, y fuera de las Escrituras no se evidencia con un solo hecho, esto no corresponde a las doctrinas de los cristianos, sino a las fábulas de Luciano. Excepto que Luciano, cuando entretiene por medio de historias absurdas con ingenio y astucia, no engaña ni daña a nadie. Pero estos amigos tuyos tratan a la ligera un asunto que compete a la salvación eterna, que lleva a la perdición de innumerables almas.

Entonces, aquí podría haber concluido toda esta discusión, incluso con el testimonio de mis adversarios a mi favor y en contra de ellos mismos. Pues no hay prueba más contundente que la misma confesión y el testimonio de la persona culpable en contra de sí misma. Pero como Pablo nos manda tapar la boca de los habladores vanos, entremos en la discusión en sí y tratemos el tema en el orden que guarda la Diatriba: primero, que refutemos los argumentos expuestos que sostienen el «libre albedrío»; segundo, que defendamos nuestros argumentos que fueron refutados; y, por último, que contendamos por la gracia de Dios contra el «libre albedrío».

Discusión: primera parte

Sección 41—Ante todo, empecemos con tu definición de «libre albedrío»: «Además, considero que el *libre albedrío* es un poder de la voluntad humana, por el cual, un hombre puede aplicarse en aquello que conduce a la salvación eterna, o apartarse de la misma».

Sin duda, con gran astucia has enunciado una definición sin aclarar ninguna parte de ella (como lo hacen otros), porque, quizás, temes que haya más de un barco hundido. Por eso, me veo obligado a enunciar las diversas partes. Si se examina atentamente, lo que tratas de definir va más allá que la misma definición. Por lo cual, los sofistas la llamarían defectuosa, es decir, que la definición no abarca completamente lo que define. Pues he demostrado antes que el «libre albedrío» no puede aplicarse a nadie sino solo a Dios. Quizás, puedas adjudicarle al hombre alguna clase de albedrío, pero adjudicarle un «libre albedrío» en las cosas divinas, es ir demasiado lejos. Porque, según el juicio de los que oyen el término «libre albedrío», significa que puede y hace todo cuanto le place hacia Dios, sin estar limitado por ninguna ley o autoridad. Sin embargo, no se puede llamar libre a aquel que es un siervo y actúa bajo la autoridad de su amo. Entonces ¡con cuánta menos razón podemos llamarnos tanto a los hombres como a los ángeles libres, quienes vivimos de esta manera bajo la autoridad absoluta de Dios (sin mencionar el pecado y la muerte), que no podemos apoyarnos ni por un momento en nuestras propias fuerzas!

Por eso, aquí al inicio, se oponen la definición del término y la definición de lo que designa, porque el término significa algo distinto de lo que designa. Sin duda sería más conveniente llamarlo «albedrío voluble» o «albedrío mutable». Porque de esta manera, Agustín, y tras él los sofistas, mermaron la gloria y la fuerza del término «libre» al adjudicarle inconstancia al «libre albedrío». Y así sería apropiado que nosotros no engañemos a los hombres con palabras infladas y presuntuosas, sin contenido. Agustín también opinaba que debemos hablar con palabras sensatas y adecuadas porque se requiere que haya sencillez y corrección para la argumentación al enseñar, y no figuras rimbombantes de persuasión retórica.

Sección 42—Pero para no dar la impresión de que nos deleitamos en una mera guerra de palabras, cedemos ante ese abuso, aunque grande y peligroso, de que el «libre albedrío» se refiere al «albedrío voluble o inconstante». También cedemos a lo que Erasmo presenta en cuanto al «libre albedrío», es decir, como 'un poder de la voluntad humana' (¡como si los ángeles no tuvieran tampoco un «libre albedrío», solo porque en este libro tuvo la intención de tratar solo el «libre albedrío» de los hombres!). Hacemos esta observación en esta parte, de otra manera la definición sería demasiado reducida para abarcar lo que define.

Entonces vayamos a aquellas partes de la definición, que son las que sustentan todo el asunto. Algunas son bastante evidentes, el resto elude la luz, como si se diera cuenta que tiene temor de todo, ya que nada debería expresarse con mayor claridad y firmeza que una definición, puesto que definir de manera poco clara es lo mismo que no definir nada.

Entonces las partes claras de la definición son estas: 'el poder de la voluntad humana' y 'por el cual un hombre puede', además, 'a la salvación eterna'. En cambio, estas otras son como aquellos gladiadores que peleaban con los ojos tapados: 'aplicarse' y 'aquello que conduce', además 'apartarse'. ¿Qué habremos de descubrir que significa 'aplicarse' y 'apartarse'? También ¿qué significan las palabras 'aquello que conduce a la salvación eterna'? ¿En qué esquina oscura está escondido su significado? Pareciera que estoy discutiendo con un escocés o con el mismo Heráclito, de modo que estoy en camino de agotarme con una doble labor. La primera, debo descubrir a mi adversario a tientas y presentirlo cerca, en fosos y oscuridad (lo cual es una empresa arriesgada y peligrosa), y si no lo encuentro, luchar sin propósito con fantasmas y golpear el aire en la oscuridad. Y la segunda, si debo sacarlo a la luz entonces tendré que luchar en igualdad de condiciones cuando ya estoy exhausto de andar detrás de él. Creo que a lo que te refieres con «el poder de la voluntad humana» es a una fuerza, una facultad, una disposición, una aptitud de querer o no querer, de escoger o rechazar, de aprobar o desaprobar y otras acciones que corresponden a la voluntad. Ahora bien, no veo qué significa que este mismo poder «se aplica» y «se aparta», a no ser que sea el mismo querer y el no querer, el escoger o el rechazar, el aprobar o el desaprobar, es decir, la misma acción de la voluntad. Pero ¿podemos suponer que este poder es algo que está entre la voluntad y su acción, de manera que por este poder la voluntad genera la acción de querer o no querer, o que por este poder se genera la acción de querer o no querer? Cualquier otra cosa aparte de esto es imposible de imaginar o pensar. Si soy engañado que la culpa sea del autor que dio la definición y no mía que la he examinado. Pues esto se dice con razón entre los juristas: 'las palabras del que habla de manera imprecisa, cuando podría hablar con claridad, deben interpretarse en su contra'. Y en este caso, no quiero saber nada de nuestros teólogos modernos y sus sutilezas, pues debemos ser lo más claros posible en lo que afirmamos en aras del entendimiento y la enseñanza.

Y en cuanto a las palabras, 'que conduce a la salvación eterna', supongo que se refiere a las palabras y a las obras de Dios que se ofrecen a la voluntad humana para que se aplique o se aparte de ellas. Pero llamo tanto a la ley como al evangelio: las palabras de Dios. Por la ley se exigen obras y por el evangelio fe. Pues no hay otra cosa que conduzca a la gracia de Dios o a la salvación eterna, sino la Palabra y la obra de Dios, porque la gracia o el espíritu es la vida misma a la cual nos conduce la Palabra y la obra de Dios.

Sección 43—Pero esta vida o la salvación es un asunto eterno, incomprensible a la mente humana como lo demostró Pablo al citar a Isaías: «Cosas que ojo no vio, ni oído oyó, ni han entrado al corazón del hombre, son las cosas que Dios ha preparado para los que le aman» (1 Cor. 2:9). Porque cuando hablamos de la vida eterna, hablamos de aquello que se cuenta entre los principales artículos de nuestra fe. Y en este artículo qué hace el «libre albedrío» lo atestigua Pablo: «Pero Dios nos las reveló por medio del Espíritu...» (1 Cor. 2:10). Como si afirmara que ningún corazón humano jamás entenderá o pensará en estas cosas, a menos que el Espíritu se las revele, lejos está de la posibilidad de aplicarse a ellas o buscarlas.

Consideremos la experiencia. ¿Qué creyeron las mentes más eminentes entre las naciones sobre la vida futura y la resurrección? ¿Acaso no fueron las mentes más eminentes las que consideraron la resurrección y la vida futura como lo más absurdo? A menos que quieras señalar que aquellos que llamaron a Pablo, mientras enseñaba estas cosas, un «palabrero» y un «predicador de divinidades extrañas» no eran mentes eminentes (Hech. 17:18). Festo dijo a gran voz que Pablo estaba «loco» por su predicación sobre la vida eterna (Hech. 26:24). ¿Qué cosas dice Plinio el Viejo sobre estas cosas (libro 7)? Y ¿Luciano, hombre de poderoso ingenio? ¿No fueron hombres que se preguntaron sobre estas cosas? Es más, hasta este día hay muchos que entre más reconocidos son por su ingenio y erudición más se ríen de este asunto y públicamente lo consideran una mera fábula. Y sin duda, ningún hombre sobre la tierra, a menos que esté saturado del Espíritu Santo, conoce, cree o desea la salvación eterna, por mucho que alardee de ella con sus palabras o sus escritos. Puede ser que tú y yo seamos libres de esta levadura. ¡Tan raras son las almas creyentes en este asunto! ¿He comprendido el sentido de tu definición?

Sección 44—Entonces, según Erasmo el «libre albedrío» es un poder de la voluntad humana que puede por sí mismo, querer o no querer la Palabra y la obra de Dios, por las cuales (el libre albedrío) es llevado a aquellas cosas que están más allá de su capacidad y comprensión. Pero si puede querer y no querer, también puede amar y odiar. Y si puede amar y odiar, también puede, en cierta medida, cumplir la ley y creer el evangelio. Pues es imposible, si puedes querer y no querer, que no seas capaz con esa voluntad de hacer alguna clase de obra, aun cuando por impedimento de otro no seas capaz de consumarla. Y por eso, ya que entre las obras de Dios que conducen a la salvación se cuentan la muerte, la cruz y todos los males del mundo, la voluntad humana podrá querer su propia muerte y perdición. Es más, si puede querer la Palabra y la obra de Dios, también puede querer todas las demás cosas. Pues ¿qué puede haber debajo, encima, dentro o fuera de la Palabra y la obra de Dios en cualquier lugar sino Dios mismo? Y ¿qué queda aquí para la gracia y el Espíritu Santo? Esto es atribuirle naturaleza divina al «libre albedrío». Pues querer la ley y el evangelio, no querer el pecado y querer la muerte corresponden solo al poder de Dios, como Pablo lo demuestra en más de un texto.

Por lo cual, nadie desde los pelagianos había escrito con mayor precisión sobre el «libre albedrío» que Erasmo. Pues afirmé anteriormente que el «libre albedrío» es un término divino y se refiere a un poder divino. Pero nadie hasta ahora, excepto los pelagianos, le atribuyeron ese poder al «libre albedrío». Por ello, Erasmo supera con mucho a los mismos pelagianos porque ellos atribuyeron esa naturaleza divina a todo el «libre albedrío», pero Erasmo solo a la mitad de este. Ellos dividieron el «libre albedrío» en dos partes: el poder de discernir y el poder de escoger, al atribuirle uno a la razón y el otro a la voluntad, lo cual hacen también los sofistas. Sin embargo, Erasmo, al dejar de lado el poder de discernir exalta el poder de escoger solamente, y ¡así convierte en dios a un patético y lisiado «libre albedrío»!

¿Qué deberíamos suponer que habría hecho si hubiera dispuesto describir todo el «libre albedrío»?

Pero no contento con esto, Erasmo superó incluso a los filósofos. Pues nunca se estableció entre estos, si algo puede moverse a sí mismo, y en este punto, están divididos los platónicos y los peripatéticos. Sin embargo, según Erasmo el «libre albedrío» no solo por su propio poder se mueve a sí mismo, sino que 'se aplica a sí mismo' en aquellas cosas que son eternas, es decir, ¡aquellas cosas que son incomprensibles para él! ¡Verdaderamente Erasmo define de manera novedosa e inaudita el «libre albedrío», y ciertamente deja muy por detrás de él a los filósofos, a los pelagianos y a los sofistas! Y esto no es todo. Ni siquiera escatima esfuerzos, sino que disiente y conspira contra sí mismo más que contra todos los demás. Pues antes afirmó que 'la voluntad humana sin la gracia de Dios es totalmente ineficaz' (¡a no ser que lo haya dicho como una broma!), pero en este caso donde dio una seria definición, indicó que 'la voluntad humana tiene el poder para aplicarse en aquello que se refiere a la salvación eterna', es decir, a lo que está excepcionalmente más allá de ese poder. ¡Así que en esta parte, Erasmo se supera incluso a sí mismo!

Sección 45—¿Ves amigo Erasmo que con esta definición (aunque presumo que sin darte cuenta) te traicionas a ti mismo y haces evidente que escribiste sin saber nada sobre el tema o que ni siquiera reflexionaste sobre él, y en un mero gesto de desprecio, por lo cual ni sabes lo que dices ni lo que afirmas? Y como indiqué antes, dices menos sobre el «libre albedrío» y sin embargo le atribuyes más que todos los demás, pues no describes todo el «libre albedrío», pero le adjudicas todo. La opinión de los sofistas, o al menos la del padre de ellos, Pedro Lombardo, es más tolerable porque afirma que: «el *libre albedrío* es la facultad de discernir y entonces escoger el bien si está presente la gracia, pero el mal si falta la gracia». Él claramente estaba de acuerdo con la opinión de Agustín de que el «*libre albedrío* por su propio poder no puede hacer nada, sino caer, y no sirve para nada sino para pecar». En este sentido también Agustín en su réplica a Juliano (libro 2), llama al albedrío 'esclavo' y no «libre». Sin embargo, conviertes al poder del «libre albedrío» en lo mismo en estos aspectos: uno, que este albedrío puede por su propio poder, sin la presencia de la gracia, aplicarse a sí mismo al bien y apartarse a sí mismo del mal. Pues no imaginas cuánto le atribuyes al «libre albedrío» con los pronombres *se* y *a sí mismo* pues al afirmar que este poder 'puede aplicarse a sí mismo' excluyes al Espíritu Santo con todo Su poder, como cosa innecesaria y superflua. Por tanto, tu definición es incluso repudiada entre los sofistas, si estos no estuvieran cegados por el odio y la furia contra mí, se enardecerían contra tu libro y no contra el mío. Pero ahora, cuando tu intención es oponerte a Lutero, todo lo que afirmas es santo y católico, aunque hables contra ti mismo y contra ellos. ¡Tan grande es la paciencia de esos santos hombres!

No afirmo esto porque apruebe la opinión de los sofistas en cuanto al «libre albedrío», sino porque la considero más tolerable porque están más cerca de la verdad. Puesto que ellos no manifiestan como yo, que el «libre albedrío» es nada, sin embargo, cuando afirman que el «libre albedrío» sin la gracia no puede hacer nada, conspiran contra Erasmo, es más, parecen conspirar contra sí mismos y se lanzan en una disputa de palabras, más determinados por la controversia que por la verdad, que es justo como era previsible. Pero ahora, supongamos que un sofista, y no uno de los malos, compareciera ante mí, con quien pudiera discutir de estas cosas en privado, en una conversación familiar, le preguntaría por su juicio libre y honesto en esta forma: si alguien te dijese que libre es aquello que por su propio poder puede encaminarse en una dirección, es decir, hacia el mal, y que podría encaminarse en la otra dirección, es decir, hacia el bien, pero no por su propio poder, es más, solo con la ayuda de otro. ¿Podrías contener la risa, amigo mío? Pues de esta manera, haré que parezca que una piedra o un tronco de madera tenga «libre albedrío» porque puede moverse hacia arriba o hacia abajo; aunque por su propio poder puede moverse solo hacia abajo, y hacia arriba solo con la ayuda de otro. Y como afirmé antes, al indicar al mismo tiempo la cosa misma, y además algo más que puede juntarse o añadirse al «libre albedrío», diríamos de manera honesta con el uso de todas las palabras y los lenguajes que ¡nadie es todos y nada es todo!

Así, al argumentar en demasía, convierten al final el «libre albedrío» en libre por accidente, ya que en algún momento puede quedar libre por otro. Sin embargo, nuestro punto en disputa es sobre la cosa misma, es decir, sobre la realidad del «libre albedrío». Si esto es lo que debe resolverse, no quedará nada más que el nombre vacío de «libre albedrío», así que digan lo que quieran.

Los sofistas muestran deficiencia en que atribuyen al «libre albedrío» el poder de discernir entre lo bueno y lo malo. Además, desprecian la regeneración y la renovación del espíritu, y le atribuyen ese poder a esa ayuda externa, pero a esto me referiré más adelante. En cuanto a la definición, basta lo que indiqué. Ahora veamos los argumentos que exaltan este término vacío.

Sección 46—Ante todo, tenemos lo que afirma
Eclesiástico 15:14-17: «Dios fue quien al principio hizo al
hombre, y le dejó en manos de su propio albedrío. Añadió
además, Sus mandamientos y Sus preceptos y dijo: si quisieres,
guardarás mis mandamientos, y si quisieres guardar de continuo
la fe que me complace, ellos te preservarán. Él te ha puesto
delante fuego y agua, a donde quieras puedes llevar tu mano.
Ante los hombres la vida está y la muerte, lo que prefiera cada
cual, se le dará»[1].

Aunque podría con razón rechazar este libro, con todo lo
acepto, no sea que, con pérdida de tiempo, me enrede en una
disputa en cuanto a los libros que se aceptan dentro del canon
de los hebreos, al que criticas y ridiculizas cuando comparas
los Proverbios de Salomón y el Canto de amor (como lo llamas
con ambigua ironía mordaz), con los libros de Esdras y Judit, la
historia de Susana y el dragón, y el libro de Ester, aunque este
lo tengan en su canon, el cual, a mi juicio, es mucho más digno
de encontrarse aquí que cualquiera de los que se consideran no
canónicos.

Sin embargo, te responderé brevemente en tus propias
palabras: «La Escritura, en este lugar, es oscura y ambigua», por
eso, no prueba nada con certeza. Pero como tengo una postura
negativa en cuanto al «libre albedrío», te insto a que nos des un
texto que declare con palabras claras qué es el «libre albedrío» y
qué puede hacer. Esto quizás lo harás en torno al tiempo de las
calendas griegas. A fin de evadir esta exigencia, malgastas muchas
buenas frases y al avanzar con precaución, citas un sinnúmero

---

1. Esta traducción corresponde a la obra original en inglés de Henry Cole, *De
Servo Arbitrio*.

de opiniones en cuanto al «libre albedrío» y conviertes a Pelagio casi en un evangelizador. Además, inventas una gracia cuádruple, a fin de atribuir incluso a los filósofos una clase de fe y amor. Y además esa nueva fábula, una ley triple: la naturaleza, las obras y la fe, a fin de afirmar con toda osadía, que los preceptos de los filósofos concuerdan con los preceptos del evangelio. Tú aplicas el Salmo 4:6: «… ¡Alza, oh Señor, sobre nosotros la luz de tu rostro!», el cual habla del conocimiento del semblante de Dios, es decir, de la fe, de la razón enceguecida. Todo lo cual, si un cristiano lo tiene en cuenta debe obligarlo a sospechar que te burlas y ridiculizas las doctrinas y la religión cristiana. Porque atribuir tanta ignorancia a un hombre que con tanta diligencia explicó todas nuestras doctrinas y las guardó en la memoria, me parece ciertamente muy difícil. Sin embargo, en este caso, me abstendré de continuar hasta que se presente una oportunidad más favorable. Pero te ruego amigo Erasmo que no me tientes de esta manera como uno de aquellos que dicen ¿quién nos ve? Pues no es para nada seguro en un asunto de tanta importancia estar siempre burlándose de cualquiera con palabras antojadizas. Pero regresemos al tema que nos ocupa.

Sección 47—De una sola opinión sobre el «libre albedrío», tú formulas tres. Afirmas 'que la primera opinión la tienen aquellos que niegan que un hombre puede querer lo bueno sin una gracia especial, que niegan que puede iniciarlo (querer lo bueno), que niegan que puede hacerlo avanzar o perfeccionarlo, etc. Esta opinión te parece dura, aunque la aceptas'. Y esto lo demuestras cuando admites el desear y el esforzarse en el hombre, pero no admites nada que pueda atribuirle a su propio poder. Pero 'más dura que la primera es la segunda opinión de los que afirman que el «libre albedrío» no sirve para nada sino

para pecar, y que solo la gracia obra lo bueno en nosotros, etc.'.
Y 'la más dura de todas es la tercera opinión de los que dicen
que el «libre albedrío» es una expresión vacía, pues solo Dios
obra en nosotros tanto lo bueno como lo malo. Y es contra esta
última que escribes'.

¿Sabes lo que afirmas, amigo Erasmo? Estás fabricando tres
distintas opiniones como si pertenecieran a tres distintos grupos,
porque acaso desconoces que el asunto ha sido tratado por
nosotros, que somos los mismos que defendemos esta doctrina,
ya fuese en diferentes maneras y con diferentes palabras. Pero
quiero recordarte y establecer delante de ti la inexactitud y la
necedad de tu juicio.

¿Cómo concuerda aquella definición que nos diste sobre
el «libre albedrío» con esta primera opinión que consideras
'aceptable'? Porque afirmas que el «libre albedrío» es el poder
de la voluntad humana, por el cual un hombre puede aplicarse
a sí mismo al bien, aunque admites y afirmas que '¡el hombre
sin la presencia de la gracia no puede querer lo bueno!'. Por lo
tanto, la definición afirma lo que niega el ejemplo. De ahí que
se encuentran en tu «libre albedrío» un sí y un no, de modo
que nos apruebas y nos condenas, y te apruebas y te condenas
a ti mismo en la misma doctrina y asunto. ¿O quizás, piensas
que no es algo bueno que ese poder que atribuyes al «libre
albedrío» 'se aplique a sí mismo en aquello que se refiere a la
salvación eterna', cuando si hubiese tanto de bueno en el «libre
albedrío» que pudiese aplicarse a sí mismo a lo bueno no tendría
necesidad de la gracia? Por eso, el «libre albedrío» que defines
es uno y muy distinto al «libre albedrío» que defiendes. Así pues,
¡Erasmo al compararse con otros tiene dos «libres albedríos» y
ambos se oponen entre sí!

Sección 48—Pero dejemos a un lado el «libre albedrío» que la definición define y consideremos lo que la opinión propone como lo contrario a esta. Admites que el hombre sin una gracia especial no puede querer lo bueno (pues no estamos discutiendo lo que puede hacer la gracia de Dios, sino lo que el hombre puede hacer sin la gracia), entonces admites que ese «libre albedrío» no puede querer lo bueno. Esto no es otra cosa que admitir que no 'puede aplicarse a sí mismo en aquello que se refiere a la salvación eterna' según tu misma definición. Es más, afirmas un poco antes 'que la voluntad humana después de la caída es tan depravada que habiendo perdido su libertad está obligada a servir al pecado y no puede mejorar su condición'. Y si no me equivoco, aseguras que los pelagianos tienen esta opinión. Creo que mi Proteo no tiene escapatoria. Está atrapado con sus propias palabras cuando afirma 'que la voluntad habiendo perdido su libertad está atada y esclavizada al pecado'. ¡Oh admirable libre albedrío! ¡El cual, según Erasmo declara, habiendo perdido su libertad es esclavo del pecado! Si Lutero afirmara esto, ¡nada más absurdo se habría escuchado!, '¡nada que fuese más inútil que esta paradoja se habría proclamado por todas partes!'. ¡Tanto es así, que incluso se habría escrito una Diatriba contra él!

Pero a lo mejor nadie me cree que estas cosas las ha dicho Erasmo. Si se leyera esta parte de la Diatriba quedarían sorprendidos, pero yo no tengo mucho de qué sorprenderme. Porque el que no discute este asunto como algo de gravedad ni está interesado en él, sino que en su mente está indispuesto contra él, siente hastío, frialdad y asco hacia él, ¿cómo tal persona no habría de hablar disparates, insensateces y contrariedades mientras que trata el asunto como uno que dormita o está ebrio y eructa en medio de sus ronquidos: ¡Así es! ¡Así no es! según las diferentes palabras que llegan a sus oídos? Y por eso, los versados en retórica exigen pasión por el tema en la persona que lo discute. Cuánto más exige la teología, que esta haga a la persona vigilante, incisiva, profunda, prudente y determinada de su causa.

Por lo tanto, si el «libre albedrío» sin la gracia, cuando ha perdido su libertad está esclavizado al pecado y no puede querer lo bueno, me gustaría saber qué es ese deseo y qué es ese esfuerzo que admite esa 'opinión aceptable'. No puede referirse a un deseo bueno ni a un esfuerzo bueno porque no puede querer lo bueno, como la opinión lo afirma y tú la reconoces. Por eso, lo que queda es un deseo malo o un esfuerzo malo, que cuando se pierde la libertad está obligado a servir al pecado. Pero ante todo, te pregunto: ¿a qué te refieres cuando afirmas que 'esta [primera] opinión admite el desear y el esforzarse en el hombre, pero no admite nada que pueda atribuirle a su propio poder'? ¿Quién puede comprender esto? Si el desear y el esforzarse incumben al poder del «libre albedrío» ¿cómo no atribuírselos al mismo? Si no le incumben al «libre albedrío» ¿cómo pueden admitirse en el hombre? Entonces, ¿ese desear y ese esforzarse previos a la gracia corresponden a la misma gracia que viene después y no al «libre albedrío», de modo que al mismo tiempo incumben y no incumben al mismo «libre albedrío»? Si esto no son paradojas, o mejor dicho atrocidades, entonces ¿qué son las atrocidades?

Sección 49—Pero quizás la Diatriba sueñe esto: que entre el 'poder querer lo bueno' y el 'no poder querer lo bueno' haya un punto neutral, ya que el querer es absoluto, tanto con respecto a lo bueno y a lo malo. Así que mediante cierta sutileza argumentativa podamos esquivar los obstáculos e indicar que en la voluntad del hombre hay cierto querer, que sin duda no puede querer lo bueno sin la presencia de la gracia, sin embargo, tampoco sin la presencia de la gracia querrá de inmediato solo lo malo, sino que es un mero querer que puede convertirse en algo bueno por la gracia y en algo malo por el pecado. Pero entonces, ¿qué será de tu declaración de que la voluntad habiendo perdido su libertad está atada y esclavizada al pecado? ¿Qué será del deseo y el esfuerzo que incumben al «libre albedrío»? ¿Dónde queda el poder de 'aplicarse a sí mismo en aquello que se refiere a la salvación eterna'? Porque ese poder de aplicarse a sí mismo hacia la salvación, no puede ser un mero querer, a menos que se quiera decir que la salvación no tiene importancia. Tampoco el desear y el esforzarse son un mero querer; puesto que el deseo debe procurar algo (acaso hacia lo bueno), y no puede avanzar hacia la nada ni estar absolutamente inactivo.

En pocas palabras, no importa qué dirección tome la Diatriba, no puede mantenerse libre de inconsistencias y aserciones contradictorias, ni puede evitar convertir al mismo «libre albedrío» que defiende tanto en un cautivo como lo es la misma Diatriba. Porque al intentar liberar el «libre albedrío», está tan enredada, que está sujeta al «libre albedrío» con cadenas inquebrantables.

Además, es una mera invención argumentativa de que en el hombre haya un mero querer neutral o indefinido, y quienes lo afirman no pueden probarlo. Esto surgió del desconocimiento de las cosas y del respeto de los términos. Como si la cosa en la realidad fuese siempre como se enuncia en palabras; y hay muchas de estas ideas equivocadas entre los sofistas. Mientras que la realidad más bien aparece como Cristo lo expresó: «El que no está conmigo, está contra mí...» (Mat. 12:30). Él no dijo que el que no está conmigo tampoco está contra mí, sino que está en el medio (es decir, es neutral). Porque si Dios obra en nosotros, Satanás está lejos de nosotros y está presente el querer lo bueno. Pero si Dios no obra en nosotros, Satanás está en nosotros y está presente el querer lo malo. Ni Dios ni Satanás admiten un mero querer abstracto (indeterminado) en nosotros, sino que como afirmaste correctamente: cuando nuestra libertad se pierde estamos obligados a servir al pecado, es decir, queremos el pecado y lo malo, nuestra boca es instrumento de pecado y lo malo, nuestros miembros hacen pecado y lo malo.

He aquí, entonces, la verdad poderosa e invencible llevó a la presuntuosa Diatriba a ese dilema, y así cambió su sabiduría en insensatez, que aunque su intención era hablar contra mí, se vio obligada a hablar a mi favor y en contra de sí misma; así como el «libre albedrío» hace algo bueno, pues cuando intenta hacerlo mientras más obra contra lo malo más obra contra lo bueno. De modo que la Diatriba es, en lo que afirma, exactamente lo que el «libre albedrío» es en lo que hace. Aunque toda la Diatriba no es más que un esfuerzo notable del «libre albedrío», pues condena al defender y defiende al condenar, a saber, es doblemente tonta, pero quiere dar la impresión de ser sabia.

Entonces, esta es la condición de la primera opinión comparada consigo misma: ¡niega que el hombre pueda querer algo bueno, aunque todavía le queda el deseo, pero este deseo no es suyo!

Sección 50—Ahora comparemos esta opinión con las otras dos.

La segunda es una opinión 'más dura todavía', la cual sostiene que el «libre albedrío» no sirve para nada sino para pecar. Y esta es por cierto la opinión de Agustín, la que expresa en muchos lugares en particular en su libro «El espíritu y la letra», en el cuarto o quinto capítulo (si no me equivoco), donde usa esas mismas palabras.

La tercera, 'la más dura' de las tres, sostiene que el «libre albedrío» es una expresión vacía y que todo lo que hacemos, lo hacemos por necesidad bajo la esclavitud del pecado. Y es precisamente con estas dos últimas opiniones que difiere la Diatriba.

Aquí señalo que quizás no domino lo suficiente el latín o el alemán para discutir este punto de manera sencilla. Pero Dios me es testigo de que no quise decir ni que se entendiera con las últimas dos opiniones otra cosa que lo que se expresó en la primera opinión. Tampoco Agustín quisiera que se entendiera otra cosa que lo que la primera opinión afirma, ni entiendo otra cosa de sus palabras, de modo que las tres opiniones que presenta la Diatriba son para mi nada más que una sola opinión. Porque cuando se admite y se establece que el «libre albedrío» tras la pérdida de su libertad está bajo coerción atado al servicio del pecado y no puede querer algo de bueno, entiendo, a partir de estas palabras, que el «libre albedrío» es una mera expresión vacía, cuya realidad se ha perdido. Y una libertad perdida, según mi gramática, no es libertad. Y dar el nombre de libertad a lo que no tiene libertad es dárselo a una expresión vacía. Si estoy equivocado corríjame quien pueda. Si estas observaciones son oscuras y ambiguas que me las explique quien pueda. Yo, por mi parte, no puedo llamar salud si la he perdido, y si se la tuviera que atribuir a un enfermo, diría que le estaba dando nada más que un nombre vacío.

Pero huyamos de estas atrocidades de palabras. Porque ¿quién soportaría tal abuso en la manera de expresarse, pues por una parte afirmamos que un hombre tiene «libre albedrío» y por otra sostenemos que, tras la pérdida de la libertad está bajo coerción atado al servicio del pecado y no puede querer algo bueno? Estas cosas son contrarias al sentido común y destruyen por completo la manera habitual de expresarse. A la Diatriba debe condenársele que en una forma torpe incluye sus propias palabras sin tomar en cuenta las de otros. Me refiero a que no toma en cuenta qué es, ni cuánto significa afirmar que un hombre cuando pierde su libertad está obligado a servir al pecado y no puede querer algo bueno. Pues si la Diatriba estuviera alerta y observara vería con claridad que las tres opiniones que ella presenta como distintas y contrarias son en realidad una sola y la misma. Pues si un hombre cuando perdió su libertad está obligado a servir al pecado y no puede querer lo bueno ¿qué conclusión más justa podría sacarse en cuanto al hombre que esta: ese hombre no puede hacer nada sino pecar y querer lo malo? Así concluirían los mismos sofistas, incluso con sus silogismos. Por eso, lamentablemente la Diatriba lucha contra estas dos últimas opiniones y aprueba la primera, si bien esta es precisamente lo mismo que las otras dos, y así una vez más, como de costumbre, se condena a sí misma y aprueba mis opiniones, en uno y en el mismo artículo.

Sección 51—Ahora examinemos el pasaje de Eclesiástico y comparémoslo con esa esa primera 'opinión aceptable'. Esta asegura que 'el libre albedrío no puede querer lo bueno'. Sin embargo, Eclesiástico se cita para probar que el «libre albedrío» es algo y puede hacer algo. Por eso, la opinión que se quiere validar mediante Eclesiástico afirma una cosa, y el pasaje de Eclesiástico que se cita afirma otra. Esto es como si alguno quisiera probar que Cristo es el Mesías y citara un pasaje que probara que Pilatos era gobernador de Siria u otra cosa desproporcionada por igual. Aquí sucede lo mismo, sin mencionar lo que manifesté antes, es decir, que nada claro o concreto puede señalarse o probarse en cuanto al «libre albedrío» con respecto a qué es y de qué es capaz, con todo vale la pena examinar todo el pasaje a fondo.

Primero, declara: «Dios fue quien al principio hizo al hombre». Aquí habla de la creación del hombre, no expresa nada, todavía, en cuanto al «libre albedrío» o los mandamientos.

Luego sigue: «y le dejó en manos de su propio albedrío». Y ¿qué es esto? ¿Se basa en esto el «libre albedrío»? Pero no hay ninguna mención de mandamientos para los cuales se exija el «libre albedrío», ni tampoco leemos nada de esta índole en la creación del hombre. Si alguna cosa debe entenderse por la expresión «en manos de su propio albedrío» es lo que Moisés registró en Génesis 1 y 2, es decir, que el hombre fue hecho señor de toda la creación para que libremente ejerciera dominio sobre ella: «… Hagamos al hombre a nuestra imagen […] y ejerza dominio sobre los peces del mar…» (Gén. 1:26). Ni puede probarse otra cosa con estas palabras, pues es solo en estas cosas que el hombre puede obrar por su propia voluntad, pues están sujetas a él. Y, por otra parte, se llama a esto el albedrío del hombre, en oposición, por así decirlo, al albedrío de Dios. Pero luego de que ha dicho que hizo al hombre y lo dejó en manos de su propio albedrío, agrega: «Añadió además sus mandamientos y sus preceptos». ¿A qué añadió los mandamientos? Sin duda, los añadió al albedrío y la decisión del hombre y más allá del establecimiento del dominio del hombre sobre la creación. Mediante estos mandamientos, Dios tomó del hombre una parte del dominio sobre la creación (es decir, sobre el árbol del conocimiento del bien y del mal), y quiso más bien que no fuera libre. Al añadir los mandamientos, Dios trata con la voluntad del hombre hacia Él y hacia las cosas de Él. «Si quisieres, guardarás mis mandamientos, y si quisieres guardar de continuo la fe que me complace, ellos te preservarán», etc. Entonces, en este punto: «Si quisieres» comienza la cuestión en cuanto al «libre albedrío». De modo que de Eclesiástico aprendemos que el hombre está dividido entre dos reinos. En uno es llevado según su propio libre albedrío y decisión, sin los preceptos y los mandamientos de Dios, es decir, en aquellas cosas que son inferiores a él. En este reino tiene dominio, es señor y es dejado «en manos de su propio albedrío». Esto no significa que Dios lo abandona a su propia suerte y que no coopera con él, más bien le confía el libre uso de las cosas según su propio albedrío, sin prohibirle por ley o precepto alguno. Es como si afirmáramos, a modo de comparación, que el evangelio nos dejó en manos de nuestro propio albedrío para que usemos y tengamos dominio sobre todas las cosas según nuestra voluntad. Pero ni Moisés ni el papa nos dejaron a nuestro propio albedrío, sino que nos restringieron mediante leyes y más bien nos sujetaron a su propia voluntad. En cambio, en el otro reino el hombre no se deja en las manos de su propio albedrío, sino que es dirigido y llevado según el albedrío y la decisión de Dios. Y como, en su propio reino, el hombre es llevado según su propio albedrío sin los preceptos de otro, así, en el reino de Dios, el hombre es llevado según los preceptos de otro sin el ejercicio de su propio albedrío. Y a esto se refiere Eclesiástico cuando declara: «Añadió además sus mandamientos y sus preceptos y dijo: si quisieres…», etc.

Por eso, si lo que se ha expuesto es satisfactoriamente claro, he demostrado que este pasaje de Eclesiástico no habla en favor del «libre albedrío», sino contra este, puesto que aquí se sujeta al hombre a los preceptos y a la voluntad de Dios y se le quita su «libre albedrío». Sin embargo, si lo que se ha expuesto no es satisfactoriamente claro, al menos he puesto de manifiesto que este pasaje no puede hablar en favor del «libre albedrío» porque puede entenderse de manera diferente a la de ellos, es decir, a como ya lo he expresado, lo cual no es absurdo sino santo y en armonía con toda la Escritura. Mientras que el sentido que ellos le dan conspira en contra de toda la Escritura y se apoya en este pasaje solamente en contra del tenor de toda la Escritura. Por eso, mantengo mi postura negativa en cuanto al «libre albedrío» hasta que ellos hayan demostrado su forzada e impuesta afirmación. Por eso, cuando Eclesiástico declara: «Si quisieres, guardarás mis mandamientos, y si quisieres guardar de continuo la fe que me complace, ellos te preservarán», no veo cómo se puede probar el «libre albedrío» a partir de estas palabras. Pues el verbo «quisieres» está en modo subjuntivo, lo cual no afirma nada. Así lo declaran los filósofos: «una oración condicional no afirma nada con carácter indicativo», entre ellas, por ejemplo: si el diablo fuere Dios, se adora con justa razón; si un asno volare, tiene alas; así también, si hubiere «libre albedrío», la gracia no es nada. Por eso, si Eclesiástico hubiese querido afirmar que hay un «libre albedrío», entonces debería haber enunciado: el hombre es capaz de guardar los mandamientos de Dios o el hombre tiene el poder de guardar los mandamientos.

Sección 52—Pero aquí la Diatriba responderá con agudeza que la declaración «si quisieres, guardarás» se refiere a que hay una voluntad en el hombre para guardar y para no guardar; de otra manera, ¿de qué serviría decir al que no tiene voluntad, «si quisieres»? ¿No sería absurdo que alguien dijese a un ciego: si quisieres ver encontrarás un tesoro? O, ¿a un sordo: si quisieres oír te narraré una gran historia? Esto implicaría reírse de su desdicha.

Yo respondo: Estos son argumentos de la razón humana, de la que suelen brotar manantiales de sabiduría. Por lo tanto, debo discutir ahora, no con Eclesiástico, sino con la razón humana sobre una conclusión, pues esta interpreta y tuerce las Escrituras de Dios mediante conclusiones y silogismos a como se le antoja. Sin embargo, emprendo esta discusión de buen grado y con confianza, puesto que sé que la razón no profiere más que locuras y disparates, y en particular cuando intenta hacer un espectáculo de sabiduría en los asuntos divinos.

En primer lugar, si demando de la razón cómo puede probar que cada vez que se usan las expresiones «si quisieres», «si hicieras», «si oyeras» se refiere a que la voluntad en el hombre es libre, la razón respondería que así lo exige la naturaleza de las palabras y el uso común del idioma entre las personas. Por eso, la razón juzga los asuntos y las palabras divinas según las costumbres y los asuntos de los hombres. Lo cual no podría ser más perverso puesto que lo primero es celestial y lo segundo es terrenal. Por eso, la razón se revela a sí misma como necia al hacer manifiesto que no ha pensado con respecto a Dios sino en lo que es humano.

Pero ¿si logro probar que en cuanto a la naturaleza de las palabras y el uso común del idioma entre las personas no siempre tienen esa tendencia de burlarse de aquellos a quienes se dice: «Si quisieres», «si hicieres», «si oyeres»? ¿Cuántas veces los padres juegan con sus hijos, cuando les ordenan que vayan hacia ellos o que hagan esto o aquello, con el único propósito de que les sea evidente cuán incapaces son de hacerlo y que se vean obligados a solicitar la ayuda de los padres? ¿Cuántas veces un médico honesto le ordena a su obstinado paciente que haga o que omita aquellas cosas que le son perjudiciales o imposibles, con la intención de que mediante la experiencia pueda conocer sobre su enfermedad o su debilidad? Y ¿qué es más usual y común que el uso de palabras humillantes y provocadoras cuando indicamos ya sea a amigos o a enemigos qué pueden hacer y qué no?

Me limito a revisar estas cosas para mostrar a la razón sus propias conclusiones y cuán desatinadamente se las atribuye a las Escrituras. Además, cuán ciega debe estar para no ver que esas conclusiones no siempre son válidas incluso en palabras y asuntos humanos. Pero el caso es este, si la razón ve que alguna vez sus conclusiones son válidas, se apresura a darlas por sentado en todas las cosas de Dios y de los hombres, con lo cual convierte lo particular en universal acorde a su propia sabiduría.

Entonces, si Dios procediere con nosotros como un Padre con sus hijos, de manera que pudiera mostrarnos nuestra impotencia a quienes somos ignorantes, o mostrarnos nuestra enfermedad como un médico honesto, o que pudiera humillar a los que como Sus enemigos se resisten con arrogancia a Su voluntad, y para este fin nos declarase Sus leyes (por ser estos medios por los cuales Él logra Su propósito con mayor eficacia) y dijese: «haz», «oye», «guarda», o «si quisieres», «si hicieres», «si oyeres»; ¿podría sacarse de aquí una conclusión justa como esta: o tenemos el poder de hacerlo libremente o Dios se ríe de nosotros? ¿Por qué antes bien no llegar a otra conclusión: que Dios nos pone a prueba, que mediante Su ley puede llevarnos al conocimiento de nuestra impotencia si somos Sus amigos, o para ridiculizarnos y humillarnos con justa razón y merecidamente si somos Sus arrogantes enemigos? Esta es la intención de

LA ESCLAVITUD DE LA VOLUNTAD

la legislación divina como enseña Pablo (Rom. 3:20; 5:20; Gál. 3:19,24). Ya que el hombre por naturaleza es ciego, entonces desconoce sus propias capacidades o sus propias enfermedades. Además, en su arrogancia, cree que sabe y que puede hacerlo todo. Para curar esta arrogancia e ignorancia, Dios ha usado el medio más eficaz que es Su ley. De esto no diremos más por ahora. Nos baste con haberlo tocado brevemente para refutar esta conclusión de sabiduría carnal y absurda: «Si quisieres», entonces puedes querer libremente.

La Diatriba sueña que el hombre es íntegro y sano. Y, en cuanto al aspecto humano, lo es en sus propios asuntos, y por eso, argumenta descaradamente que las expresiones «si quisieres», «si hicieres», «si oyeres» se ríen del hombre si su albedrío no es libre. Sin embargo, la Escritura describe al hombre como corrupto y cautivo, y a esto le añade que de manera arrogante desprecia e ignora su propia corrupción y cautividad, y por eso, mediante estas palabras lo aguijonea y lo provoca, de modo que pueda conocer mediante la experiencia concreta cuán incapaz es de hacer alguna de estas cosas.

Sección 53—Pero atacaré a la misma Diatriba. Si realmente crees señora Razón que estas conclusiones son válidas (*si quisieres,* entonces puedes querer libremente) ¿por qué tú misma no procedes igual? Tú afirmas, según esa 'opinión aceptable' que 'el libre albedrío no puede querer lo bueno'. Entonces ¿de qué conclusión puede surgir esta opinión de ese mismo pasaje, «si quisieres, guardarás», cuando afirmas que la conclusión que surge de este pasaje es que el hombre puede querer o no puede querer libremente? ¡Cómo puede surgir de una misma fuente agua dulce y amarga? ¿No te burlas mucho más del hombre cuando dices que él puede guardar aquello que ni puede querer ni escoger? Así que, o no eres sincera al afirmar que esta es una conclusión justa: 'si quisieres, entonces puedes querer libremente', pese a que la defiendes con tanto fervor, o tampoco eres sincera al afirmar que la opinión que sostiene que el hombre no puede querer lo bueno es 'aceptable'. Así, la razón está atrapada en las conclusiones y las palabras de su propia sabiduría, de modo que no sabe qué habla ni sobre lo que habla, a no ser que no sepa más que defender el libre albedrío con argumentos que se devoran y se destruyen entre sí, así como los madianitas se mataron entre sí cuando se enfrentaron a Gedeón y al pueblo de Dios (Jueces 7).

Es más, objetaré más a fondo esta sabiduría de la Diatriba. Eclesiástico no declara: «Si tuvieres el deseo y el esfuerzo de guardar» (pues esto no se atribuye a tus propias fuerzas como has concluido), sino que declara así: «Si quisieres, guardarás mis mandamientos, y si quisieres guardar de continuo la fe que me complace, ellos te preservarán». Ahora bien, si nosotros queremos sacar conclusiones como las que suele sacar tu sabiduría, deberíamos inferir lo siguiente: por lo tanto, el hombre es capaz de guardar los mandamientos. Y así, no aceptaremos que quede en el hombre alguna pequeña medida de deseo o esfuerzo, sino que le atribuiremos a él el poder completo, pleno y abundante de guardar los mandamientos. De otra manera, Eclesiástico se estaría riendo de la miseria del hombre, pues le manda «guardar» a quien sabe que no puede «guardar». Y tampoco sería suficiente si tuviera el deseo e hiciera el esfuerzo que se supone está en el hombre, pues Eclesiástico no habría escapado a la sospecha de estar burlándose, a menos que se hubiera referido a que el hombre tenía el poder para guardar los mandamientos.

Pero supongamos que ese deseo y ese esfuerzo del «libre albedrío» son algo real. ¿Qué les diremos a los pelagianos, quienes a partir de este pasaje han negado la gracia por completo y lo atribuyen todo al «libre albedrío»? Si la conclusión de la Diatriba es válida, los pelagianos han probado su punto. Pues las palabras de Eclesiástico hablan de guardar, no de desear o esforzarse. Entonces, si niegas la conclusión de los pelagianos sobre guardar, ellos, a su vez, con mucha más razón negarán tu conclusión sobre esforzarse. Y si les quitas todo en cuanto al «libre albedrío», ellos te quitarán esa partícula remanente que aún queda, para que no puedas afirmar sobre el remanente lo que niegas sobre el todo. Por eso, en la medida en que hables en contra de los pelagianos, quienes de este pasaje le atribuyen todo al «libre albedrío», en la misma medida y con mucha más determinación, hablaremos en contra de ese pequeño deseo remanente de tu «libre albedrío». Y en esto, los mismos pelagianos coincidirán con nosotros: que si su opinión no se puede probar a partir de este pasaje, mucho menos se puede probar a partir de él cualquier otra opinión, porque si el asunto se tratara mediante conclusiones, entonces Eclesiástico apoyaría con mayor fuerza la opinión de los pelagianos, puesto que afirma sin rodeos en cuanto a guardar: «Si quisieres, guardarás los mandamientos». Es más, habla también en cuanto a la fe: «Si quisieres guardar de continuo la fe que me complace», de modo que, conforme a esa conclusión, guardar la fe debería estar en nuestro poder, la cual, sin embargo, es un regalo precioso y especial de Dios.

En resumen: puesto que se pueden mencionar muchas opiniones a favor del «libre albedrío» y no hay ninguna que no tome este pasaje de Eclesiástico para su defensa, y puesto que son tan diversas y contradictorias entre sí, es imposible que

Eclesiástico las contradiga y sean tan distintas de ellas mismas con las mismas palabras, y por eso, no pueden probar nada. Aunque si tu conclusión se admite, Eclesiástico favorecerá a los pelagianos en contra de todos los demás, y, por consiguiente, contra la Diatriba, la cual, en este pasaje, ¡es apuñalada con su propia espada!

Sección 54—Pero como afirmé al principio, lo repito aquí: este pasaje de Eclesiástico no está en favor de aquellos que defienden el «libre albedrío», sino que se opone a todos ellos. Pues la conclusión: «Si quisieres entonces puedes» es inaceptable. Pero esas palabras, así como otras similares, deben entenderse así: que mediante ellas se advierte al hombre de su impotencia, el cual, al ser arrogante e ignorante, ni conocería ni sentiría sin estas amonestaciones.

Pues aquí habla no del primer hombre, sino de cualquier hombre, aunque es intrascendente si lo aplicas al primer hombre o a cualquier otro. Pues si bien el primer hombre no era impotente ya que le asistía la gracia, sin embargo, mediante este mandamiento, Dios le muestra claramente cuán impotente sería sin la gracia. Pues si ese hombre que tenía el Espíritu no podía con una nueva voluntad querer lo bueno que de nuevo le fue presentado, es decir, la obediencia, ya que el Espíritu no la añadía, ¡qué podemos hacer nosotros sin el Espíritu en cuanto a lo bueno que está perdido! Por eso, en este hombre, se demuestra, mediante el terrible ejemplo para el quebrantamiento de nuestro orgullo, lo que nuestro «libre albedrío» puede hacer cuando se deja solo y el Espíritu de Dios no lo guía y fortalece de continuo. Este primer hombre no pudo hacer nada para fortalecer el Espíritu cuyos primeros frutos tenía, sino que cayó de los primeros frutos del Espíritu. Entonces ¿qué podemos hacer nosotros, que estamos caídos, en cuanto a los primeros frutos del Espíritu que hemos perdido? ¡En particular porque Satanás reina en nosotros con todo su poder, quien abatió al primer hombre no porque reinara en él, sino con una sola tentación! Nada puede tener mayor fuerza contra el «libre albedrío» que este pasaje de Eclesiástico, examinado junto con la caída de Adán. Sin embargo, esta no es la ocasión para estas observaciones, quizás más adelante. Entre tanto, es suficiente haber demostrado que Eclesiástico no dice nada en favor del «libre albedrío» (el cual ellos consideran como su principal autoridad), y que estas expresiones «si quisieres», «si hicieres», «si oyeres», demuestran, no lo que los hombres pueden hacer, sino ¡lo que deben hacer!

Sección 55—Otro pasaje que cita la Diatriba es Génesis 4:7 cuando el Señor le indica a Caín: «… el pecado yace a la puerta y te codicia, pero tú debes dominarlo». Según la Diatriba, «aquí se demuestra que las inclinaciones del corazón hacia lo malo pueden vencerse y no conllevan la necesidad de pecar».

Estas palabras: «las inclinaciones del corazón hacia lo malo pueden vencerse», aunque se expresan de manera ambigua, sin embargo, por el alcance, la consecuencia y las circunstancias de esta opinión deben referirse a esto: que el «libre albedrío» tiene el poder de vencer las inclinaciones hacia el mal, y que esas inclinaciones no acarrean la necesidad de pecar. Pregunto de nuevo: ¿Qué se excluye que no se atribuya al «libre albedrío»? ¡Acaso hace falta el Espíritu, Cristo, Dios, si el «libre albedrío» puede vencer las inclinaciones del corazón hacia lo malo! Y repito ¿dónde queda esa 'opinión aceptable' que afirma que el «libre albedrío» no puede ni siquiera querer lo bueno? Pues aquí, la victoria sobre el mal se atribuye al «libre albedrío», el cual ni quiere ni desea lo bueno. ¡La desconsideración de nuestra Diatriba es una verdadera pena!

Acepta la verdad del asunto en unas pocas palabras. Como señalé antes, mediante pasajes como estos se demuestra al hombre lo que debe hacer, no lo que puede hacer. Por eso, se le indicó a Caín que él debía dominar su pecado y tener bajo sujeción el deseo de cometerlo. Pero esto no pudo hacerlo porque ya estaba bajo el dominio de Satanás. Es sabido que Hebreos usa con frecuencia el futuro en el modo indicativo en lugar del modo imperativo, como en Éxodo 20:1-17: «No tendrás otros dioses delante de mí», «no matarás», «no cometerás adulterio» y en incontables ejemplos de la misma clase. De otra manera, si estas oraciones se tomaran con carácter indicativo, es decir tal como se presentan, serían promesas de Dios; y como Él no puede mentir, sucedería que ningún hombre podría pecar; y entonces, como mandamientos, serían innecesarios. Y, si este fuese el caso, entonces nuestro intérprete habría traducido mejor este pasaje así: «... sujeta el deseo de cometer pecado, y domínalo». Incluso cuando se señaló en cuanto a la mujer: «tu deseo será para tu marido, y él tendrá dominio sobre ti» (Gén. 3:16). Pero que esto no se lo dijo a Caín con carácter indicativo es evidente porque entonces habría sido una promesa. Pero no fue una promesa, porque la conducta de Caín prueba lo contrario.

Sección 56—El tercer pasaje es de Moisés: «... he puesto ante ti la vida y la muerte [...]. Escoge, pues, la vida...» (Deut. 30:19). «¿Qué palabras —pregunta la Diatriba— podrían ser más claras? Se le deja al hombre la libertad de escoger».

Yo respondo: ¿Qué es más claro que tu ceguera? ¿Cómo se le deja al hombre la libertad de escoger? ¿Es por la palabra «escoger»? Entonces, como Moisés dijo «escoge», ¿de inmediato ocurre que ellos escogen? En ese caso, no hace falta el Espíritu. Y como repites y reiteras con frecuencia las mismas cosas, se justifica que yo haga también lo mismo. Si hay una libertad de escoger, ¿por qué esa 'opinión aceptable' afirma que el «libre albedrío» no puede querer lo bueno? O ¿puede escoger sin querer o contra su voluntad? Pero consideremos la similitud: «Sería absurdo indicarle a un hombre que parado ante una encrucijada vea los dos caminos, que vaya por el que quiera, pero solo uno está abierto».

Esto, como lo señalé antes, proviene de los argumentos de la razón humana que cree que se hace burla del hombre cuando se le da un mandamiento imposible de obedecer. En cambio, yo afirmo que mediante el mandamiento se le advierte y le se despierta para que vea su propia impotencia. La verdad es que estamos ante una encrucijada y que solo un camino está abierto, mejor dicho, ninguno está abierto. Pero por la ley se muestra cuán imposible es ir por uno de los caminos, es decir, el que lleva a lo bueno, a menos que Dios libremente conceda Su Espíritu, y cuán ancho y fácil es el otro camino, si Dios nos deja solos. Por eso, no se le diría ni en broma, sino con toda seriedad al hombre que estuviera parado ante una encrucijada que fuera por el camino que quisiera, si este, siendo en realidad impotente, deseara aparentar que es fuerte o se empeñase en actuar como si ninguno de los caminos estuviera obstruido.

Por ello, se enuncian las palabras de la ley no para confirmar el poder de la voluntad, sino para iluminar la ceguera de la razón, para que vea que su propia luz es nada y que el poder de la voluntad es nada. Pablo declaró: «… por medio de la ley viene el conocimiento del pecado» (Rom. 3:20). No declaró

que por la ley el pecado es abolido o se puede escapar de él.
Toda la naturaleza y la intención de la ley es dar conocimiento
del pecado. No da a conocer ni comunica algún poder. Pues el
conocimiento no es poder, ni comunica poder, sino que enseña
y muestra cuán grande es la impotencia y que allí no hay poder
alguno. Y ¿qué otra cosa puede ser el conocimiento del pecado,
sino el conocimiento de nuestra propia maldad y debilidad?
Pues no afirmó Pablo que por la ley viene el conocimiento de
la fortaleza o de lo bueno. Todo lo que hace la ley, según el
testimonio de Pablo, es darnos a conocer el pecado.

Y aprovecho este pasaje para hacer valer mi respuesta general,
esto es, que al hombre, por las palabras de la ley, se le advierte
y se le enseña qué debe hacer, no lo que puede hacer; es decir,
que se le lleva a conocer su pecado, no a creer que tiene alguna
fortaleza en sí mismo. Por eso, amigo Erasmo, tan pronto salen
de tu boca las palabras de la ley, así salen de la mía las de Pablo,
quien afirmó: «… por medio de la ley viene el conocimiento
del pecado», no el poder de la voluntad. Por eso, acude a todas
las grandes concordancias y junta en un desordenado montón
todas las palabras imperativas, siempre que no sean palabras
de promesa, sino que sean palabras de exigencia legal, y de
inmediato declararé que por ellas siempre se muestra a los
hombres qué deben hacer, no lo que pueden hacer o lo que
hacen. E incluso los maestros de gramática y los niños pequeños
de escuela saben que los verbos en el modo imperativo se
refieren a lo que debe hacerse y que los verbos en el modo
indicativo se refieren a lo que se hace o lo que puede hacerse.

Entonces, ¡qué pasa con ustedes los teólogos, tan insensatos y
más que niños de escuela que cuando ven un verbo en el modo
imperativo infieren un sentido indicativo, como si lo que se

manda fuera de inmediato è incluso necesariamente hecho, o posible de hacer! ¡Pero del dicho al hecho hay mucho trecho! De modo que lo que mandas que sea hecho, y por lo tanto, es bastante posible que sea hecho, con todo no se hizo. Tal es la diferencia entre los verbos en el modo imperativo y los verbos en el modo indicativo, incluso en las cosas más comunes y fáciles. En tanto tú, que en estas cosas que están muy por encima de aquellos, como los cielos están por encima de la tierra, así conviertes los imperativos en indicativos pues en el momento que oyes la voz del que manda: «Haz», «guarda», «escoge», quieres que sea de inmediato guardado, hecho y escogido o cumplido, o, que podamos hacerlo en nuestro propio poder.

Sección 57—En cuarto lugar, citas pasajes de Deuteronomio 30 que hablan de escoger, desviarse y guardar; como: «Si guardares», «si te desviares», «si escogieres». Afirmas que «todas estas expresiones son absurdas si no hay un *libre albedrío* en el hombre para hacer lo bueno». Respondo: también es bastante absurda la Diatriba pues concluyes de estas expresiones que el albedrío es libre. Te propusiste probar el esfuerzo y el deseo del «libre albedrío», pero no citas un solo pasaje que pruebe tal esfuerzo. Pero ahora, citas estos pasajes, los cuales, si tu conclusión fuera válida, lo atribuyen todo al «libre albedrío».

Haré de nuevo una distinción entre las palabras que se citan de la Escritura y la conclusión de la Diatriba que se añade a ellas. Las palabras que se citan son imperativas y no afirman sino aquello que debe hacerse. Pues Moisés no declara: «Tienes el poder y la fuerza para escoger». Las palabras «escoge», «guarda», «haz» transmiten el precepto de cumplir, pero no describen la capacidad del hombre de hacerlo. Sin embargo, la conclusión que añade la Diatriba que finge sabiduría infiere esto: por lo tanto, el hombre puede hacer esas cosas, de otra manera se le dan en vano los preceptos. A lo cual debe responderse: señora Diatriba, deduces mal y no pruebas tu conclusión, sino que la conclusión y la prueba parecen estar correctas para tu ceguera e indolencia. Sin embargo, estos preceptos no son absurdos ni se han dado en vano; sino que mediante ellos el hombre arrogante y ciego pueda descubrir su propia impotencia al procurar cumplir lo que se le ha mandado. Y por ello supone poco cuando declaras: «De otra manera, sería precisamente lo mismo que alguien dijese a un hombre que está atado, que solo puede extender su brazo izquierdo: ¡Mira!, a tu derecha tienes un vino excelente y a tu izquierda un poderoso veneno, extiende tu mano sobre lo que quieras».

Estas semejanzas que presentas presumo que son de tu predilección. Sin embargo, no ves que si estas semejanzas fuesen válidas probarían mucho más de lo que alguna vez te has propuesto probar. Ciertamente, ellas prueban lo que niegas y quisieras que fuese refutado, esto es, que el «libre albedrío» puede hacer todas las cosas. Por el alcance de tu argumento, al olvidar que afirmaste que 'el *libre albedrío* sin la gracia no puede hacer nada', en realidad pruebas que el «libre albedrío» puede hacer todas las cosas sin la gracia. Pues tus conclusiones y semejanzas esto es lo que demuestran: o que el «libre albedrío» puede por sí solo hacer todo lo que se dice y ordena, o lo que se ordena es algo absurdo, ridículo y en vano. Pero estos no son nada más que los viejos cánticos de los pelagianos, los cuales hasta los sofistas han repudiado y tú mismo has condenado. Y por todo esto, tu olvido y tus trastornos de la memoria solo evidencian cuán poco conoces sobre el asunto y cuán poco has sido afectado por él. Y ¿qué puede ser peor para un orador que presentar constantemente cosas más allá de la naturaleza del asunto en cuestión, y no solo eso, sino pronunciarse siempre en contra de su propia causa y de sí mismo?

Sección 58—Por último, indicaría que los pasajes que citas de la Escritura son imperativos y no prueban nada, ni determinan nada en cuanto a la capacidad del hombre, sino que tienen un carácter prescriptivo pues solo ordenan lo que debe hacerse y lo que no debe hacerse. Y en cuanto a tus conclusiones o apéndices, y similitudes, si acaso prueban algo sería esto: que el «libre albedrío» puede hacerlo todo sin la gracia. Pero esto no es lo que te propusiste probar, es más, lo has negado. Por eso, las pruebas que propones no son más que las más evidentes contradicciones.

Pues (si logro levantar a la Diatriba de su letargo) supón que argumento así: si Moisés hubiese declarado «escoge la vida y guarda el mandamiento», sería un precepto ridículo que habría dado Moisés al hombre a menos que este fuese capaz de escoger la vida y guardar el mandamiento. ¿He probado mediante este argumento mi posición en este asunto, es decir, que el «libre albedrío» no puede hacer lo bueno o que puede realizar algún esfuerzo en su propio poder? Es más, antes bien habría probado de manera adecuada que el hombre puede escoger la vida y guardar el mandamiento como se le ordena o que Moisés es un legislador ridículo. Pero ¿quién se atrevería a afirmar que Moisés fue un legislador ridículo? Entonces, se deduciría que el hombre puede hacer lo que se le manda.

De este modo argumenta la Diatriba, contrario a su propia intención, en que prometió que no argumentaría así, sino que probaría la existencia de cierto esfuerzo del «libre albedrío». Sin embargo, más allá de probarla, apenas hace mención de esta en su serie de argumentos, antes bien prueba lo contrario, de modo que ella misma se pone en ridículo con lo que afirma y argumenta.

Y según la analogía que se planteó, es ridículo que a un hombre 'que tiene su brazo derecho atado se le ordene que extienda su mano derecha cuando solo puede extender la izquierda'. ¿No sería también ridículo si a un hombre con ambos brazos atados que afirma con arrogancia o presuma con ignorancia que puede hacer cualquier cosa a derecha o a izquierda se le ordena que extienda su mano derecha e izquierda, no para burlarse de su cautividad, sino para que se convenza de su falsa presunción de libertad y poder y se dé cuenta de que ignora su situación de cautividad y miseria?

La Diatriba siempre nos plantea a un hombre que puede hacer lo que se le ordena, o al menos que sabe que no puede hacerlo. Pero tal hombre no existe. Si hubiese alguno, entonces, sin duda, sería ridículo darle órdenes imposibles de cumplir o el Espíritu de Cristo sería en vano.

Sin embargo, la Escritura describe al hombre no solo como un ser atado, miserable, cautivo, enfermo y muerto, sino que, mediante la obra de Satanás, añade a sus miserias la de la ceguera; de modo que él cree que es libre, feliz, sin restricciones, poderoso, completo y vivo. Pues bien sabe Satanás que si los hombres conocieran su propia miseria no podría retenerlos en su reino, porque de su conocida miseria y calamidad Dios de inmediato tendría piedad y acudiría a su socorro, ya que de Él se dice en toda la Escritura que merece toda la alabanza por cuanto está cercano al corazón contrito, e Isaías 61:1-3 testifica que Cristo fue enviado «... para traer buenas nuevas a los afligidos; [...] para vendar a los quebrantados de corazón...».

Por eso, la obra de Satanás es retener a los hombres para que no lleguen a conocer su miseria, sino que puedan presumir que pueden hacer todas las cosas que se les ordenan. Pero la obra de Moisés el legislador consiste en lo contrario: que mediante la ley el hombre llegue a descubrir su propia miseria, a fin de prepararlo, de modo que una vez quebrantado y confundido por el conocimiento de sí mismo, por la gracia, sea dirigido a Cristo para ser salvo. Entonces la función de la ley no es ridícula, sino que sobre todas las cosas es importante y necesaria.

Aquellos que han llegado a comprender estas cosas, comprenden también que la Diatriba con su serie de argumentos no contribuye absolutamente en nada, ya que solo recoge palabras imperativas de las Escrituras, de las cuales no sabe ni a qué se refieren ni para qué fueron dadas, y, además, al agregar sus conclusiones y semejanzas carnales hace una poderosa mezcla, la cual afirma y prueba mucho más de lo que pretendía y argumenta contra sí misma. De modo que no es necesario seguir examinando cada punto, pues al resolver uno se resuelve todo, ya que todo depende de un argumento. Sin embargo, para abrumar a la Diatriba con la misma profusión con que ha tratado de abrumarme, procederé a mencionar unos puntos más.

Sección 59—Leemos en Isaías 1:19: «Si queréis y obedecéis, comeréis lo mejor de la tierra». 'En donde —según el juicio de la Diatriba— si no hay libertad de la voluntad, habría sido más congruente decir: si quisiere, si no quisiere'.

La respuesta a esto se encuentra claramente en lo que se ha dicho antes. Además, ¿qué congruencia habría si dijese: «Si yo quisiere, comeréis los frutos de la tierra»? ¿Acaso la Diatriba, por su exaltada sabiduría, piensa que se pueden comer los frutos de la tierra en contra de la voluntad de Dios? O ¿acaso es algo novedoso y raro que no recibamos los frutos de la tierra sino por la voluntad de Dios? Lo mismo ocurre con el pasaje de Isaías 20:12: «... Si queréis preguntas, preguntad; volved otra vez». «¿Con qué propósito es que —afirma la Diatriba— exhorta a los que no tienen ningún grado de poder propio? Es como indicarle al que está encadenado que se mueva de lugar».

Es más, respondo: ¿Con qué propósito se citan pasajes que por sí solos no prueban nada, y luego que se agregó tu conclusión, es decir, al pervertir su sentido, se lo atribuyen todo al «libre albedrío», cuando lo único que debía probarse era la existencia de cierto esfuerzo atribuible al «libre albedrío»?

Lo mismo puede afirmarse (como lo indicas) en cuanto a Isaías 45:20: «... juntos acercaos...». También de Isaías 45:22: «Volveos a mí y sed salvos». Y de Isaías 52:1-2: «Despierta, despierta [...]. Sal del polvo, levántate [...] líbrate de las cadenas de tu cuello». Así también de Jeremías 15:19: «... Si vuelves, yo te restauraré, en mi presencia estarás; si apartas lo precioso de lo vil, serás mi portavoz...». Y Malaquías señala con mayor evidencia el esfuerzo del «libre albedrío» y la gracia preparada para el que se esfuerza: «... Volved a mí y yo volveré a vosotros —dice el Señor de los ejércitos...» (Mal. 3:7).

Sección 60—En estos pasajes, nuestra amiga la Diatriba no hace ninguna distinción entre la voz de la ley y la voz del evangelio porque en verdad es tan ciega e ignorante que no reconoce qué es la ley y qué es el evangelio. Pues de todos los textos de Isaías no presenta ni una sola palabra de la ley, excepto estas: «Si quisieres»; todo lo demás es evangelio, por el cual, los que están afligidos y quebrantados son llamados a consolación por la palabra de la gracia. En cambio, la Diatriba las convierte en palabras de la ley. Pero te ruego que me digas ¿cómo puede arreglárselas en asuntos de teología y las Escrituras un hombre que ni siquiera ha entendido qué es la ley y qué es el evangelio, o, si lo entendió, no hizo el esfuerzo de respetar la diferencia entre ambos? El tal confundirá todas las cosas, el cielo con el infierno, la vida con la muerte; y nunca conocerá nada de Cristo. Sobre lo cual, haré unas cuantas observaciones en los párrafos siguientes.

Miremos primero a Jeremías: «... Si vuelves, yo te restauraré...» y Malaquías: «... Volved a mí y yo volveré a vosotros...». ¿Se deduce entonces de «vuelves» y «volved» que eres capaz de volver? ¿Se deduce también de «Amarás al Señor tu Dios con todo tu corazón» que eres capaz de amar con todo tu corazón? Si estos argumentos son válidos, ¿se concluye que el «libre albedrío» no necesita de la gracia de Dios, sino que puede hacer todas las cosas en su propio poder? Entonces ¿cuánto más correcto sería que recibieras las palabras tal y como se presentan: «Si vuelves, yo te restauraré» y «Volved a mí y yo volveré a vosotros»? Es decir: Si dejas de pecar, yo dejaré de castigarte; y si te conviertes y vives correctamente, yo te bendeciré al apartar de ti tu cautividad y tus males. Pero incluso así, ello no implica que el hombre pueda convertirse o volverse por su propio poder, así como tampoco las palabras implican esto; sino ellas simplemente afirman: «Si vuelves» o «volved»; por lo cual se le advierte al hombre qué debe hacer. Y cuando reconoce y ve qué debe hacer, pero no puede hacerlo, preguntará cómo ha de hacerlo, si no fuera por ese Leviatán, la Diatriba, (esto es, el apéndice y la conclusión) que se interpone y afirma que 'si el hombre no puede volverse por su propio poder, en vano sería decirle *si vuelves* o *volved*'. Pero ya se ha demostrado debidamente de qué naturaleza es esa conclusión y lo que significa.

Sin embargo, podemos esperar cierto estupor o cierto letargo si uno cree que el poder del «libre albedrío» se confirma con las palabras «Si vuelves» o «volved» y otras similares, sin ver que por la misma razón debe confirmarse también con la Escritura «Amarás al Señor tu Dios con todo tu corazón», ya que el que ordena y exige es el mismo en ambos ejemplos. Pues el amor a Dios no se exige menos que nuestra conversión y el guardar todos los mandamientos porque el amor a Dios es nuestra verdadera conversión. Y con todo, nadie trata de probar el «libre albedrío» a partir del mandamiento 'amarás a Dios', aunque de las palabras: «si quisieres», «si oyeres», «si vuelves» y otras semejantes, todos intentan probarlo. Por eso, si las palabras: «Amarás al Señor tu Dios con todo tu corazón», no implican que el «libre albedrío» existe o puede hacer algo, es seguro que tampoco lo implican las palabras «si quisieres», «si oyeres», «si vuelves» y otras semejantes, las cuales exigen menos o revisten menor importancia que las palabras «¡Amarás a Dios!», «¡Amarás al Señor!».

Por lo tanto, lo que se diga para evitar sacar alguna conclusión que favorezca el «libre albedrío» a partir de las palabras «amarás a Dios» también debe decirse de cualquier mandamiento o exigencia. Pues, si con el mandamiento «amarás a Dios», solo se nos muestra la naturaleza de la ley y lo que debemos hacer, pero no así el poder de la voluntad o qué podemos hacer, si no más bien lo que no podemos hacer, lo mismo se nos muestra con todas las otras palabras de la Escritura que tienen carácter de mandato. Pues es bien sabido que incluso los escolásticos, excepto los escotistas y los modernistas (de su época) afirmarían que el hombre no puede amar a Dios con todo su corazón. Por ello, nadie puede guardar ninguno de los otros preceptos, pues el resto, según el testimonio de Cristo, depende de este. Así pues, según el testimonio de los escolásticos: las palabras de la ley no prueban el poder del «libre albedrío», sino que muestran lo que debemos hacer y lo que no podemos hacer.

Sección 61—Pero nuestra Diatriba procede con aun mayor inconsideración pues no solo infiere que el pasaje de Malaquías 3:7: «Volved a mí» está en sentido indicativo, sino que además se esmera en probar de ahí el esfuerzo del «libre albedrío», y la gracia que está preparada para la persona que se esfuerza.

Aquí, por fin, la Diatriba menciona el esfuerzo y, mediante una nueva gramática, «volver» significa entonces lo mismo que «esforzarse», de modo que ahora el sentido de «volved a mí» es esforzaos en volver; y el sentido de «y yo volveré a vosotros» es yo me esforzaré por volverme a vosotros. Con lo cual le atribuye un esfuerzo incluso a Dios, y quizás, habría gracia preparada para Él por Su esfuerzo. Pues si se cambia el significado de esforzarse en un lugar, ¿por qué no cambiarlo en todos?

En cuanto a Jeremías 15:19: «... si apartas lo precioso de lo vil» afirma que no solo se demuestra el esfuerzo sino la libertad de escoger, lo cual, antes, se declaró que esta libertad se «perdió» y ahora «está obligada a servir al pecado». Como ves, la Diatriba tiene un «libre albedrío» en el manejo de las Escrituras, por lo cual las palabras del mismo tipo prueban el esfuerzo en un lugar y la libertad en otro, según convenga.

Pero dejémonos de presunciones. La palabra «volver» se usa en las Escrituras con dos sentidos diferentes: uno legal y el otro evangélico. En el sentido legal, es la voz del que exige y manda, lo cual no requiere un esfuerzo sino un cambio de la vida completa. En este sentido el libro de Jeremías lo usa con frecuencia: «Volveos ahora cada cual de vuestro camino y de la maldad de vuestras obras» y «vuélvete a mí», lo cual implica la obligación de cumplir todos los mandamientos, como se ve con bastante claridad. En el sentido evangélico, es la voz de la consolación y la promesa divina, con lo cual no se exige nada de nosotros, sino que se nos ofrece la gracia de Dios. De esa índole es el texto del Salmo 126:1: «Cuando el Señor hizo volver a los cautivos de Sion…»; así como el texto del Salmo 116:7: «Vuelve, alma mía, a tu reposo…». Así pues, Malaquías, en un brevísimo compendio, presenta la predicación tanto de la ley como de la gracia. Entonces resume toda la ley cuando afirma: «volved a mí»; y de la gracia cuando afirma «yo volveré a vosotros». Entonces, tanto como se prueba el «libre albedrío» de las palabras «Amarás al Señor», o de cualquier otra palabra de una ley particular, tanto se prueba de la expresión que resume la ley «volved a mí». Por ello, el sensato lector de las Escrituras debe observar cuáles son palabras de la ley y cuáles son palabras de la gracia, de modo que no genere confusión como los inmundos sofistas y como la soñolienta Diatriba.

Sección 62—Examinemos ahora a qué se refiere la Diatriba cuando trata el texto en Ezequiel 18:23 (RVR1960): «¿Quiero yo la muerte del impío? dice Jehová el Señor. ¿No vivirá, si se apartare de sus caminos?». En primer lugar, «si —señala la Diatriba— las expresiones: *si se apartare, hiciere, cometiere*, se repiten muchas veces en este capítulo, ¿dónde están aquellas que niegan que el hombre puede hacer algo?».

¡Qué conclusión tan extraordinaria! La Diatriba no solo se dispuso a probar el esfuerzo y el deseo del «libre albedrío», ¡sino que ahora prueba que toda la obra, que todas las cosas se cumplen mediante el «libre albedrío»! ¿Dónde están los que necesitan de la gracia y del Espíritu Santo? Pues con descaro argumenta que 'Ezequiel afirma que *si el impío se apartare, e hiciere según el derecho y la justicia, vivirá*. Por eso, el impío lo hace de inmediato y puede hacerlo'. Si bien Ezequiel se refiere a lo que debe hacerse, la Diatriba lo entiende como hecho y terminado. Así nos enseña mediante una nueva gramática que lo mismo es *deber* y *haber*, que lo mismo es *exigir* y *cumplir*, y que lo mismo es *ordenar* y *dar*. Y entonces, la voz del dulce evangelio que declara: «¿Quiero yo la muerte del impío?», lo pervierte cuando afirma: «¿Quizás deplora el justo Señor la muerte de Su pueblo que Él mismo causó?». Entonces, si Él no quiere nuestra muerte, sin duda debe imputársele a nuestra voluntad si perecemos. Porque, ¿qué podemos imputarle a aquel que no puede hacer nada bueno ni nada malo?».

Fue sobre este mismo asunto que Pelagio insistió hace mucho tiempo, cuando le atribuyó al «libre albedrío» no un deseo o un esfuerzo, sino el poder de hacer y cumplir todas las cosas. Pues como lo indiqué antes, estas conclusiones prueban ese poder, si es que pueden probar algo, de modo que con igual o mayor fuerza ellas se oponen a la Diatriba que niega ese poder del «libre albedrío» y trata de establecer un mero esfuerzo, así como se oponen también a nosotros que negamos por completo el «libre albedrío». Pero sin hablar de la ignorancia de la Diatriba, hablemos del asunto en cuestión.

Es la voz del evangelio y el más dulce de los consuelos para los míseros pecadores cuando Ezequiel declaró: «¿Quiero yo la muerte del impío? dice Jehová el Señor. ¿No vivirá, si se apartare de sus caminos?». Y en todos los aspectos es semejante a estos otros textos de la Escritura: Salmos 30:5: «Porque su ira es solo por un momento, pero su favor es por toda una vida...»; Salmos 36:7: «¡Cuán preciosa es, oh Dios, tu misericordia!...»;

Jeremías 3:12: «... porque soy misericordioso...»; las palabras de Cristo en Mateo 11:28: «Venid a mí, todos los que estáis cansados y cargados, y yo os haré descansar»; y Éxodo 20:6: «y muestro misericordia a millares, a los que me aman y guardan mis mandamientos».

Y ¿qué representa más de la mitad de la santa Escritura, sino puras promesas de gracia, por las cuales Dios ofrece a los hombres misericordia, vida, paz y salvación? Y ¿a qué otra cosa se refiere la promesa sino esto: «¿Quiero yo la muerte del impío?». Cuando Dios declara: «... soy misericordioso...» ¿no es lo mismo que si declarase: no estoy airado, no quiero castigar, no deseo tu muerte, mi voluntad es perdonar, mi voluntad es compadecerme? Y si no permanecieren estas promesas divinas, por las cuales podrían levantarse las conciencias afligidas por el reconocimiento de su pecado y aterrorizadas por el temor a la muerte y el juicio, ¡qué lugar habría para el perdón y la esperanza! ¡Qué pecador no se hundiría en la desesperación! Sin embargo, como el «libre albedrío» no se puede probar a partir de las otras palabras de misericordia, de promesa, o de consuelo, tampoco se puede probar a partir de esta declaración: «¿Quiero yo la muerte del impío?».

Pero nuestra Diatriba, de nuevo no hace distinción entre las palabras de la ley y las palabras de la promesa, y convierte a este pasaje de Ezequiel en la voz de la ley y lo explica así: «¿Quiero yo la muerte del impío?», esto es, no quiero que peque hasta la muerte, o que se convierta en un pecador digno de muerte; sino que se aleje del pecado si ha cometido alguno, y así viva. Pues si la Diatriba no explicara este pasaje así, no serviría a su propósito. Pero esto es destruir y eliminar por completo las dulces palabras de Ezequiel: «¿Quiero yo la muerte del impío?». Si en nuestra ceguera así queremos leer y entender las Escrituras, ¿no es de extrañar que nos parezcan 'oscuras y ambiguas'. Por cuanto Dios no dice: ¿quiero yo el pecado del hombre?, sino ¿quiero yo la muerte del pecador?, esto indica con claridad que se refiere al castigo por el pecado que el pecador reconoce que es por causa de su pecado, es decir, el temor a la muerte. Y de este modo, Dios levanta y consuela al pecador abatido por esta aflicción y desesperación, para «no [quebrar] la caña cascada, ni [apagar] el pabilo mortecino...» (Isa. 42:3); sino avivar la esperanza del perdón y la salvación, a fin de que el pecador se vuelva aun más, es decir, se vuelva del temor a la muerte, a la salvación, de modo que viva, es decir, que esté en paz y se alegre en buena conciencia.

Y esto también debe observarse: así como la voz de la ley no se pronuncia sino solo sobre aquellos que no sienten ni reconocen su pecado, como lo afirma Pablo: «... pues por medio de la ley viene el conocimiento del pecado» (Rom. 3:20); de la misma manera, la palabra de la gracia no viene sino a aquellos que por reconocer su pecado están afligidos y desesperados. Por eso, en todas las palabras de la ley se hace patente el pecado porque nos muestra lo que debemos hacer. En cambio, en todas las palabras de la promesa se hace patente el mal en el que los pecadores, o aquellos que han de ser levantados, se empeñan: así en este texto: «¿Quiero yo la muerte del impío?», se señala con claridad la muerte y al pecador, tanto al mal mismo que se percibe como al pecador que lo percibe. Pero en este otro texto: «Amarás al Señor tu Dios con todo tu corazón» se nos muestra lo bueno que debemos hacer, no lo malo que percibimos, a fin de que reconozcamos cuán lejos estamos de hacer lo bueno.

Sección 63—Entonces, nada más absurdo podría aducirse en favor del «libre albedrío» que este texto de Ezequiel, es más, este texto es una prueba irrefutable en contra. Pues aquí puede verse en qué estado está el «libre albedrío», qué puede hacer en cuanto al reconocimiento del pecado y alejarse de él, es decir, que solo empeoraría y añadiría a los pecados la desesperación y la impenitencia, si Dios no viene pronto en su ayuda, y mediante la Palabra de la promesa lo llame y lo levante. Pues el interés de Dios en prometer gracia para llamar y levantar al pecador es en sí mismo un argumento bastante considerable y concluyente, ya que el «libre albedrío» por sí mismo solo puede ir de mal en peor, y (como afirma la Escritura) «hundirse en el infierno», ¡a no ser que pienses que Dios actúa de manera irresponsable que malgasta una gran abundancia de palabras que no son necesarias para nuestra salvación, sino por el puro placer de hablar mucho! Entonces, como puedes observar, no solo las palabras de la ley se oponen al «libre albedrío», sino también todas las palabras de la promesa sin duda lo refutan, es decir, que toda la Escritura se opone de lleno a él.

Así pues, las palabras: «¿Quiero yo la muerte del impío?», predican y ofrecen la misericordia divina al mundo, la cual reciben con gozo y gratitud solo aquellos que están afligidos y angustiados por el temor a la muerte, pues son ellos a quienes la ley les ha dado conocimiento de pecado. Sin embargo, aquellos que no han experimentado esa función de la ley, que no tienen conocimiento de su pecado ni tienen temor de la muerte, menosprecian la misericordia prometida en aquellas palabras.

Sección 64—Pero por qué algunos son tocados por la ley y otros no, por qué algunos reciben la gracia que se les ofrece y otros la menosprecian, esta es otra cuestión que no trata

Ezequiel en este pasaje. Aquí habla de la misericordia de Dios que se predica y se ofrece y no de la voluntad de Dios que es secreta y temida, quien, conforme al consejo de Su voluntad, dispone quiénes serán los beneficiarios y participantes de la misericordia que se predica y se ofrece. Sobre esta no debemos indagar, sino que debemos adorar con reverencia como el secreto más profundo de la divina majestad, la cual Él reserva para sí mismo y la mantiene oculta de nosotros, y que es mucho más digna de fervor que la mención de 10 000 cuevas coricianas.

Sin embargo, dado que la Diatriba argumenta con descaro: «¿Quizás deplora el justo Señor la muerte de Su pueblo que Él mismo causó? Esto parecería demasiado absurdo». Respondo de la misma manera que lo he hecho antes: debemos argumentar en un sentido en cuanto a la voluntad de Dios que se nos predica, revela y ofrece, y que adoramos, y en otro sentido en cuanto a Dios mismo que no se nos predica, no se nos revela y no se nos ofrece, y que no adoramos. Por eso, en cuanto que Dios se oculta y es desconocido para nosotros, eso no nos concierne. Y «aquí es válida aquella opinión» que afirma que «lo que está por encima de nosotros, no nos concierne».

Y que ninguno piense que esta distinción es mía, yo simplemente copio las palabras de Pablo, quien al escribir a los tesalonicenses sobre el Anticristo afirmó sobre este: «el cual se opone y se exalta sobre todo lo que se llama dios o es objeto de culto...» (2 Tes. 2:4). Con esto da a entender que cualquiera podría exaltarse sobre Dios en cuanto que se predica y es objeto de culto, es decir, que podría exaltarse sobre la palabra y el culto a Dios, por medio de lo cual Él se nos da a conocer y se comunica con nosotros. Pero sobre el Dios que no es objeto de culto ni se predica, es decir, Dios en Su propia esencia y majestad, nada puede exaltarse, sino que todas las cosas están bajo Su mano poderosa.

Por ello, no debemos preocuparnos sobre la esencia y la majestad de Dios. Al respecto no tenemos nada que ver con Él, ni tampoco Él lo quiere. Pero sí tenemos que ver con Su palabra, con la cual se vistió y se nos manifestó, y es Su belleza y Su gloria como lo celebra el salmista. Entonces, afirmamos que el justo Dios no 'deplora la muerte de Su pueblo que Él mismo causó', sino que deplora la muerte que encuentra en Su pueblo y que desea remover. Pues el Dios que se predica desea que nuestro pecado y la muerte sean quitados y seamos salvos: «Él envió su palabra y los sanó y los libró de la muerte» (Sal. 107:20). Pero el Dios oculto en majestad ni deplora ni quita la muerte, sino que obra la vida, la muerte y todo. Dios tampoco se fijó límites en Su palabra, sino que se reservó poder sin límites sobre todas las cosas.

Sin embargo, la Diatriba se engaña a sí misma por su propia ignorancia al no hacer una distinción entre el Dios que se predica y el Dios oculto, es decir, entre la Palabra de Dios y Dios mismo. Dios hace muchas cosas que no nos da a conocer en Su Palabra. Tampoco nos da a conocer en Su Palabra muchas cosas que Él quiere. Así que, Él no quiere «la muerte del impío», esto es, según Su Palabra, pero la quiere según aquella voluntad inescrutable. Ahora bien, en este caso, debemos considerar Su Palabra y no aquella voluntad inescrutable, puesto que debemos guiarnos por la primera y no por la segunda. Pues ¿quién puede guiarse según una voluntad inescrutable e incomprensible? Es suficiente saber que en Dios hay cierta voluntad inescrutable; pero qué quiere esta voluntad, por qué lo quiere o cuánto lo quiere, no es lícito inquirir, querer conocer, preocuparse o tocarlo, ¡solo debe adorarse y temerse!

Por ello correctamente se afirma 'si Él no quiere nuestra muerte, sin duda debe imputársele a nuestra voluntad si perecemos'. Esto es correcto si hablamos del Dios que se predica porque Él desea que todos los hombres sean salvos y por ello llega a todos mediante la palabra de salvación, y la culpa es de la voluntad que no lo recibe a Él, como Él mismo lo afirma: «… ¡Cuántas veces quise juntar a tus hijos, como la gallina junta sus pollitos debajo de sus alas, y no quisiste!» (Mat. 23:37). Pero por qué aquella majestad no quita o cambia esta culpa de la voluntad en todos, ya que no está en el poder del hombre hacerlo, o por qué atribuírsela a la voluntad, la cual no puede evitarse. No nos corresponde inquirir sobre esto y aunque inquirieras mucho, nunca llegarías a descubrirlo, como lo declara Pablo: «… ¿quién eres tú, oh hombre, que le contestas a Dios?...» (Rom. 9:20). Ya hemos dicho suficiente en cuanto a este pasaje de Ezequiel. Ahora continuemos con los demás puntos.

Sección 65—Luego argumenta la Diatriba: «Si lo que se ordena nadie tiene la capacidad de guardarlo, entonces todas las innumerables exhortaciones en la Escritura, así como todas las promesas, amenazas, represiones, reprobaciones, aseveraciones, bendiciones y maldiciones, y todas las formas de preceptos son necesariamente inútiles».

La Diatriba olvida constantemente el asunto en cuestión y trata con aquello que es contrario a lo que se había propuesto, tampoco ve que sus argumentos tienen mayor peso contra ella misma que contra nosotros. Toma estos pasajes para demostrar la libertad y la capacidad para cumplir todas las cosas, como lo declaran las mismas palabras de la conclusión que forzosamente extrae, cuando su intención era probar 'que el *libre albedrío* no puede querer lo bueno sin la presencia de la gracia, y un cierto esfuerzo que no puede atribuirse a su propio poder'. Sin embargo, no veo que alguno de estos pasajes demuestre tal esfuerzo, y como ya lo he repetido, solo se exige lo que debe hacerse. A menos que sea necesario repetirlo tan seguido como la Diatriba insista sobre el mismo asunto, y desaliente a sus lectores con una innecesaria abundancia de palabras.

Sobre este último pasaje del Antiguo Testamento: «Porque este mandamiento que yo te ordeno hoy no es demasiado difícil para ti, ni está lejos. No está en el cielo, para que digas: *¿Quién subirá por nosotros al cielo, y nos lo traerá y nos lo hará oír para que lo cumplamos?* [...]. Porque muy cerca de ti está la palabra, en tu boca y en tu corazón, para que la cumplas» (Deut. 30:11-14, RVR1960), afirma la Diatriba: 'este pasaje declara que lo que se ordena no solo está en nosotros, sino que es trabajo fácil de cumplir, o al menos no es difícil'.

¡Agradezco a la Diatriba por tan extraordinaria erudición! Pues si Moisés con claridad declaró que hay en nosotros, no solo la capacidad, sino además el poder para guardar todos los mandamientos con facilidad, ¿por qué me habré esforzado todo este tiempo? ¿Por qué no sacamos este pasaje a la luz y damos por cierto el «libre albedrío» ante todo el mundo? ¡Qué necesidad tenemos de Cristo! ¡Qué necesidad tenemos del Espíritu! ¡Hemos encontrado un pasaje que le cierra la boca a todos, el cual no solo da por cierto que el albedrío es libre, sino enseña que el obedecer todos los mandamientos es fácil! ¡Qué necesidad tenía Cristo de derramar Su sangre para rescatarnos, de darnos el Espíritu, como si fuese necesario, a fin de hacer fácil para nosotros el guardar los mandamientos, cuando ya es parte de nuestra naturaleza! Es más, aquí la misma Diatriba se retracta de sus propias afirmaciones, cuando asegura que el '*libre albedrío* no puede querer lo bueno sin la presencia de la gracia', y ahora asegura que el «libre albedrío» tiene tal poder que no solo quiere lo bueno, sino que guarda con facilidad todos los mandamientos, incluso los principales.

¡Solo te pido que veas lo que pasa cuando el corazón del hombre no está en la causa que defiende y cuán imposible es que no se ponga en evidencia a sí mismo! ¿Qué necesidad hay de seguir refutando la Diatriba? ¡Quién puede refutarla con más eficacia que ella misma! ¡Esta es realmente una bestia que se devora a sí misma! ¡Cuán cierto es el dicho: «El mentiroso debería tener buena memoria»!

Ya he discutido sobre este pasaje de Deuteronomio. Añadamos algo más al respecto, si es que fuera necesario dejar de lado a Pablo, quien en Romanos 10:5-11, trata con fuerza este pasaje. Aquí no se dice nada, ni una sola sílaba, sobre la facilidad o la dificultad, la potencia o la impotencia del «libre albedrío» o del hombre para cumplir o no cumplir los mandamientos. Excepto que aquellos que enredan las Escrituras con sus propias conclusiones y reflexiones las convierten en oscuras y ambiguas para sí mismos, de modo que las convierten en lo que les conviene. Pero si no puedes verlo así, al menos escucha o palpa con las manos lo que voy a decir. Moisés declaró: «No es demasiado difícil para ti», «ni está lejos», «no está en el cielo», «ni está al otro lado del mar». Ahora bien, ¿cuál es el significado de «demasiado difícil», «lejos», «en el cielo», «al otro lado del mar»? ¿Harán que nos sean oscuros los términos más usados comúnmente e incluso la gramática, de modo que no seamos capaces de hablar con certeza y solo podamos establecer su aserción: que las Escrituras son oscuras?

Según mi gramática, estos términos no se refieren a la cualidad ni a la cantidad de las capacidades humanas, sino a la distancia de los lugares. Entonces «demasiado difícil» no se refiere a un cierto poder de la voluntad, sino a lo que está por encima de nosotros. Asimismo, «lejos», «en el cielo», «al otro lado del mar» no se refieren a alguna capacidad en el hombre, sino a lo que está situado arriba, a la derecha, a la izquierda, atrás, al frente o a cierta distancia de nosotros. Quizás alguno se ría de mí por refutar de modo tan sencillo y, por así decirlo, explicar el tema ya trazado y listo a tan grandes hombres, como si fueran niños de escuela que están aprendiendo el alfabeto y les estuviera enseñando a poner juntas las sílabas. Pero ¿qué puedo hacer cuando veo que en una luz tan clara se busca oscuridad, y que deliberadamente desean permanecer ciegos aquellos que con arrogancia enumeran ante nosotros una lista de muchos siglos, de muchos hombres de renombrado talento, de muchos santos, de muchos mártires y de muchos doctores, y apoyándose en tal autoridad alardean de este pasaje, pero no se dignan a fijarse en las sílabas o analizar con atención el pasaje del cual se jactan? Dejemos que la Diatriba considere cómo puede ser que una pobre persona particular vea lo que se les escapó a tantos hombres de reconocimiento público, los hombres más grandes de tantos siglos. ¡Sin duda, este pasaje, incluso en opinión de un chico de escuela, demuestra que han estado ciegos no con poca frecuencia!

Entonces, ¿a qué se refiere Moisés con estas palabras tan claras y sencillas? Se refiere a que ha desempeñado su función como legislador de manera digna y fiel. Por eso, no es su culpa si los hombres no conocen todos los preceptos y no los tienen ante sus ojos. Tampoco tienen la excusa de que no conocían, o no tenían los preceptos, o fueron obligados a buscarlos en otra parte; y si ellos no los guardaron, la culpa no recae en la ley ni en el legislador, sino en ellos mismos puesto que la ley está ante ellos y el legislador la enseñó. Así que no hay excusa para la ignorancia, solo para la acusación de negligencia y desobediencia. Moisés afirmó que no era necesario bajar las leyes desde el cielo, ni traerlas del otro lado del mar, ni desde lejos. Tampoco podían poner como excusa que nunca las habían escuchado o poseído, puesto que estaban cerca de ellos. Dios se las ordenó, ellos las habían escuchado de su boca (la de Moisés), y las habían tenido de continuo en sus corazones y en sus bocas cuando los levitas las habían tratado entre ellos, de lo cual su palabra (la de Moisés) y este libro eran testigos. Por eso, solo quedaba esto: que las cumplieran. Te pido que me digas ¿qué se le atribuye aquí al «libre albedrío»? ¿Qué hay aquí sino la exigencia que cumpla las leyes que posee, y se descarte la excusa de la ignorancia y la falta de las leyes?

Estos pasajes condensan lo que la Diatriba presenta a favor del «libre albedrío», los cuales al responderlos, no queda más por responderse, ya sea que la Diatriba presente o quisiera presentar más pasajes; ya que lo único que puede presentar son pasajes en imperativo, subjuntivo u optativo, mediante los cuales se indica no lo que podemos hacer o hacemos (como he respondido a menudo a la repetitiva Diatriba), sino lo que debemos hacer y lo que se exige de nosotros a fin de que lleguemos a conocer nuestra impotencia y nuestro pecado. O, si han de probar algo por medio de conclusiones y similitudes inventadas por la razón humana es esto: que el «libre albedrío» no es un mero esfuerzo o deseo, sino una capacidad y un poder completo y libre para hacer todas las cosas, sin necesidad de la gracia de Dios y del Espíritu Santo.

Así que, tras toda esa copiosa, reiterada y obstinada argumentación se ha logrado probar nada menos que aquella opinión aceptable, la cual define el «libre albedrío» como esa impotencia 'que no puede querer lo bueno sin la gracia, sino que está obligado a servir al pecado, aunque poseedor de un esfuerzo, no se puede atribuir a su propio poder'. Verdaderamente ¡un monstruo! que, al mismo tiempo, no puede hacer nada por su propio poder, y no obstante, puede hacer un esfuerzo; y así, ¡una evidente contradicción!

Sección 66—Ahora pasemos al Nuevo Testamento, donde de nuevo, para defender aquella miserable esclavitud del «libre albedrío» reúnen a un ejército de oraciones imperativas, junto con las tropas auxiliares de la razón, entre ellas, conclusiones, similitudes, etc., que llaman de todas partes. Y si alguna vez vieras representado en un cuadro, o imaginado en un sueño, a un rey de las moscas con sus hombres armados con lanzas y escudos de paja y heno formados en posición para la batalla contra un ejército completo de combatientes veteranos, ¡así serían los sueños humanos de la Diatriba formados en posición para la batalla contra los ejércitos de las palabras de Dios!

El primer pasaje que marcha al frente es Mateo 23:37, como si fuera el Aquiles de las moscas: «¡Jerusalén, Jerusalén […]! ¡Cuántas veces quise juntar a tus hijos […] y no quisiste!». «Si todas las cosas fuesen hechas por necesidad —afirma la Diatriba— no habría Jerusalén respondido debidamente al Señor: ¿por qué te agobias con lágrimas inútiles? Si no querías que matáramos a los profetas, ¿por qué los enviaste? ¿Por qué nos

183

imputas lo que hicimos por necesidad, lo cual así lo querías?».
Esto es lo que afirma la Diatriba.

Yo respondo: admitamos por ahora que esta conclusión y la
prueba de la Diatriba son correctas y válidas. Pregunto entonces
¿qué se prueba con ello? ¿Quizás esa *opinión aceptable* que afirma
que el «libre albedrío» no puede querer lo bueno? Es más, se
prueba que la voluntad es libre, completa y capaz de hacer todas
las cosas que los profetas hablaron. Pero la Diatriba nunca tuvo
la intención de probar la existencia de una voluntad tal. Ahora
bien, permitamos que la Diatriba se responda a sí misma. Si
el «libre albedrío» no puede querer lo bueno, ¿por qué se le
imputa el no haber escuchado a los profetas, a quienes, cuando
enseñaban lo bueno, no podía escuchar en sus propias fuerzas?
¿Por qué Cristo derramó lágrimas inútiles, como si aquellos
pudieran haber querido lo que Él ciertamente sabía que no
podían querer? Yo afirmaría entonces, que dejemos que la
Diatriba libere a Cristo de la imputación de locura, según su
'opinión aceptable', y luego mi opinión es de inmediato liberada
de ese Aquiles de las moscas. Por ello, ¡el pasaje de Mateo o
prueba contundentemente el «libre albedrío» o se opone con
igual fuerza a la misma Diatriba y la derriba con sus propias
armas!

Sin embargo, aquí opino, como lo he hecho antes, que no
debemos discutir sobre la voluntad secreta de la majestad divina.
En cuanto a la temeridad humana que con incesante desatino
nunca deja aquellas cosas que son necesarias y ataca y trata este
punto de la voluntad, se le debe hacer desistir de ello, es decir,
que no se empeñe en escudriñar aquellos secretos de la majestad,
los cuales son imposibles de alcanzar, ya que habitan en la luz
inaccesible como Pablo testifica (1 Tim. 6:16). Más bien que el

hombre conozca al Dios encarnado, o, como Pablo declaraba, al Jesús crucificado, en quien están todos los tesoros de la sabiduría y el conocimiento, ¡pero escondidos! Pues, en Él hay abundancia de lo que el hombre debe saber y lo que no debe saber.

El Dios encarnado es el que habla así: ¡Yo quise y tú no quisiste! El Dios encarnado, afirmo, fue enviado para este propósito: para que deseara, hablara, hiciera, sufriera y ofreciera a todos lo que es necesario para la salvación, aunque Él mismo ofenda a muchos, quienes, habiendo sido abandonados o endurecidos por esa voluntad secreta de la majestad, no reciben a aquel que desea, habla, hace y ofrece, como Juan lo declara: «Y la luz brilla en las tinieblas, y las tinieblas no la comprendieron». Y «A lo suyo vino, y los suyos no le recibieron» (v. 11). También forma parte de este Dios encarnado llorar, hacer lamentación, gemir por la perdición del impío, aun cuando es la voluntad de la majestad que algunos perezcan. Tampoco nos toca inquirir por qué lo hace así, sino adorar con reverencia al Dios que puede y quiere tales cosas.

Tampoco creo que alguno encuentre falta al negar que esa voluntad que afirma: «¡Cuántas veces quise!» se manifestó a los judíos aun antes de que Dios se encarnara; ya que se los acusa de haber asesinado a los profetas, antes de Cristo, y de haberse resistido a Su voluntad. Pues es bien sabido entre los cristianos que los profetas hicieron todas las cosas en el nombre del Cristo venidero, quien fue prometido que se haría carne. De modo que, puede llamarse con acierto la voluntad de Cristo a todo lo que hayan ofrecido los ministros de la palabra a los hombres desde el comienzo del mundo.

Sección 67—Sin embargo, aquí la Razón, quien es astuta y de pura palabrería dirá: Este es un extraordinario subterfugio inventado, este de retornar a la venerable voluntad de la majestad siempre que nos sentimos presionados por la fuerza de los argumentos, y así silenciamos a nuestro contrincante tan pronto se vuelve conflictivo, tal como hacen los astrólogos, que inventan epiciclos y eluden todas las preguntas sobre el movimiento de los cielos.

Yo respondo: no es una invención mía, sino un mandamiento con el respaldo de las Santas Escrituras. Pablo lo afirmó así: «… ¿por qué, pues, todavía reprocha Dios? Porque ¿quién resiste a su voluntad? Al contrario, ¿quién eres tú, oh hombre, que le contestas a Dios? ¿Dirá acaso el objeto modelado al que lo modela: Por qué me hiciste así?» (Rom. 9:19-20). Entre otros. Y antes que Pablo, Isaías declaró: «Con todo me buscan día tras día y se deleitan en conocer mis caminos […]. Me piden juicios justos, se deleitan en la cercanía de Dios» (Isa. 58:2).

A partir de estas palabras, creo, que es bastante evidente que no es lícito para los hombres indagar sobre esa voluntad de la majestad. Y este tema es de tal índole, que en esto los hombres perversos son los más dados a curiosear sobre esta venerable voluntad, y por eso, esta es la mayor razón para exhortarlos a guardar silencio y tener una actitud reverente. En otros asuntos, en que se tratan cosas por las cuales podemos dar una razón, o por las cuales se nos manda a dar una razón, no acostumbramos así. Y si alguno persiste en indagar la razón de esa voluntad, y hace caso omiso a nuestra advertencia, lo dejamos continuar, y, como los gigantes, que luche contra Dios; mientras nosotros esperamos a ver qué triunfo logrará, pues estamos convencidos, que no hará nada, ni para perjudicar nuestra causa ni para promover la propia. Pues esto permanecerá inalterable: o deberá probar que el «libre albedrío» puede hacer todas las cosas o que las Escrituras que cita están en contra suya. ¡En ambos casos, yace prostrado, vencido, mientras que nosotros estamos de pie como vencedores!

Sección 68—Otro pasaje es Mateo 19:17 (RVR1960): «… Mas si quieres entrar en la vida, guarda los mandamientos». '¿Con qué descaro —declara la Diatriba— puedes decir *si quieres* a una persona cuya voluntad no es libre?'.

A lo cual replico: entonces, según estas palabras de Cristo ¿es libre la voluntad? Pero deseas probar que el «libre albedrío» no puede querer lo bueno; y que, sin la presencia de la gracia, por necesidad sirve al pecado. ¿Con qué descaro lo presentas completamente libre? La misma respuesta se formulará en cuanto a estos otros pasajes: «Si quieres ser perfecto», «si alguno quiere venir en pos de mí», «el que quiera salvar su vida», «si me amáis», «si permanecéis en mí». En resumen, como lo afirmé antes, (para que la Diatriba no se esfuerce con tal cantidad de palabras) juntemos todas las conjunciones «si» y todos los verbos en imperativo. «Todos estos preceptos —señala la Diatriba— son inútiles si no se le atribuye nada a la voluntad humana. ¡Cuánto daño hace esa conjunción «si» a la mera necesidad!».

Respondo: si estos preceptos son inútiles, es más no son nada, es tu culpa que sea así. Pues, por una parte, afirmas que nada debe atribuirse al «libre albedrío», ya que no puede querer lo bueno, y, por otra parte, lo presentas como capaz de querer todo lo bueno, a no ser que para ti las mismas palabras sean, al mismo tiempo, útiles e inútiles, puesto que, al mismo tiempo, afirmas y niegas todo.

No sé cómo un autor puede deleitarse en repetir las mismas cosas y olvidar su propósito. A menos que desconfíe de su causa y entonces quiera vencer a su adversario con lo voluminoso de su libro, o cansarlo con el hastío y el esfuerzo de leerlo. ¿Qué conclusión se deduce que siempre que se dice: «Si quieres», «si alguno quiere», «si queréis» tengan que estar presentes de inmediato la voluntad y el poder? ¿Acaso no implicamos muchas veces con tales expresiones más bien la impotencia y la imposibilidad? Por ejemplo: si quieres igualar el canto de Virgilio, querido Mevio, debes hacer un gran esfuerzo. Si quieres superar a Cicerón, amigo Escoto, en lugar de tu jerga sutil debes hacer uso de la más apasionada elocuencia. Si quieres competir con David, necesariamente tienes que producir salmos como los suyos. Aquí se indican con claridad cosas que son imposibles para nuestras propias capacidades, aunque, mediante el poder divino, pueden realizarse. Del mismo modo sucede con las Escrituras, ya que tales expresiones muestran lo que no podemos hacer nosotros mismos, sino lo que puede hacerse en nosotros por el poder de Dios.

Además, si tales expresiones deben usarse en aquellas cosas que son imposibles de hacer, como aquellas que ni siquiera Dios haría, entonces, sin duda, podría afirmarse que (tales expresiones) no sirven para nada o que son ridículas, porque se hablarían en vano. En cambio, no solo se usan para mostrar la impotencia del «libre albedrío» puesto que ninguna de estas cosas puede hacerse, sino además se indica que vendrá un tiempo cuando estas cosas serán hechas, no por nuestro propio poder sino por el divino, siempre y cuando admitamos que en tales expresiones se da a entender lo que es posible y lo que debe hacerse. Alguno debería interpretarlas así: «Si quisieres, guardarás los mandamientos, (es decir, si alguna vez tienes la voluntad de guardar los mandamientos, aunque no la tengas en ti mismo, sino de Dios, quien se la da a quien Él quiere) ellos te preservarán».

Pero para una visión más amplia, estas expresiones, en particular aquellas que están en modo subjuntivo, parecen corresponder a la predestinación de Dios e implicar que esto es algo desconocido para nosotros. Como si quisieran decir: «si deseáis» «si quisieres», es decir, si fueras tal hombre ante Dios que Él condesciende a darte esta voluntad de guardar los mandamientos, serás salvo. Según la manera de hablar, se dan a entender dos verdades: que no podemos hacer nada por nosotros mismos y que si hacemos algo, es Dios quien obra en nosotros. Esto es lo que diría a los que no se contentan con lo que se ha señalado, es decir, que estas palabras solo muestran nuestra impotencia y que se empecinan en que ellas prueban también la existencia de cierto poder y capacidad para cumplir con aquello que se manda. De esta manera, también parecería cierto que no somos capaces de hacer nada de lo que se nos manda, y con todo, 'que somos capaces de hacerlo todo'; es decir, lo primero con referencia a nuestro propio poder, y lo segundo con referencia a la gracia de Dios.

Sección 69—El tercer aspecto que inquieta a la Diatriba es este: «No puedo entender cómo puede haber lugar para la mera necesidad, cuando se mencionan tantas veces las buenas obras y las malas obras, y cuando se mencionan las recompensas, pues ni la naturaleza ni la necesidad tienen mérito».

Tampoco puedo entender que esa 'opinión aceptable' sostenga la 'mera necesidad' cuando manifiesta que el «libre albedrío» no puede querer algo de bueno, y con todo, aquí le atribuye 'mérito'. Así pues, el «libre albedrío» avanzó deprisa conforme se incrementaron el libro y la argumentación de la Diatriba, que ahora, ya no solo tiene un esfuerzo y un deseo propios, aunque no por sus propias fuerzas, y ya no solo quiere lo bueno y hace lo bueno, sino que también merece la vida eterna según lo que Jesús declaró: «Regocijaos y alegraos, porque vuestra recompensa en los cielos es grande...» (Mat. 5:12). «Vuestra recompensa», es decir, la recompensa del «libre albedrío». Pues así entiende la Diatriba este pasaje, que Cristo y el Espíritu son nada, ya que si tenemos buenas obras y méritos gracias al «libre albedrío» ¿qué necesidad tenemos de ellos? Señalo estas cosas para que podamos ver que, no es cosa extraña, para hombres de talento notable estar ciegos en un asunto que es bastante evidente incluso a los de talento burdo y ordinario, también para que podamos ver cuán débiles son los argumentos que proceden de la autoridad humana cuando se trata de las cosas divinas, donde la autoridad de Dios es lo único que tiene valor.

Pero aquí hemos de mencionar dos cosas. La primera, sobre los preceptos del Nuevo Testamento. Y la segunda, sobre el mérito. Nos referiremos a cada una brevemente, tras haberlas mencionado con detalle en otras partes.

El Nuevo Testamento, en sentido estricto, consiste de promesas y exhortaciones, tal como el Antiguo Testamento consiste, en sentido estricto, de leyes y amenazas. Pues en el Nuevo Testamento, se predica el evangelio, que no es otra cosa que la Palabra, mediante la cual se nos ofrece el Espíritu, la gracia y la remisión de pecados obtenida para nosotros por el Cristo crucificado. Todo esto es gratuito por la sola misericordia de Dios el Padre, que nos favorece a nosotros que somos criaturas indignas y que merecemos la condenación y no otra cosa.

Y luego siguen las exhortaciones para animar a aquellos que ya han sido justificados y han alcanzado misericordia, a ser diligentes en producir los frutos del Espíritu y de la justicia recibida, a poner en práctica el amor y las buenas obras, y a sufrir con valor la cruz y todas las demás tribulaciones de este mundo. Esto es el resumen del Nuevo Testamento. Pero cuán poco entiende Erasmo sobre este asunto se refleja al no hacer ninguna distinción entre el Antiguo Testamento y el Nuevo Testamento. Pues no ve otra cosa sino preceptos mediante los cuales se forma a los hombres para que hagan buenas obras. Sin embargo, no ve el nuevo nacimiento, la nueva criatura, la regeneración y la obra completa del Espíritu. De modo que me llena de asombro y confusión que el hombre que dedicó tanto tiempo y estudio sobre estas cosas, conozca tan poco sobre ellas.

Entonces, este pasaje: «Regocijaos y alegraos, porque vuestra recompensa en los cielos es grande...» (Mat. 5:12), coincide con el «libre albedrío» así como la luz con las tinieblas. Pues allí Cristo exhorta no al «libre albedrío», sino a Sus apóstoles (que no solo estaban por encima del «libre albedrío», en la gracia y justificados, sino que estaban colocados para el ministerio de la Palabra, es decir, en el máximo nivel de la gracia) a que sobrellevaran las tribulaciones del mundo. Pero ahora discutimos sobre el «libre albedrío» sin la presencia de la gracia, que por medio de leyes y amenazas, es decir por medio del Antiguo Testamento, se enseña a conocerse a sí mismo, de modo que se encamine con diligencia hacia las promesas que se le presentan en el Nuevo Testamento.

Sección 70—En cuanto al mérito o la recompensa, ¿qué es sino una promesa? Pero esa promesa no demuestra que nosotros podamos hacer algo, en cambio demuestra que si alguno hubiese hecho esto o aquello, entonces tendrá una recompensa. Si bien nuestro objeto de investigación no es qué recompensa se dará, o cómo se dará, sino si podemos hacer aquellas cosas por las que se da una recompensa. Este es el punto que se debía resolver y probar. ¿Acaso no serían estas unas conclusiones ridículas?: el premio se ha puesto delante de todos los que participan en la carrera, por eso todos pueden correr para alcanzarlo. Si el César vence a los turcos, ganará el reino de Siria, por eso el César puede vencer a los turcos y los vence. Si el «libre albedrío» consigue dominar el pecado, será santo ante el Señor, por eso el «libre albedrío» es santo ante el Señor.

Pero dejemos a un lado estas conclusiones tan estúpidas y claramente aberrantes. (Excepto que el «libre albedrío» merece probarse mediante argumentos tan extraordinarios). Más bien ocupémonos de esto: 'que la necesidad no tiene ni mérito ni recompensa'. Si nos referimos a la necesidad de la coacción, esto es verdad. Si nos referimos a la necesidad de la inmutabilidad, esto es falso. Porque ¿quién daría a un trabajador poco dispuesto una recompensa o le atribuiría algún mérito? Sin embargo, con respecto a aquellos que quieren voluntariamente lo bueno o lo malo, aun cuando no pueden alterar esa necesidad en sus propias fuerzas, sigue natural y necesariamente la recompensa o el castigo, como está escrito: «… ¿No dará a cada hombre según su obra?» (Prov. 24:12). Así sigue naturalmente que si alguno permanece bajo el agua se ahogará, pero si nada hasta la orilla se salvará.

En resumen: en cuanto al mérito o la recompensa, debes referirte a la dignidad o a la consecuencia. Si te refieres a la dignidad, no hay mérito ni recompensa algunos. Pues si el «libre albedrío» no puede por sí mismo querer lo bueno, sino que quiere lo bueno por la presencia de la gracia solamente, (porque hablamos del «libre albedrío» sin la gracia e indagamos sobre el poder que le corresponde a cada uno) ¿quién no ve que aquella buena voluntad, mérito y recompensa corresponden solo a la gracia? En esto nuevamente, la Diatriba disiente consigo misma, aunque sostiene a partir del mérito que la voluntad es libre, y lucha contra mí, nos encontramos en la misma condenación, es decir, que al afirmar que hay mérito, recompensa y libertad, está en contra de sí misma, ya que antes afirmó que el «libre albedrío» no podía querer nada bueno e intentó probar semejante aserción.

En cambio, si nos referimos a la consecuencia no hay nada, ya sea bueno o malo, que no tenga su recompensa. Y en este punto surge el error porque al hablar de méritos y recompensas, inquietamos con opiniones y preguntas sobre la dignidad, la cual no existe, cuando deberíamos discutir sobre las consecuencias. Pues queda como una consecuencia necesaria el juicio de Dios y el infierno para los impíos, aun cuando ellos mismos ni comprendan ni piensen en tal recompensa por sus pecados, es más, ellos la detestan; y como señala Pedro la rechazan (2 Ped. 2:10-14).

De la misma manera, queda un reino para el justo, aun cuando ellos mismos ni lo busquen ni piensen en él, ya que fue preparado para ellos por el Padre, no solo antes de que ellos existieran, sino antes de la fundación del mundo. Es más, si ellos debieran hacer lo bueno para obtener el reino, nunca lo obtendrían, y antes bien serían contados entre los impíos, quienes con ojo malvado e interesado buscan lo suyo incluso en Dios. En cambio, los hijos de Dios hacen lo bueno por espontánea voluntad, y no buscan recompensa sino la gloria y la voluntad de Dios solamente, y están dispuestos a hacer lo bueno, incluso si (lo cual es imposible) no hubiese un reino ni un infierno.

Creo que esto se confirma debidamente en las palabras de Cristo que acabo de citar: «... Venid, benditos de mi Padre, heredad el reino preparado para vosotros desde la fundación del mundo» (Mat. 25:34). ¿Cómo merecerían aquello que es suyo y fue preparado antes de que existieran? Sería más acertado señalar que el reino de Dios nos merece a nosotros, sus poseedores, y así, colocar el mérito donde ellos colocan la recompensa, y la recompensa donde ellos colocan el mérito. Pues el reino no se merece, sino que ya fue preparado, y los hijos del reino son antes preparados para el reino, pero no merecen el reino por ellos mismos, es decir, el reino se merece a los hijos y no los hijos al reino. Así también el infierno más bien se merece y prepara a sus hijos, tal y como Cristo declaró: «... Apartaos de mí, malditos, al fuego eterno que ha sido preparado para el diablo y sus ángeles» (Mat. 25:41).

Sección 71—Sin embargo, la Diatriba señala: «¿A qué se refieren entonces las palabras de las Escrituras que prometen el reino y las que amenazan con el infierno? ¿Por qué se repite tan a menudo la palabra recompensa en las Escrituras: "Tendréis recompensa", "ya han recibido su recompensa", "tu recompensa será muy grande"? Y en Romanos 2:6-7 cuando Pablo declaró: "el cual pagará a cada uno conforme a sus obras: a los que por la perseverancia en hacer el bien buscan gloria, honor e inmortalidad, vida eterna", y muchas otras expresiones de la misma índole?».

Mi respuesta es: en todos estos pasajes se prueba nada más la consecuencia de la recompensa, pero de ningún modo la dignidad del mérito, ya que aquellos que hacen lo bueno, no lo hacen con un ánimo servil o interesado para obtener la vida eterna, sino que buscan la vida eterna, es decir, están en el camino en que alcanzarán y encontrarán la vida eterna. De modo que, buscar es esforzarse con ganas, y dedicarse con incesante diligencia, en aquello que siempre lleva a la vida eterna. Y las Escrituras declaran a los hombres estas cosas (la recompensa o el castigo) que seguirán y tendrán lugar tras una buena o mala vida para que sean instruidos, exhortados, animados y aterrados. Pues así como «... por medio de la ley viene el conocimiento del pecado» (Rom. 3:20) y se nos exhorta sobre nuestra impotencia, y a partir de eso no podemos deducir que somos capaces de hacer algo, así, mediante estas promesas y amenazas se nos advierte y se nos enseña qué seguirá al pecado y la ley da a conocer esa impotencia o incapacidad, pero no hay algo de dignidad en estas promesas y amenazas que se atribuya a nuestro mérito.

Entonces, así como las palabras de la ley son para instruir e iluminar, para enseñarnos lo que debemos hacer, y también lo que no somos capaces de hacer, así las palabras de la recompensa, aunque se refieren a lo que ha de venir, son para exhortar y amenazar, y con ellas al justo se le anima, se le consuela, se le alienta a seguir adelante, a perseverar y a vencer, de modo que no se canse o se desanime ya sea al hacer lo bueno o al soportar lo malo, como Pablo exhortó a los corintios: «Por tanto, mis amados hermanos, estad firmes, constantes, abundando siempre en la obra del Señor, sabiendo que vuestro trabajo en el Señor no es en vano» (1 Cor. 15:58). Así también Dios levantó a Abraham al asegurarle: «... No temas, Abram, yo soy un escudo para ti; tu recompensa será muy grande» (Gén. 15:1). Del mismo modo que consolarías a alguien, dándole a entender que sus obras ciertamente complacen a Dios, un tipo de consolación que usa a menudo la Escritura, la cual es una consolación nada pequeña que alguien sepa que complace a Dios, aun cuando no siguiera una buena consecuencia, si bien esto le parecería imposible.

Sección 72—A este punto se refieren aquellas palabras que hablan sobre la esperanza y la expectación, es decir, que aquellas cosas que esperamos sin duda ocurrirán. Pues los piadosos no esperan a causa de estas palabras, ni esperan tales cosas porque tienen en ellas su esperanza. Así también los impíos mediante las palabras de amenaza y de un juicio futuro, son aterrados y derribados para que se aparten de hacer lo malo y se abstengan de ello, y no se vuelvan orgullosos, se sientan seguros y se endurezcan en sus pecados.

Pero si la razón con aire de desdén dijera: ¿Por qué querría Dios que estas cosas se hicieran mediante Sus palabras, si con ellas nada se lleva a cabo, y si la voluntad no puede voltearse ni hacia lo bueno ni hacia lo malo? ¿Por qué Dios no hace lo que hace sin la Palabra, cuando puede hacerlo todo sin la Palabra? Pues la voluntad no tiene más poder y no hace más con la Palabra si el Espíritu no provoca internamente el querer, ni tiene menos poder, ni hace menos sin la Palabra si el Espíritu está presente, ya que todo depende del poder y la obra del Espíritu Santo.

Así respondo: así le complace a Dios: no darnos el Espíritu sin la Palabra, sino por medio de la Palabra, de modo que pueda tenernos como Sus colaboradores, en tanto que nosotros proclamamos la Palabra al exterior lo que Él obra a través del aliento de Su Espíritu al interior, dondequiera que a Él le plazca, lo cual, no obstante, podría hacer sin la Palabra, pero tal cosa no es Su voluntad. Y ¿quiénes somos nosotros para indagar las razones de la voluntad divina? Es suficiente que sepamos que esa es la voluntad de Dios, y nos haga, al controlar la osadía de la razón, reverenciar, amar y adorar esa voluntad. A mi modo de ver, Cristo (Mat. 11:25-26) no da ninguna otra razón por la cual el evangelio está oculto de los sabios y revelado a los niños, que esta: ¡Así le complació al Padre! Además, Él podría alimentarnos sin pan, y sin duda da el poder que nos alimenta sin pan, como Cristo indicó en Mateo 4:4: «... No solo de pan vivirá el hombre, sino de toda palabra que sale de la boca de Dios», y al mismo tiempo, le ha complacido alimentarnos por medio de Su Espíritu en lo interior, por medio del pan, es decir la palabra, y en lugar del pan que se usa para alimentar en lo exterior.

Por ello, ¡es innegable que el mérito no puede probarse a partir de la recompensa, al menos desde las Escrituras; y que, además el «libre albedrío» no puede probarse a partir del mérito, mucho menos la existencia de un «libre albedrío» como la Diatriba se propuso probar, es decir, uno que 'no puede por sí mismo querer lo bueno'! Pues, aunque admitas la existencia de un mérito y añadas a esto aquellas similitudes y conclusiones de la razón, como: 'se le dan mandamientos (a un albedrío que no es libre) en vano', 'la recompensa que se promete es en vano', 'las amenazas que se anuncian son en vano'. Con todas estas expresiones lo único que se prueba es esto: que el «libre albedrío» puede por sí solo hacerlo todo. Pues si no puede por sí solo hacerlo todo, todavía persiste esa conclusión de la razón, es decir, que los preceptos o mandamientos se dan en vano, las recompensas se prometen en vano y las amenazas se anuncian en vano.

Así pues, la Diatriba eternamente discute contra sí misma, como intenta hacerlo contra mí. Porque solo Dios por medio de Su Espíritu obra en nosotros tanto el mérito como la recompensa, si bien los da a conocer y los declara al mundo entero por medio de Su Palabra externa, con objeto de que tanto Su poder y Su gloria, así como nuestra impotencia y vileza sean proclamados entre los impíos, los incrédulos y los ignorantes, aunque solo aquellos que temen a Dios reciben estas cosas en sus corazones, y las atesoran con fidelidad, pero el resto las desprecia.

Sección 73—Sería demasiado tedioso repetir cada pasaje en modo imperativo del Nuevo Testamento que enumera la Diatriba, a lo cual agrega siempre sus propias conclusiones y argumenta que si la voluntad no es libre, aquello que se dice es 'en vano', 'superfluo', 'inútil', 'ridículo' y 'nada en absoluto'. Como ya lo he repetido, incluso hasta el fastidio, que nada se logra con tales argumentos, y si se prueba algo, se prueba la totalidad del «libre albedrío». Y esto no es otra cosa que destruir la Diatriba por completo, ya que, se propuso probar un «libre albedrío» que no puede por sí solo hacer lo bueno, sino que sirve al pecado, pero en completo olvido e ignorancia de sí misma solo probó un «libre albedrío» que puede hacerlo todo.

Son meras elucubraciones cuando la Diatriba hace estos comentarios: «*Por sus frutos los conoceréis...* (Mat. 7:16,20). A los frutos los llama obras y a estas las llama nuestras, pero ellas no son obras nuestras si todo es hecho por necesidad».

Pero dime, ¿acaso no llamamos con justa razón *obras nuestras* a las que, en realidad, no hicimos nosotros mismos, pero que recibimos de otros? ¿Por qué no deberían llamarse *obras nuestras*, a las que Dios nos ha dado por medio de Su Espíritu? Entonces

¿quizás no deberíamos llamar a Cristo *nuestro*, porque no lo hicimos, sino solo lo recibimos? Repito: si hicimos todo aquello que llamamos *nuestro*, entonces nosotros hicimos nuestros ojos, nuestras manos, nuestros pies; ¡a menos que quieras decir que nuestros ojos, nuestras manos y nuestros pies no deban llamarse *nuestros*! Es más, «… ¿Qué tienes que no recibiste?», pregunta Pablo (1 Cor. 4:7). ¿Deberíamos entonces afirmar que estos miembros son nuestros, o de no ser así que los hicimos nosotros mismos? Pero consideremos que los llamamos nuestros frutos porque los hicimos, ¿dónde quedan la gracia y el Espíritu? Pues Cristo no afirma: «Por sus frutos, que son suyos en una pequeña parte, los conoceréis». Esta elucubración es más bien ridícula, superflua, inútil, absurda y detestable, con la cual se deshonran y profanan las santas palabras de Dios.

Asimismo, se trata con ligereza lo que Cristo expresó en la cruz: «… Padre, perdónalos, porque no saben lo que hacen…» (Luc. 23:34). Donde podría esperarse alguna aserción que favoreciera el «libre albedrío», la Diatriba vuelve a recurrir a sus conclusiones. «Con cuánta más razón —afirma la Diatriba— Cristo los habría excusado al argumentar que no tenían una voluntad libre, ni tampoco podrían haber actuado de otra manera, aunque hubiesen querido».

¡No! Tampoco se prueba mediante esta conclusión que el «libre albedrío» (del cual estamos discutiendo) no puede querer algo bueno, sino que se prueba que puede hacerlo todo (del cual nadie discute, a excepción de los pelagianos).

En este caso, cuando Cristo abiertamente expresa: «no saben lo que hacen», ¿no afirma Cristo que ellos no podían querer lo bueno? Pues ¿cómo puedes querer aquello que no conoces? ¡Sin duda, no puedes desear aquello que ignoras! ¿Qué podría

ser más contundente contra el «libre albedrío» que esto: no
hay tal cosa que no solo no puede querer lo bueno, sino que
no puede ni siquiera saber qué mal hace y qué bien hace? ¿Hay
acaso alguna ambigüedad al afirmar que «no saben lo que
hacen»? ¿Qué queda en las Escrituras que no pueda apoyar al
«libre albedrío», puesto que según la Diatriba estas palabras
de Cristo lo confirman, aunque ellas clara y directamente
expresan lo contrario? Con el mismo descaro cualquiera podría
afirmar que estas palabras favorecen el *libre albedrío*: «Y la tierra
estaba sin orden y vacía...» (Gén. 1:2). O estas otras: «... y
reposó en el día séptimo...» (Gén. 2:2), o pasajes de la misma
índole. Entonces, sin duda, las Escrituras resultarían oscuras y
ambiguas, es más, serían absolutamente nada. Pero atreverse
a usar las Escrituras en esta forma confirma un espíritu que
desprecia tanto a Dios como al hombre y que no merece
paciencia alguna.

Sección 74—En cuanto a las palabras de Juan: «... les dio
el derecho de llegar a ser hijos de Dios», la Diatriba las recibe
así: «¿Cómo se les da el derecho de ser hijos de Dios si no hay
libertad en nuestra voluntad?».

También estas palabras son como un golpe de martillo que
aplasta al «libre albedrío», como lo es casi todo el Evangelio
de Juan, y no obstante, se cita para respaldarlo. Consideremos
estas palabras. Juan no habla sobre ninguna obra hecha por el
hombre, ya sea grande o pequeña sino sobre la renovación y
la transformación del viejo hombre que es un hijo del diablo
en el nuevo hombre que es un hijo de Dios. Este hombre es
meramente pasivo (como se usa el término), no hace ninguna
obra, sino que es enteramente hecho. Entonces, Juan habla de
ser hecho, pues afirma que somos hechos hijos de Dios por el

poder que Dios nos da desde arriba, no por el poder del «libre albedrío» que nos es inherente.

En cambio, la Diatriba concluye que el «libre albedrío» tiene tal poder que nos hace hijos de Dios, o incluso está dispuesta a asegurar que la palabra de Juan es ridícula e ineficaz. Pero ¿quién jamás ensalzó al «libre albedrío» al punto de darle el poder de hacernos hijos de Dios, en particular un «libre albedrío» que ni siquiera puede querer lo bueno, como lo estableció la Diatriba? Que se vaya con el resto esta conclusión que se ha repetido tantas veces; con las cuales nada más se prueba, si acaso se prueba, es lo que la Diatriba niega, esto es que el «libre albedrío» puede hacerlo todo.

El significado del pasaje de Juan es este: que con la venida de Cristo al mundo por medio del evangelio, por el cual se ofrece la gracia y no se exigen obras, se dio a todos los hombres una plena oportunidad de llegar a ser hijos de Dios, si creyeren. Pero en cuanto a esta disposición y este creer en Su nombre, el «libre albedrío» ni pensó antes en ello, mucho menos podría hacerlo en su propio poder. Pues cómo podría la razón pensar que es necesario creer en Jesús como el Hijo de Dios y del hombre, si ni siquiera en este día podría recibirlo o creerlo, aunque toda la creación lo clamara a gritos: ¡hay cierta persona que es tanto Dios como hombre! Más bien se ofendería ante tal clamor, como lo declaró Pablo (1 Cor. 1:17-31) en que está lejos la ocasión en que pudiera o quisiera creerlo.

Por ello, lo que Juan predica no es el poder del «libre albedrío», sino las riquezas del reino de Dios que se ofrecen al mundo por medio del evangelio, e indica al mismo tiempo cuán pocos son los que lo reciben; es decir, debido a la oposición del «libre albedrío», cuyo poder consiste en que Satanás reina sobre él, lo hace rechazar la gracia y al Espíritu que cumple la ley. ¡Tan excelente es su 'esfuerzo' y 'deseo' por cumplir la ley!

En lo sucesivo mostraremos más a fondo qué rayo fulminante es este pasaje de Juan para el «libre albedrío». Aunque estoy un poco sorprendido de que pasajes que hablan tan clara y contundentemente contra el «libre albedrío» los cite la Diatriba para favorecerlo, cuya estupidez es tal que no distingue entre las promesas y las palabras de la ley, pues mediante las palabras de la ley y de la manera más extraña ha establecido la existencia de un «libre albedrío», y aun de la manera más absurda lo ha confirmado mediante las palabras de la promesa. Pero este absurdo se soluciona sin demora si se considera la indiferencia y el desprecio con que la Diatriba ha discutido este asunto: no le interesa con quiénes cae o se levanta la gracia, si el «libre albedrío» yace postrado o se sienta a sus anchas, pero si puede, mediante vanas palabras, ¡sirve a los tiranos y hace odiosa la causa!

Sección 75—Después de esto, la Diatriba llega también a Pablo, el enemigo más resuelto del «libre albedrío», e incluso es arrastrado para confirmarlo con el pasaje de Romanos 2:4: «¿O tienes en poco las riquezas de su bondad, tolerancia y paciencia, ignorando que la bondad de Dios te guía al arrepentimiento?». «¿Cómo —indica la Diatriba— puede imputarse al hombre el desprecio del mandamiento cuando no hay una voluntad libre? ¿Cómo puede invitar Dios al arrepentimiento, quien es el autor de la impenitencia? ¿Cómo puede ser justa la condenación, cuando el juez obliga a hacer lo malo?».

Respondo: que la Diatriba vea estas preguntas por sí sola. ¡No son cosa nuestra! La Diatriba afirmó según aquella 'opinión aceptable' 'que el *libre albedrío* no puede querer lo bueno, sino que sirve al pecado'. Entonces ¿cómo puede el desprecio del mandamiento imputarse a la voluntad, si esta no puede querer lo bueno y no tiene libertad, pero por necesidad es obligada a servir al pecado? ¿Cómo puede invitar Dios al arrepentimiento y a la vez causar que el hombre no pueda arrepentirse, si bien concede o no Su gracia a aquel que no puede por sí mismo querer lo bueno? ¿Cómo puede ser justa la condenación cuando el juez, al retirar su ayuda, obliga al impío a permanecer en su maldad, ya que no puede hacer lo contrario?

Todas estas conclusiones arremeten contra la Diatriba. O, si ellas prueban algo como lo he señalado) lo que prueban es que el «libre albedrío» puede hacerlo todo, lo cual, sin embargo, lo niegan todos y la misma Diatriba. Teniendo en cuenta todos los pasajes de la Escritura, la Diatriba se ve atormentada por estas conclusiones de la razón, ya que parece ridículo e inútil exigir con tal vehemencia, cuando no hay nadie que pueda cumplir. En cambio, la intención del apóstol es, por medio de aquellas amenazas, llevar al impío y al arrogante al conocimiento de sí mismo y de su impotencia, de modo que pueda prepararlo para la gracia al que así ha sido humillado por el conocimiento del pecado.

Y ¿qué necesidad hay de referirse a todos los pasajes citados de Pablo, ya que solo son una colección de pasajes en modo imperativo o subjuntivo, o de aquellos en los cuales Pablo exhorta a los cristianos a mostrar el fruto del Espíritu? Considerando que la Diatriba, después de agregar sus conclusiones, establece un poder del «libre albedrío», el cual es tal y tan grande que puede sin la presencia de la gracia hacer todo lo que prescribe Pablo en sus exhortaciones. Sin embargo, los cristianos no son inducidos a la acción por el «libre albedrío», sino por el Espíritu de Dios (Rom. 8:14). Y, ser inducido a la acción es tener un papel pasivo mientras que inducir a la acción es tener un papel activo, como una sierra y un hacha son impulsados por un carpintero.

Y para que nadie pueda dudar de si realmente Lutero afirmó cosas tan absurdas, la Diatriba cita las propias palabras de Lutero, que sin duda las reconozco. Pues confieso que ese artículo de Wycliffe: 'Todo es hecho por necesidad, es decir, por la inmutable voluntad de Dios, y, sin duda, a nuestra voluntad no se le obliga, sino que no puede por sí sola hacer lo bueno', por el cual fue condenado injustamente por el Concilio de Constanza, o más bien por esa confabulación o conciliábulo. Es más, la Diatriba se une conmigo para defender este artículo, al afirmar que 'el *libre albedrío* no puede por sí mismo querer algo bueno', y que, por necesidad sirve al pecado, aunque al argumentar (la Diatriba) su defensa deja demostrado lo contrario.

Baste lo que se ha explicado como respuesta a la primera parte de la Diatriba, en la que se ha esforzado en establecer que existe un «libre albedrío». Consideremos ahora la segunda parte en la cual se refutan nuestros argumentos, es decir, aquellos por los cuales se destruye al «libre albedrío». ¡En este caso verás lo que el humo del hombre puede hacer contra los rayos y truenos de Dios!

Discusión: segunda parte

Sección 76—La Diatriba, después de haber citado un sinfín de pasajes de las Escrituras, como si fuese un formidable ejército al servicio del «libre albedrío», con objeto de inspirar valor a los confesores y los mártires, y a los santos que lo favorecen, e infundir temor a todos los que lo niegan y a los que transgreden contra él, imagina para sí un reducido y despreciable número que se opone al «libre albedrío», y por eso presenta no más de dos textos de las Escrituras, que parecen ser más relevantes que el resto y que nos favorecen, con la sola intención de destruirlos sin mucho problema. Uno de los pasajes es Éxodo 9:13: «Y el Señor endureció el corazón de Faraón…». El otro es Malaquías 1:2-3: «… yo amé a Jacob, y aborrecí a Esaú…». Pablo explicó en sentido amplio ambos pasajes en Romanos 9:11-17. Sin embargo, según la opinión de la Diatriba, ¡en qué detestable e inútil discusión se aventuró Pablo! De modo que, si el Espíritu Santo no supiese un poco de retórica, habría cierto peligro, por miedo a ser despedazado

frente a semejante demostración de desprecio, que se desalentara de su causa y se rindiera ante el «libre albedrío» antes del sonido de la trompeta para la batalla. Sin embargo, yo, como un recluta a la retaguardia, mostraré con estos dos textos el poder de nuestro ejército. Aunque no hay necesidad de este cuando el estado de la batalla es tal que un solo soldado pone en fuga a 10 000. Por lo tanto, si un solo texto derrotó al «libre albedrío», de nada aprovechará un numeroso ejército.

Sección 77—Entonces, en esta parte de la discusión, la Diatriba ha descubierto una nueva manera de eludir los pasajes más claros, es decir, dispone que en los pasajes más claros y simples haya un tropo.[1] Y como antes, al defender el «libre albedrío», eludió todas las oraciones en modo imperativo y condicional de la ley por medio de conclusiones y semejanzas que les añadió, entonces, al pretender atacarnos tuerce todas las palabras de las promesas y las declaraciones divinas según le convenga al recurrir a un tropo inventado, por ello ¡surge un incomprensible Proteo por todas partes! Es más, demanda con arrogancia que permitamos esto, ya que afirma que nosotros mismos, cuando se nos presiona, recurrimos a tropos inventados; como en los siguientes ejemplos: «… extiende tu mano…» (Ex. 8:5) *sobre lo que quieras*, es decir, la gracia extenderá tu mano sobre lo que ella quiere. «… haceos un corazón nuevo» (Ezeq. 18:31), es decir, la gracia os hará un nuevo corazón, y otros ejemplos similares. Por eso, parece ser una afrenta que Lutero se permitiera dar una interpretación

---

1. Es una figura del lenguaje que emplea una palabra en sentido distinto del que propiamente le corresponde, pero que tiene con este alguna conexión, correspondencia o semejanza. Ejemplos de tropos: la metáfora, la metonimia, la alegoría, la hipérbole y la sinécdoque.

tan forzada y torcida, y no aceptara seguir las interpretaciones de los más acreditados doctores.

Entonces, comprendes que la disputa no es por el texto mismo, no, ni siquiera por las conclusiones y las semejanzas, sino por tropos e interpretaciones. ¿Alguna vez tendremos un texto sencillo sin tropos y sin conclusiones, ya fuese a favor o en contra del «libre albedrío»? ¿Acaso las Escrituras no tienen en su haber tales textos? ¿Y será que la causa del «libre albedrío» permanecerá para siempre en la duda, como una caña agitada por el viento, ya que no se puede apoyar en ningún texto, sino que se sostiene solo sobre conclusiones y tropos que presentan hombres que están en desacuerdo entre sí?

Sin embargo, nuestra opinión, más bien, es que no debe admitirse ninguna conclusión ni tropo en las Escrituras, a menos que haya una discrepancia evidente en aspectos particulares o un absurdo en algún aspecto que vaya en contra de un artículo de la fe. En cambio, debe respetarse el significado llano, puro y natural de las palabras, conforme a las reglas de la gramática y al uso común del idioma que Dios ha dado a los hombres. Pues si a cada uno se le permitiera, según su deseo, inventar conclusiones y tropos en las Escrituras, ¿qué serían ellas sino una caña agitada por el viento, o una clase de Vertumno? Entonces, en verdad, nada podría determinarse con certeza o probarse en cuanto a ningún artículo de la fe, pues no podrías objetar ningún tropo. Sin embargo, debe evitarse todo tropo, como se evitaría el veneno más letal, el cual no exijan las mismas Escrituras.

Reflexiona en lo que le pasó al inventor de tropos, Orígenes, en su exposición de las Escrituras. Le dio motivos precisos a Porfirio para calumniarlo al afirmar que 'aquellos que apoyaran

a Orígenes, no podían ser grandes amigos de Jerónimo'.
¿Qué les sucedió a los arrianos con aquel tropo, según el cual,
hicieron a Cristo un Dios solo de nombre? ¿Qué les sucedió en
nuestros propios tiempos a aquellos nuevos profetas respecto
a las palabras de Cristo: «Esto es mi cuerpo»? Uno inventó un
tropo con la palabra «esto», otro con la palabra «es» y otro con
la palabra «cuerpo». Yo he observado que todas las herejías
y errores en las Escrituras no surgen de la sencillez de las
palabras, como se afirma en todo el mundo, sino de hombres
que no prestan atención a la sencillez de las palabras, y urden
tropos y conclusiones sin mucho fundamento.

Por ejemplo: «... extiende tu mano...» (Ex. 8:5) *sobre
lo que quieras*. Hasta donde puedo recordar, nunca di una
interpretación tan forzada como para afirmar que 'la gracia
extenderá tu mano sobre lo que ella quiere'. Luego, el
«... haceos un corazón nuevo» (Ezeq. 18:31) tampoco lo
interpreté como para afirmar que la gracia os hará un nuevo
corazón, y otros ejemplos similares. Aunque la Diatriba me
difama así públicamente, ella se dejó llevar por sus propios
tropos y conclusiones, de modo que ya no sabe lo que dice
sobre nada. Sin embargo, lo que afirmé fue que las palabras
«extiende tu mano» deben tomarse como son, sin tropos o
conclusiones y se refieren nada más a que lo que se exige de
nosotros es extender nuestra mano, y se nos indica lo que
debemos hacer, esto según la naturaleza de una expresión
imperativa entre los gramáticos y el uso común del idioma.

Sin embargo, la Diatriba, al no prestar atención a la sencillez
de la palabra, y de manera forzada cita conclusiones y tropos,
interpreta las palabras así: «extiende tu mano» se refiere a que
eres capaz en tus propias fuerzas de extender tu mano. Las

palabras «haceos un corazón nuevo» se refieren a que eres capaz de hacer un nuevo corazón. «Cree en Cristo» se refiere a que eres capaz de creer en Cristo. De modo que, lo que está escrito en modo imperativo es lo mismo que está escrito en modo indicativo; o de otro modo la Diatriba está preparada a asegurar que las Escrituras son ridículas y sin propósito. Y esas interpretaciones, las cuales ningún gramático toleraría, entre los teólogos no deben llamarse forzadas o inventadas, sino que son las fabricaciones de los más acreditados doctores de muchos siglos.

Sin embargo, la Diatriba se siente cómoda en admitir y deducir tropos en esta parte de la discusión, ya que, no le preocupa que sea cierto o incierto lo que se afirma. Es más, pretende hacerlo todo incierto, pues su intención es que las doctrinas sobre el «libre albedrío» se queden como están en lugar de examinarlas. Por ello, es suficiente para ella evitar de cualquier manera aquellos pasajes que la han puesto en apuros.

En cuanto a mí, que considero esta causa con seriedad, que investigo de qué se trata para encontrar la verdad, con el fin de asentar las conciencias, debo proceder de manera muy distinta. Para mí, no es suficiente que digas que puede haber un tropo en ese pasaje, sino que debo investigar si debe o puede haber uno. Pues si no puedes demostrar que debe haber, por necesidad, un tropo en ese pasaje, no habrás logrado absolutamente nada. Así vemos la Palabra de Dios que dice: «… yo endureceré su corazón [el de faraón]…» (Ex. 4:21; Rom. 9:17-18). Si afirmas que puede o debe entenderse así: *Yo permitiré que sea endurecido.* Sin duda, te oigo que puede entenderse así. Y oigo que todos usan este tropo cuando dicen: 'Te destruí porque no te corregí en cuanto empezaste a hacer lo malo'. Pero en este caso, no hay lugar para esta interpretación. Aquí no se pregunta si ese tropo está en uso, tampoco si alguien puede usarlo en ese pasaje de Pablo, antes bien se pregunta si hay evidencia y seguridad de que se haya aplicado correctamente, y si Pablo lo habría usado así. Entonces no investigamos el uso de un lector ajeno a este pasaje, sino el uso del mismo autor, Pablo.

¿Qué harás con una conciencia que te plantea esto? he aquí, Dios, como el autor, afirma: «endureceré el corazón de faraón», el significado de la palabra endurecer es llano y bien conocido. Sin embargo, un hombre, que lee este pasaje, me dice que, en este lugar, «endurecer» se refiere a 'dar motivo para ser endurecido' porque el pecador no es corregido de inmediato. ¿Con qué autoridad hace esto? ¿Con qué intención, o necesidad, se tuerce así el significado natural de este pasaje? Y si tanto el lector como el intérprete están errados, ¿cómo se probará que tal giro deba dársele a este pasaje? Es peligroso e irreverente torcer de esta manera la Palabra de Dios, sin necesidad y sin autoridad. ¿Consolarías a una pobre alma en apuros de esta manera?: así pensaba Orígenes. Deja de investigar sobre estas cosas, porque son superfluas y curiosas. Pero ella te respondería que esta amonestación debería haberse dado a Moisés y a Pablo antes de que escribieran, y así a Dios mismo, pues nos angustian con estas Escrituras superfluas y que despiertan nuestra curiosidad.

Sección 78—Por eso, no le aprovecha para nada a la Diatriba esta despreciable argucia de los tropos. Aunque a este Proteo nuestro hay que sujetarlo firmemente y obligarlo a que nos responda sobre el tropo en este pasaje mediante textos de las Escrituras absolutamente claros o mediante milagros absolutamente evidentes. Porque si solo es su mera opinión, aunque la respalden los eruditos de todos los siglos, no le damos ningún crédito, sino que seguimos exigiendo y presionando, que aquí no puede haber ningún tropo, sino que la Palabra de Dios debe entenderse según el sentido llano de las palabras. Pues no nos compete (como la Diatriba trata de persuadirse a sí misma) torcer las palabras de Dios según nuestro propio deseo, ya que, si ese fuese el caso, ¿qué hay en toda la Escritura que no pueda entenderse según la filosofía de Anaxágoras, quien afirmo 'que cualquier cosa es hecha de cualquier cosa'? Y por consiguiente yo podría indicar que la declaración «creó Dios los cielos y la tierra» se refiere a que Él los colocó en su debido lugar, pero no los creó de la nada. O, «Él creó los cielos y la tierra» se refiere a los ángeles y los demonios, o a los justos y los impíos. Pregunto, si ese fuese el caso, ¿quién no se convertiría en un teólogo con solo abrir la Biblia?

Por lo tanto, es un punto resuelto y aceptado que la Diatriba no puede probar que hay un tropo en estos textos que presentamos, los cuales trató de deformar, está obligada a admitir que las palabras deben entenderse según su sentido llano, aun cuando debería probar que el mismo tropo se usa en otros textos de las Escrituras y en el uso común del idioma. Y al ganar en este punto, todos nuestros argumentos quedan corroborados al mismo tiempo, los cuales la Diatriba intentó refutar, y por eso, su refutación no logra nada, no hace nada y no es nada.

Entonces, siempre que este pasaje de Moisés «yo endureceré su corazón [el de faraón]» se interprete así: *Mi longanimidad, por la cual tolero al pecador, lleva, sin duda, a otros al arrepentimiento, pero a faraón lo endurece más en su maldad*; se habrá hecho una bella interpretación, pero no se prueba que deba interpretarse así. Sin embargo, no estoy contento con lo que se ha dicho, debo tener pruebas de ello.

Y este otro pasaje de Pablo: «Así que del que quiere tiene misericordia, y al que quiere endurece» (Rom. 9:18) es razonable interpretarlo así: que Dios endurece al no castigar de inmediato al pecador, y tiene misericordia cuando lo invita de inmediato al arrepentimiento por medio de las aflicciones. Pero ¿cómo se prueba esta interpretación?

También el pasaje de Isaías 63:17: «¿Por qué, oh Señor, nos haces desviar de tus caminos, y endureciste nuestro corazón a tu temor?». Jerónimo lo interpreta así a partir de Orígenes: se dice que Él 'desvía' a quien no desiste de inmediato de su error. Pero ¿quién nos asegura que Jerónimo y Orígenes interpretaron correctamente? Por lo tanto, he resuelto no argumentar sobre la autoridad de cualquier maestro, sino solo sobre la autoridad de las Escrituras. Entonces, ¡lo que hace la Diatriba es olvidar esa resolución y nos presenta a Orígenes y a Jerónimo! en particular cuando, entre los escritores eclesiásticos, prácticamente no hay quienes manejen las Escrituras de forma más incompetente y hasta el absurdo como Orígenes y Jerónimo.

En resumen: esta libertad en la interpretación mediante una novedosa e insólita clase de gramática parece confundirlo todo. De modo que, cuando Dios afirma: «endureceré el corazón de faraón», debes cambiar a las personas y entenderlo así: faraón se endurece a sí mismo a causa de mi longanimidad. *Dios endurece nuestros corazones* se refiere a que nosotros mismos nos endurecemos por el retraso de Dios en el castigo. *Oh Señor, nos haces desviar de tus caminos* se refiere a que nosotros mismos nos hemos desviado al no castigarnos (el Señor). Así también, *Dios tiene misericordia* ya no se refiere a que Él concede Su gracia, o muestre misericordia, o perdone el pecado, o justifique, o libere del mal, sino, en cambio se refiere a que Dios causa el mal y el castigo.

En realidad, con estos tropos llegarás a afirmar que Dios tuvo misericordia para con los hijos de Israel al enviarlos a Asiria y Babilonia, porque allí castigó a los pecadores y así los invitó por medio de las aflicciones al arrepentimiento. En cambio, cuando los liberó y los trajo de nuevo a la tierra, ya no tuvo misericordia para con ellos, sino que los endureció, es decir que por Su longanimidad y misericordia les dio el motivo para endurecerse. Además, que Dios enviase al mundo a Cristo como Salvador, no se dirá que fue un acto de misericordia sino de endurecimiento de Dios, ya que, por Su misericordia, Él les dio el motivo a los hombres para endurecerse a sí mismos. En cambio, cuando destruyó Jerusalén y dispersó a los judíos incluso hasta este día, fue un acto de misericordia para con ellos, ya que, castigó a los pecadores y los invitó al arrepentimiento. Además, cuando arrebate a los santos al cielo en el día del juicio, no será un acto de misericordia, sino de endurecimiento, ya que, por Su longanimidad les dará el motivo para abusar de esta. Pero al arrojar al impío al infierno, lo hará por misericordia, ya que, Él castiga a los pecadores. Pregunto ¿quién jamás escuchó semejantes ejemplos como estos de la misericordia y la ira de Dios? Y así es, que los buenos hombres se hacen mejores tanto por la longanimidad como por la severidad de Dios. Sin embargo, cuando hablamos de manera confusa sobre los buenos y los malos, estos tropos, por una total tergiversación del uso común del idioma, convertirán la misericordia en ira, y a la ira en misericordia, ya que, llaman ira de Dios cuando trae bienes, y misericordia cuando trae aflicción.

Asimismo, si Dios endurece cuando derrama bendiciones y es tolerante con longanimidad, y luego tiene misericordia cuando aflige y castiga, ¿por qué se dice específicamente que Dios endureció a faraón y no a los hijos de Israel o al mundo entero? ¿No colmó de bienes a los hijos de Israel? ¿No colma de bienes al mundo entero? ¿Acaso no tolera al impío? ¿Acaso no hace llover sobre justos e injustos? ¿Por qué se dice que tuvo misericordia de los hijos de Israel y no de faraón? ¿No afligió a los hijos de Israel en Egipto y en el desierto? Reconozco que algunos abusan de la bondad y la ira de Dios, y que otros las usan debidamente. Sin embargo, según tu definición, endurecer es lo mismo que ser indulgente con el impío por causa de la longanimidad y la bondad de Dios; y tener misericordia es dejar a un lado la indulgencia y más bien visitar y castigar. Por eso, con referencia a Dios, Él, por Su eterna bondad no hace otra cosa sino endurecer; y por Su eterno castigo no hace otra cosa sino que mostrar misericordia.

Sección 79—Pero esta es la declaración más excelente de todas: 'se dice que Dios endurece al ser indulgente con los pecadores a causa de Su longanimidad; pero tiene misericordia de ellos al visitarlos y afligirlos, y así, al mostrar severidad los invita al arrepentimiento'.

Pregunto, ¿qué dejó Dios sin hacer cuando afligió, castigó y llamó a faraón al arrepentimiento? ¿Acaso no hay diez plagas registradas en Sus tratos con faraón? Por lo tanto, si tu definición es válida, a saber, que mostrar misericordia es castigar al pecador y llamarlo al arrepentimiento, ¡sin duda,

Dios tuvo misericordia de faraón! Entonces ¿por qué Dios no dice que tuvo misericordia de faraón?, y más bien dice: «endureceré el corazón de faraón»? Pues, en el mismo acto de tenerle misericordia, es decir, (como afirmas) al afligirlo y castigarlo, Él dice: «yo endureceré» se refiere, como afirmas, a que Dios lo tolerará y le hará bien. ¡Habrase escuchado mayor atrocidad! ¿Dónde están tus nuevos tropos? ¿Dónde están tus Orígenes? ¿Dónde están tus Jerónimos? ¿Dónde están todos tus maestros acreditados a quienes una mísera criatura, Lutero, se atreve a contradecir? Pero si seguimos así, ¡la carne inadvertidamente impulsa al hombre a hablar y trata a la ligera las palabras de Dios y no cree en su importancia solemne!

Por ello, el mismo texto de Moisés de manera irrefutable prueba que aquellos tropos son puras invenciones y carecen de valor. Además, prueba que con las palabras «endureceré el corazón de faraón», se expresa algo muy diferente y de mayor importancia que hacer el bien, afligir y castigar, ya que, no podemos negar que ambos (hacerle bien y castigar) se aplicaron a faraón con el mayor cuidado y preocupación. Pues ¿qué ira y castigo podían ser más inmediatos que ser afectado por tantas maravillas y plagas, que, como Moisés mismo testificó, como nunca se había visto? Ante esto, incluso el mismo faraón, consternado, se conmovió por causa de ellas más de una vez, pero no se conmovió de la manera que se esperaba ni fue algo duradero. Y ¿qué longanimidad y bondad de Dios podrían ser mayores que quitar tan fácilmente las plagas, endurecer tantas veces su pecado, restablecer lo bueno y eliminar lo malo? No obstante, ¡nada tiene valor, si Él aún afirma: «endureceré el corazón de faraón»! Por lo tanto, aunque se admitieran tu endurecimiento y tu misericordia, es decir, tus interpretaciones

y tus tropos en toda su extensión, queda en el caso de faraón
la cuestión del endurecimiento, y ese endurecimiento del cual
habla Moisés forzosamente es distinto del que tú sueñas.

Sección 80—Pero ya que luchamos con forjadores de
ficciones y de fantasmas, me convertiré también en un
fantasma. Supongamos (lo cual es imposible) que el tropo
con que sueña la Diatriba tiene validez en este pasaje para ver
por dónde se escapará y así no verse obligada a declarar que
todo ocurre por la sola voluntad de Dios, y por necesidad en
nosotros, y cómo absolverá a Dios de ser el autor y causa de que
lleguemos a endurecernos. Si es verdad que Dios «endurece»
cuando nos tolera a causa de Su longanimidad y no castiga de
inmediato, entonces ambas afirmaciones permanecen firmes.

Primero, que el hombre, pese a todo, por necesidad sirve
al pecado. Pues cuando se admite que el «libre albedrío» no
puede querer algo bueno, (como intentó probarlo la Diatriba)
entonces, a causa de la bondad y longanimidad de Dios, no
llega a ser nada mejor, sino algo peor por necesidad. Por lo
cual, permanece la cuestión de que todo lo que hacemos, es
hecho por necesidad.

Segundo, que cuando Dios endurece es porque así lo quiere
en Su voluntad inescrutable, al igual que es predicado, y parece
que Su crueldad es igual que Su tolerancia para con nosotros
a causa de Su longanimidad. Pues cuando Dios ve que el «libre
albedrío» no puede querer lo bueno, sino que empeora por
Su tolerancia con longanimidad, por esta misma longanimidad
pareciera que fuera sumamente cruel y da la impresión de
deleitarse en nuestras miserias, ya que, Él podría remediarlas si
quisiera, y quizás no las toleraría con longanimidad si quisiera.
Es más, no podría tolerarlas a menos que quisiera. Pues ¿quién

puede obligar a Dios contra Su voluntad? Por lo tanto, si se admite esa voluntad sin la cual nada es hecho, y también se admite que el «libre albedrío» no puede querer algo bueno, todo lo que se ha dicho es en vano, ya sea al eximir a Dios o al acusar al «libre albedrío». Pues el lenguaje del «libre albedrío» es siempre este: no puedo y Dios no quiere. ¡Qué puedo hacer! Si Dios tiene misericordia de mí a causa de la aflicción, pero no me beneficio en nada, sino que forzosamente empeoraré, a menos que me dé Su Espíritu. Pero no me lo da, aunque quizás me lo dé si quisiera. Por eso, es seguro, que Su voluntad es no dármelo.

Sección 81—Tampoco las semejanzas que se citan sirven cuando la Diatriba declaró: «Al igual que bajo el sol, el lodo se endurece y la cera se derrite, y al igual que bajo la misma lluvia, el terreno cultivado produce frutos y el terreno baldío produce espinos, así por la misma longanimidad de Dios, algunos se endurecen y otros se convierten».

Pues, no dividimos el «libre albedrío» en dos distintas naturalezas, de modo que una sería como el lodo y la otra como la cera; o una como el terreno cultivado y la otra como el terreno baldío. Sin embargo, hablamos de una sola naturaleza en todos los hombres, la cual es igualmente impotente, que no puede querer lo bueno, que no es más que lodo, que no es más que tierra no cultivada. Tampoco indicó Pablo que Dios, como el alfarero, hace de diferentes tipos de barro un vaso para uso honorable y otro para uso ordinario, sino que señaló: «… de la misma masa…» (Rom. 9:21). Por lo tanto, como el lodo se hace más duro y el terreno baldío más espinoso, así el «libre albedrío» siempre empeora, tanto por la benignidad del sol que endurece como por el fuerte aguacero que ablanda.

Por ello, si el «libre albedrío» es uno y de la misma naturaleza e impotencia en todos los hombres, no se puede dar ninguna razón por la cual uno alcanza la gracia y otro no, si no se predica otra cosa que la bondad de un Dios que tolera pacientemente y el castigo de un Dios que muestra misericordia. Pues se admite que ese «libre albedrío» que ha sido puesto en todos, tiene la misma definición, es decir, 'que no puede querer lo bueno'. Y sin duda, si no fuese así, Dios no podría elegir a nadie, ni habría espacio para la elección, sino solo quedaría la libertad del albedrío para escoger o rechazar la longanimidad y la ira de Dios. Y si a Dios se le privara de Su poder y sabiduría para elegir, ¡qué voluntad quedaría sino aquella de la diosa Fortuna, bajo cuyo nombre todo ocurre al azar! Es más, llegaremos a esto: que los hombres son salvos y condenados sin que Dios lo sepa, ya que no determinó por una elección quiénes han de ser salvos y quiénes han de ser condenados, sino habiendo puesto delante de todos los hombres Su bondad con que endurece y tolera con paciencia, y Su misericordia con que corrige y castiga, y los deja escoger por sí mismos si han de ser salvos o condenados, y Él, entre tanto, ¡debería haberse ido a una fiesta de los etíopes, como dijo Homero!

Es precisamente un Dios como este el que nos pinta Aristóteles, es decir, un Dios que duerme y permite que todos usen y abusen de Su longanimidad y castigo. Tampoco puede la razón, por sí misma, formarse otro juicio sobre Dios que el que la misma Diatriba enuncia aquí. Pues aquí ella misma ronca y mira con desprecio las cosas divinas, y así piensa respecto a Dios, que Él duerme y ronca en cuanto a aquellas también; un Dios que no hace uso de Su sabiduría, voluntad y presencia para escoger, separar e iluminar el entendimiento por medio de Su Espíritu, sino que dejó a los hombres la molesta y tediosa tarea de aceptar o rechazar Su longanimidad e ira. A esto concluimos, cuando intentamos mediante la razón humana limitar y disculpar a Dios, cuando no respetamos los secretos de Su majestad, sino que fisgoneamos en ellos, ¡al sumergirse en la gloria de ellos, pronunciamos en lugar de una excusa mil blasfemias! Y al olvidarnos de nuestra propia situación, hablamos como si estuviéramos locos en contra de Dios y de nosotros, mientras pretendemos que hablamos con gran sabiduría a favor de Dios y de nosotros.

Aquí puedes ver lo que ese tropo e interpretación de la Diatriba hacen de Dios. Y además cuán coherente es consigo misma, antes tenía una única y misma definición para el «libre albedrío». Ahora, en el curso de su argumentación, al olvidar su propia definición, hace a uno cultivado y al otro baldío, según la diversidad de las obras y las costumbres de los hombres, haciendo así dos diferentes «libres albedríos»; uno que no puede hacer lo bueno, y el otro que puede hacer lo bueno por sus propias fuerzas antes de recibir la gracia, si bien antes indicó que no podía en sus propias fuerzas querer algo bueno. De ahí que mientras no atribuyamos la voluntad y el poder de endurecer, mostrar misericordia y hacer todas las cosas a la sola voluntad de Dios, le atribuiremos el poder de hacer todas las cosas sin la intervención de la gracia al «libre albedrío», el cual hemos afirmado, es incapaz de hacer lo bueno sin la gracia.

Por lo tanto, las semejanzas del sol y la lluvia no tienen ningún objeto. El cristiano usaría mejor estas semejanzas si el sol y la lluvia representaran el evangelio, como lo hace el Salmo 19 y Hebreos 6:7, si el terreno cultivado representara a los elegidos, y el terreno baldío a los reprobados; los elegidos edificados y hechos mejores por la Palabra, los reprobados agraviados y hechos peores. O, si esta distinción no se hace, entonces, en cuanto el «libre albedrío» de por sí, es en todos los hombres terreno no cultivado y el reino de Satanás.

Sección 82—Ahora investiguemos las razones por las cuales se inventó este tropo para la interpretación de este texto. Afirma la Diatriba: «Parece absurdo que Dios, quien no solo es justo sino también bueno, haya endurecido el corazón de un hombre, a fin de manifestar Su propio poder por la iniquidad de ese hombre». Lo mismo ocurrió con Orígenes, quien expresó que el motivo para el endurecimiento lo dio Dios, pero toda la culpa cayó sobre faraón. Además, Orígenes hizo una observación sobre lo que el Señor dijo: «Para esto mismo te he levantado». Él no dijo (expresó Orígenes): «para esto mismo te he hecho». De otra manera, faraón no podría haber sido impío, si Dios lo hubiera hecho tal como uno que lo era, pues Dios contempló todas Sus obras y eran «buenas en gran manera», así opina la Diatriba.

Entonces, el supuesto absurdo es una de las causas principales por las cuales las palabras de Moisés y Pablo no se pueden tomar en su significado sencillo. Pero ¿contra qué artículo de la fe conspira ese absurdo?, o ¿quién se ofende con esto? Es la razón humana la que se ofende, a quien se le llama como juez de las palabras y las obras de Dios, pero la razón es ciega, sorda, impía y sacrílega en todo lo que atañe a Dios. Según el mismo argumento, negarás todos los artículos de la fe, porque, según las palabras del mismo Pablo, afirmar que *Dios es hombre, hijo de una virgen, crucificado y que está sentado a la diestra del Padre* es lo más absurdo de todo, es «… piedra de tropiezo para los judíos y necedad para los gentiles» (1 Cor. 1:23), y no solo afirmarlo sino también creerlo. Por ello, inventemos algunos tropos con los arrianos y declaremos que Cristo no es verdaderamente Dios. Inventemos algunos tropos con los maniqueos y declaremos que Cristo no es un verdadero hombre, sino un fantasma que pasa a través de una virgen, así como un reflejo de luz pasa a través del vidrio, que descendió y fue crucificado. ¡Sin duda, de esta manera procuraremos dar una excelente interpretación a las Escrituras!

Entonces, los tropos no sirven para nada, ni tampoco se puede evitar lo absurdo. Pues seguirá siendo absurdo (según el juicio de la razón) afirmar que Dios, quien es justo y bueno, exija del «libre albedrío» lo imposible y que si el «libre albedrío» no puede querer lo bueno y por necesidad sirve al pecado, ese pecado deba imputársele, y que además, si Dios no da el Espíritu, deba no obstante, actuar tan severa y despiadadamente en cuanto a endurecer o permitir ser endurecido. Estas cosas, indicará la razón, no son propias de un Dios bueno y misericordioso. Así, ellas superan su capacidad (de la razón); tampoco puede someterse a sí misma para creer y juzgar que el Dios que hace tales cosas es bueno; antes bien al dejar de lado la fe, ella quiere tocar, ver y comprender cómo Él puede ser bueno y no cruel. Pero la razón comprenderá eso cuando esto se diga de Dios: Él no endurece a nadie, no condena a nadie, sino que tiene misericordia de todos, salva a todos, y ha destruido por completo el infierno de manera que ya no hay un castigo futuro que temer. De este modo, la razón fanfarronea y se sostiene, al intentar absolver a Dios y defenderlo como justo y bueno.

Sin embargo, la fe y el Espíritu juzgan de otra manera, que creen que Dios es bueno, aunque condenara a todos los hombres. Y, ¿de qué aprovecha fatigarnos con todos estos razonamientos a fin de echarle la culpa del endurecimiento al «libre albedrío»? Que el libre albedrío en el mundo haga todo lo que pueda con todas sus fuerzas, y aun así, nunca producirá evidencia que demuestre que puede evitar ser endurecido si Dios no da Su Espíritu, o que merece misericordia si se deja a sus propias fuerzas. Y ¿a qué se refiere ser endurecido, o merecer ser endurecido, si el endurecimiento es por necesidad, mientras permanece en esa impotencia, en la cual, según el testimonio de la Diatriba, no puede querer lo bueno? Por lo tanto, como esos tropos no eliminan lo absurdo, y si lo removieren, mayores absurdos todavía se presentarían en su lugar, y todo se atribuye al «libre albedrío», ¡ocupémonos de la sencilla y pura Palabra de Dios y eliminemos semejantes tropos inútiles y seductores!

Sección 83—En cuanto al otro punto: 'que lo que Dios hizo es bueno en gran manera' y que Dios no dijo: «Para esto mismo te he hecho», sino: «Para esto mismo te he levantado».

En primer lugar, opino que este texto de Génesis 1, en cuanto a que las obras de Dios son buenas en gran manera, se dijo antes de la caída del hombre. Sin embargo, se registra inmediatamente después, en Génesis 3, cómo el hombre se hizo malo y Dios lo abandonó y lo dejó a su propia suerte. Y de este hombre corrupto, nacieron corruptos todos los demás, incluido faraón, como Pablo lo atestigua: «... y éramos por naturaleza hijos de ira, lo mismo que los demás» (Ef. 2:3). Por eso, Dios hizo a faraón impío, es decir, de simiente impía y corrupta, como lo afirma Proverbios 16:4: «Todas las cosas hechas por el Señor tienen su propio fin, aun el impío, para el día del mal»; es decir, no al crear el mal en ellos, sino al formarlos a partir de una simiente corrupta y gobernar sobre ellos. Por eso, no se puede concluir así: Dios hizo al hombre impío, por lo tanto, no es impío. Pues, ¿cómo no habría de ser impío el que procede de una simiente impía? Como lo declara el Salmo 51:5: «He aquí, yo nací en iniquidad, y en pecado me concibió mi madre». Al igual que Job 14:4: «¿Quién hará algo limpio de lo inmundo? ¡Nadie!». Pues, aunque Dios no creó el pecado, no cesa de formar y multiplicar esa naturaleza, la cual, sin el Espíritu, está contaminada por el pecado. Al igual que un carpintero hace estatuas de madera podrida, así es con la naturaleza de la cual son hechos los hombres: Dios crea y forma a los hombres de esa naturaleza. Repito, si entiendes las palabras: «Y he aquí que era bueno en gran manera», como una referencia a las obras de Dios después de la caída, te complacerá observar que esto fue dicho, no con referencia a nosotros, sino con referencia a Dios. Pues no dice que el hombre vio todo lo que Dios había hecho, y he aquí que era bueno en gran manera. Hay muchas cosas que le parecen buenas a Dios, y lo son en gran manera, pero a nosotros nos parecen malas, y lo son en gran manera. Así, las aflicciones, los males, los errores, el infierno y hasta las mejores obras de Dios son, a los ojos del mundo, muy malas e incluso condenables. ¿Qué es mejor que Cristo y el evangelio? Pero ¿qué aborrece más el mundo? Y por eso, las cosas que son buenas a los ojos de Dios y son malas a nuestros ojos, las conocen solo Dios y aquellos que ven con los ojos de Dios, es decir, los que tienen el Espíritu. Pero no es necesario argumentar a fondo en este lugar, baste la respuesta anterior.

Sección 84—En este caso, quizás se pregunte: ¿cómo puede afirmarse que Dios obra el mal en nosotros, así como se afirma que Dios nos endurece, nos entrega a nuestros propios deseos, nos provoca errar, etc.?

Sin duda, debemos contentarnos con la Palabra de Dios, y solo creer lo que ella declara, ya que las obras de Dios son indescriptibles. Sin embargo, conforme a la razón, es decir, la necedad humana, me comportaré como un tonto y estúpido, y trataré, mediante balbuceos, de producir algún efecto en ella.

Primero, tanto la razón como la Diatriba admiten que Dios hace todas las cosas en todos, y que, sin Él nada es hecho y nada es eficaz porque Él es omnipotente, y porque, por eso, todas las cosas corresponden a Su omnipotencia, como Pablo lo expresó en Efesios.

Ahora bien, Satanás y el hombre caído, abandonados por Dios, no pueden querer lo bueno, es decir, aquello que complace a Dios o que Dios quiere, sino que siempre ponen la mira en sus propios deseos, de modo que no son capaces de buscar sino lo suyo. Por ello, esta voluntad y naturaleza, apartadas de Dios, no pueden ser nada. Tampoco lo son Satanás y el hombre impío, ni la naturaleza y la voluntad que tienen, aunque sea una naturaleza corrupta y opuesta a Dios. Por lo tanto, ese remanente de la naturaleza en Satanás y el impío, de la cual hablamos, por ser una criatura y obra de Dios, no está menos sujeta a la omnipotencia y acción divinas que el resto de las criaturas y obras de Dios.

Puesto que Dios hace todas las cosas en todos, forzosamente hace todo en Satanás y el impío. Pero Él hace todo en ellos, así tal cual son en sí mismos y tal cual es el estado en que los encuentra, es decir, como ellos están en oposición a Dios y son malos, al ser arrastrados por la acción de la omnipotencia divina no pueden sino hacer lo malo y lo que es contrario a Dios. Así como ocurre con un jinete que cabalga sobre un caballo cojo de una o dos patas, el jinete cabalga sobre el caballo así tal cual está, es decir, el caballo camina mal. Pero ¿qué puede hacer el jinete? Él monta esta clase de caballo junto con caballos sanos, sin duda, a él le va mal y al resto le va bien, pero no puede ser de otra manera, a no ser que el caballo se cure.

En este caso, observas que cuando Dios obra en, y por medio de los malos, se manifiesta el mal mismo; sin embargo, Dios no puede hacer lo malo, aunque haga lo malo por medio de los hombres malos, porque siendo bueno, Él mismo no puede hacer lo malo; pero usa a los hombres malos como instrumentos que no pueden escapar de la influencia y acción de Su omnipotencia. Por eso, la culpa está en los instrumentos, a los cuales Dios no permite que permanezcan inactivos, ya que, el mal se manifiesta según la acción de Dios mismo. De la misma manera que un carpintero haría un mal corte con una sierra de doble filo o un hacha con el filo roto. Así que, el impío no puede sino errar y pecar siempre, porque, al ser arrastrado por la acción de la omnipotencia divina, no puede permanecer inactivo, sino que quiere, desea y actúa de acuerdo con su naturaleza. ¡Todo esto es cierto si creemos que Dios es omnipotente!

También es verdad que el impío es una criatura de Dios, que no tiene el Espíritu de Dios, se opone a Él y que, dejado a su propia suerte, no puede querer o hacer lo bueno. Pero la omnipotencia de Dios hace que el impío no pueda evadir la acción de Dios, sino que por necesidad está sujeto a esto, y cede, aunque por su corrupción y rechazo a Dios no pueda ser arrastrado y llevado hacia lo bueno. Dios no puede detener Su omnipotencia debido al rechazo del impío, ni este puede cambiar su actitud de rechazo. Por consiguiente, el impío permanece por necesidad en el pecado y el error, hasta que sea cambiado por el Espíritu de Dios. Entre tanto, en todos estos hombres, Satanás reina en paz y mantiene su palacio sin ser molestado por esta acción de la omnipotencia divina.

Sección 85—Pero ahora sigue el acto mismo del endurecimiento, el cual es así: el impío (como afirmamos), al igual que su príncipe Satanás, solo se ocupa en lo que le conviene y beneficia, no busca a Dios ni le interesan las cosas de Dios; busca sus propias riquezas, su gloria, sus obras, su sabiduría, su poder, y, en resumidas cuentas, su propio reino, y su anhelo es disfrutar todo esto en paz. Si alguno se opone a él o desea entorpecer que logre alguna de estas cosas, entonces con la misma actitud de rechazo que lo mueve a buscar estas cosas, lo mueve también a enfurecerse y a llenarse de indignación contra su adversario. Y es incapaz de vencer esta ira y codicia, y, así como le es imposible no codiciar, también le es imposible dejar de existir por ser una criatura de Dios, aunque corrupta.

Lo mismo es respecto a la furia del mundo contra el evangelio de Dios. Pues, por medio del evangelio viene aquel 'que es más fuerte (que Satanás)', cuyo designio es derrotar al silencioso dueño del palacio y condenar esos deseos de gloria, riquezas, sabiduría, justicia propia y todo aquello en lo que Satanás confía.

En esto consiste su endurecimiento y su ascendente corrupción: los impíos se enfurecen si Dios habla y actúa contra lo que ellos quieren. Pues como ellos tienen esta actitud de rechazo, por la misma corrupción de su naturaleza, se hacen más y más contrarios a Dios y van de mal en peor, aun cuando trataran de oponerse o evitar este rechazo o aversión. Y así, cuando Dios amenazó con arrebatarle a faraón su poder, este se enfureció y exasperó, y endureció más su corazón cada vez que Dios le habló a través de Moisés, al darle a conocer Su intención de despojarlo de su reino y liberar a Israel de su poder, ya que al no darle Su Espíritu permitió que su malvada corrupción bajo el señorío de Satanás creciera en cólera, se llenara de orgullo, ardiera de ira y mantuviera su proceder con cierto desprecio.

Sección 86—Por lo tanto, que nadie piense que Dios nos endurece o que obra lo malo en nosotros (pues endurecer es hacer lo malo), o que Él creó de nuevo lo malo en nosotros, como si fuera un malintencionado vendedor de licor que, siendo malo él mismo, vertiera o mezclara veneno en un recipiente que no estuviera contaminado, cuando el mismo recipiente solo recibiría o pasivamente cumpliría el propósito de la maldad del que mezcló el veneno. Pues cuando las personas escuchan de nosotros que Dios obra en nosotros, tanto lo bueno como lo malo, y por mera necesidad estamos sujetos pasivamente a la obra de Dios, ellos se imaginan que un hombre que es bueno, que no es malo, es pasivo mientras Dios obra lo malo en él. No consideran con justa razón cuán lejos está Dios de permanecer inactivo en todas Sus criaturas y que estas no permanecen ociosas.

Pero todo aquel que desee entender estas cosas que piense así: que Dios obre lo malo en nosotros, es decir, por medio de nosotros, no es culpa de Dios sino de lo malo en nosotros. Es decir, como somos malos por naturaleza, y Dios quien es realmente bueno, nos arrastra por Su acción conforme a la naturaleza de Su omnipotencia, no puede actuar de otro modo que hacer lo malo por medio de nosotros, como instrumentos si bien Él mismo es bueno; aunque luego por Su sabiduría anule adecuadamente lo malo, tanto para Su gloria como para nuestra salvación. Así Dios, al hallar mala la voluntad de Satanás, no porque Él la crea así, sino porque al caer Satanás en el pecado, su voluntad se hizo mala, Él la mueve hacia donde Él quiere y la arrastra en su actuar; si bien esa voluntad no deja de ser mala solo porque Dios actúa.

De la misma forma habló David respecto a Simei: «… Si él maldice, y si el Señor le ha dicho: Maldice a David…» (2 Sam. 16:10). ¿Cómo podía Dios ordenar maldecir?, ¡una acción tan mala y hostil! No existía un precepto externo con este fin. Por ello, David consideró que era el Dios omnipotente el que *habló y fue hecho*; es decir, que Él lo hace todo mediante Su Palabra externa. Entonces, en este caso, la acción y la omnipotencia divinas, el mismo Dios bueno, arrastraron la voluntad de Simei, mala ya en todas sus manifestaciones y enfurecida anteriormente contra David; y, mientras David se encontraba en el momento oportuno y era merecedor de tal blasfemia, Dios ordenó que la pronunciara este instrumento malo y blasfemo, es decir, Simei pronunció la maldición mediante la acción de Su omnipotencia.

Sección 87—Dios endureció a faraón al exponer Su Palabra y obra delante de su impía y mala voluntad, lo cual odiaba; es decir, lo odiaba por causa de su propia naturaleza corrupta. Y así, mientras Dios no cambiara esa voluntad por medio de Su Espíritu, sino que continuara con su pertinaz desafío; y mientras faraón considerara sus propios recursos, riquezas

y poder, y confiara en ellos debido a su inclinación mala por
naturaleza; ocurriría que, por un lado, al llenarse de orgullo y
ensoberbecerse al pensar en su propia grandeza, y, por otro,
al llenarse con desdén hacia Moisés que venía con humildad
a presentar la modesta Palabra de Dios, se endurecería; y
entonces, cuanto más se enfureciera e irritara, más avanzaría y
amenazaría Moisés, si bien la mala voluntad de faraón, por sí
misma, no se habría endurecido o conmovido. Pero el agente
omnipotente la mueve por Su acción inevitable, por necesidad
debía querer algo de una forma o de otra. Y así, tan pronto
Dios la desafió, lo cual lo ofendió e irritó, sucedió que faraón
no pudo evitar endurecerse, así como tampoco pudo evitar la
acción de la omnipotencia divina, y la aversión y la animosidad
de su propia voluntad.

Por lo tanto, Dios endureció el corazón de faraón al
confrontarlo, en lo externo, con su animosidad, lo cual odiaba
por naturaleza, y luego, por medio de Su acción omnipotente
no dejó de impulsar, en lo interno, la mala voluntad que halló
allí. Faraón, por la animosidad de su voluntad no podía sino
odiar lo que le era contrario y confiar en sus propias fuerzas,
y era tan obstinado en esto que ni escuchó ni sintió, sino que
se dejó llevar, por el poder de Satanás, como un loco en un
arranque de furia.

Si he logrado explicar estas cosas de manera persuasiva
y convincente, la victoria en este punto es mía. Y habiendo
explicado los tropos e interpretaciones de los hombres, tomo
las palabras de Dios en su sentido llano, de modo que, no es
necesario disculpar a Dios o acusarlo de iniquidad. Pues cuando
Él dice: «endureceré el corazón de faraón», es como si Dios
dijese: *Yo haré que el corazón de faraón sea endurecido; o, que será*

endurecido por medio de mi acción e intervención. Y cómo debía suceder, hemos escuchado: *por medio de mi acción general impulsaré su misma mala voluntad, de modo que seguirá en su propia impetuosa carrera de querer, y no dejaré de impulsarla, ni tampoco puedo hacer lo contrario. No obstante, lo desafiaré con mi Palabra y obra, contra lo cual compite ese ímpetu malo; pues él, siendo malo, no puede sino querer lo malo si bien yo lo impulso con el poder de mi omnipotencia.*

Así, Dios con gran certeza supo y anunció que faraón sería endurecido, porque tenía la absoluta certeza que la voluntad de faraón no podía resistirse a la acción de Su omnipotencia, ni rehuir de su propia hostilidad, ni aceptar las demandas de su adversario Moisés. En cambio, como esa voluntad seguiría siendo mala, faraón por necesidad empeoraría, se endurecería y enorgullecería más, mientras por su impetuosa carrera de querer, y por su confianza en sus propias fuerzas, arremetería contra lo que no quería y lo miraría con desdén.

Entonces, como ves, esto se confirma con la misma Escritura, que el «libre albedrío» no puede hacer nada sino lo malo, ya que Dios, quien no es engañado ni por la ignorancia ni las mentiras de la maldad, con certeza prometió el endurecimiento de faraón, porque estaba seguro de que esa mala voluntad no podía querer sino lo malo, y que no podía sino empeorar cuando se le presentara lo bueno que aborrecía.

Sección 88—Queda pues que alguien pregunte: ¿por qué entonces Dios no pone término a esa acción de Su omnipotencia, por la cual la voluntad del impío se dirige hacia lo malo y empeora? Respondo: esto es desear que Dios, por causa de los impíos, dejara de ser Dios; esto es lo que realmente quieres, cuando deseas que cesen Su poder y acción, es decir, que deje de ser bueno, no sea que los impíos se hagan peores.

De nuevo, puede que alguien pregunte: ¿por qué Dios no cambia las malas voluntades que Él impulsa? Esto pertenece a los secretos de la majestad, donde «Sus juicios son insondables». Y no nos toca indagar en ellos, sino adorarlos. Si la «carne y sangre» se ofenden y murmuran, que murmuren, pero nada cambiará. ¡Dios no cambiará por esto! ¡Y si los impíos se ofenden y se alejan, los electos quedarán!

La misma respuesta daría a los que preguntan: ¿por qué Dios permitió que Adán cayera en el pecado?, y ¿por qué nos hizo a todos infectados con el mismo pecado, cuando podría haber retenido a Adán y habernos creado de otra semilla, o podría primero haber removido el pecado de esa semilla antes de crearnos?

Dios es ese ser, para cuya voluntad no se asignan causas o razones que puedan valer como regla o norma, ya que nada es superior o igual a Su voluntad, sino que ella misma es la regla o la norma para todas las cosas. Pues si se rigiera por alguna regla o norma, causa o razón, ya no sería más la voluntad de Dios. Si así fuera, lo que la voluntad divina quiere, no es por eso correcta, porque Él deba o esté obligado a querer de esa manera; sino al contrario, lo que la voluntad divina quiere es correcto porque Él lo quiere así. Una causa y razón se le asignan a la voluntad de la criatura, pero no a la voluntad del Creador, a menos que hayas constituido otro creador sobre Él.

Sección 89—Creo que, con estos argumentos, la Diatriba inventora de tropos, junto con su tropo, se refutan debidamente. Ahora bien, examinemos el texto en sí para ver cómo concuerda el texto con el tropo. Pues todos aquellos que eluden los argumentos al recurrir a tropos, tienen como costumbre considerar el texto con soberano desprecio y escoger cierto término con el único fin de retorcerlo y crucificarlo en la cruz de su propia opinión, sin tomar en cuenta los aspectos particulares, lo que antecede, lo que sigue, y el propósito o la intención del autor. Así, la Diatriba en este pasaje, ignora por completo la intención de Moisés y el alcance de sus palabras, arranca del texto las palabras: «yo endureceré» y las interpreta como quiere, sin tomar en consideración si puede volverse a insertar de modo que concuerde y cuadre dentro del texto del cual se sacó. Y esta es la razón por la cual las Escrituras no son lo bastante claras para esos hombres sabios y eruditos que por tantos siglos han sido objeto de gran admiración. Y no es de extrañar, que aun el mismo sol no brillase si fuese asaltado por artilugios como estos.

Pero (no hay nada más que decir sobre eso que ya demostré desde las Escrituras, es decir, que no puede afirmarse con razón que faraón fue endurecido 'porque Dios lo toleró en Su longanimidad, y no lo castigó de inmediato', ya que, lo castigó con varias plagas), si endurecer se refiere a 'que Dios tolera en Su longanimidad y no castiga de inmediato', ¿qué necesidad había de que Dios prometiera tantas veces que Él endurecería el corazón de faraón al producirse las señales, cuando antes de desencadenarse las señales y el endurecimiento, faraón era un hombre que, inflado por su éxito, prosperidad y riqueza, y tolerado por la longanimidad divina y no castigado, infligió tantos males a los hijos de Israel? Por eso, observa que ese tropo no contribuye para aclarar el propósito en este pasaje; ya que se aplica de manera general a todos los que pecan porque Dios los tolera en Su longanimidad. Y así, nos veremos obligados a afirmar que todos estamos endurecidos, ya que no hay ninguno que no peque, y ninguno pecaría si Dios no lo tolerase en Su longanimidad. En cambio, este endurecimiento de faraón es otro endurecimiento, independiente de ese endurecimiento general producido por la longanimidad de la Deidad.

Sección 90—Entonces, la intención inmediata de Moisés era anunciar, no tanto el endurecimiento de faraón como la veracidad y la misericordia de Dios; es decir, que los hijos de Israel no desconfiaran de la promesa de Dios, en la que Él había prometido que los liberaría de la esclavitud (Ex. 6:1). Y dado que este era un asunto de suma importancia, Él les predijo las dificultades para que se mantuvieran firmes en su fe al saber que todo lo que se había predicho, debía cumplirse en el orden en que lo había prometido y establecido. Es como si les hubiera dicho: *Yo los liberaré, pero tendrán dificultad en creerlo porque faraón se resistirá y aplazará su liberación. Pese a todo, crean en mí porque su tardanza en liberarlos será mi forma de actuar y solo el medio de obrar más y hacer mayores milagros para su confirmación en la fe y para mostrar mi poder, de modo que, de ahora en adelante, me puedan creer con mayor firmeza en otros momentos.*

Cristo también actuó de la misma manera, cuando en la Última Cena prometió a Sus discípulos el reino. Les predijo un sinfín de dificultades como Su propia muerte y las muchas tribulaciones que ellos habrían de experimentar. Esto con la intención de que después de que acontecieran los hechos, su fe fuera mucho más firme.

Moisés fue claro en indicar este significado cuando enunció: «Pero yo sé que el rey de Egipto no os dejará ir, si no es por la fuerza. Pero yo extenderé mi mano y heriré a Egipto con todos los prodigios que haré en medio de él, y después de esto, os dejará ir» (Ex. 3:19-20). Y una vez más: «… Para esto mismo te he levantado, para demostrar mi poder en ti, y para que mi nombre sea proclamado por toda la tierra» (Rom. 9:17; Ex. 9:16). En este caso, observa que faraón fue endurecido para este propósito, a saber, que se resistiera a Dios y demorara la liberación, a fin de que se diera el motivo para ejecutar muchos prodigios y para mostrar el poder de Dios, de modo que se proclamara y se creyera en Su nombre por toda la tierra. Y ¿qué es esto sino mostrar que todo lo que fue dicho y hecho para confirmar la fe, y dar consolación a los débiles fue para que ellos, más adelante, pudieran creer sin reservas en Dios como aquel que es veraz, fiel, poderoso y misericordioso? Como si Él les hubiera hablado como a niños pequeños con extrema ternura y les hubiera dicho: *No se atemoricen ante la dureza del corazón de faraón, pues es obra mía. Yo soy quien los liberará, y lo tengo en mi mano. Solo usaré su endurecimiento para ejecutar muchos prodigios y proclamar mi majestad para que su fe sea más firme.*

Esta es la razón por la cual Moisés suele repetir después de cada plaga: «Pero el corazón de Faraón se endureció y no los escuchó, tal como el Señor había dicho» (Ex. 7:13,22; 8:15,32; 9:13, etc.). ¿Cuál es la intención de las palabras «tal como el Señor había dicho», sino hacer evidente la veracidad del Señor que había predicho que faraón sería endurecido? Ahora bien, si faraón hubiera podido cambiar su decisión o hubiera tenido libertad de hacerlo, para inclinarse en una dirección u otra, Dios no podría haber predicho con absoluta certeza el endurecimiento de faraón. Pero como Él lo prometió, quien no puede engañar ni ser engañado, cierta y forzosamente tenía que ocurrir el endurecimiento de faraón. Este no hubiera sido el caso si el endurecimiento no hubiera ocurrido solo en el poder de Dios, aparte del poder del hombre, así como lo afirmé antes, a saber, que Dios tenía la absoluta certeza de que Él no dejaría

de ejercer la acción general de Su omnipotencia en faraón, o
por causa de faraón, es más, que Él no podía dejar de ejercerla.

Además, Dios estaba igualmente seguro de que la voluntad
de faraón, al ser por naturaleza mala y opuesta a Él, no podría
aceptar Su palabra y obra que la contrariaban (voluntad de
faraón), y por eso, aunque el impulso de querer se preservó
en el interior de faraón por la omnipotencia de Dios, y se le
presentó continuamente desde afuera la palabra y la obra que
le eran adversas, nada más ocurrió en el corazón de faraón,
sino la ofensa y el endurecimiento de su corazón. Pues si Dios
hubiera dejado de ejercer la acción de Su omnipotencia en
faraón cuando Moisés le presentó la palabra que le era adversa,
cabe suponer que la voluntad de faraón podría haber actuado
en sus propias fuerzas, y quizás, entonces, podría haber espacio
para una discusión que considerara *hacia dónde se hubiera
inclinado su voluntad.* Sin embargo, dado que su voluntad se
dejó llevar y arrastrar por sí misma, no se cometió ninguna
violencia contra ella, porque no se le obligó, sino fue arrastrada,
por la acción natural de Dios, a querer lo que es propio a
su naturaleza, es decir, lo malo. Por lo tanto, no podía sino
rechazar la palabra y así endurecerse. Por ende, vemos que este
pasaje forzosamente ataca el «libre albedrío», y con ello que
el Dios que prometió no podía mentir y, si no podía mentir,
entonces el endurecimiento de faraón era necesario.

Sección 91—Pero veamos también el pasaje de Moisés que
Pablo tomó en Romanos 9. ¡Cuán miserable se siente la Diatriba
con esa parte de la Escritura! Para que no se desmorone su
razonamiento respecto al «libre albedrío», toma cualquier
forma. En algún momento afirma 'que todo ocurre por la
necesidad de la consecuencia, pero no por la necesidad de lo

consecuente'. En otro momento afirma 'que hay una voluntad ordinaria, o que se conoce por señales externas, la cual puede resistirse, y una voluntad decretiva, o que se determina en lo oculto, la cual no puede resistirse'. Y en otro 'que estos pasajes que cita Pablo no sostienen, ni hablan sobre la salvación del hombre'. En un lugar declara 'que la presciencia de Dios impone la necesidad', y en otro 'que ella no impone la necesidad'. En otro lugar afirma 'que la gracia predispone a la voluntad para que pueda querer, y luego la asiste mientras procede hasta llegar a feliz término el asunto'. Aquí afirma 'que la primera causa (Dios) lo hace todo por sí misma', y luego 'que actúa por medio de causas secundarias mientras la primera causa permanece inactiva'.

Con estas declaraciones y otras semejantes, no hace nada sino gastar su tiempo y apartar el asunto de nuestra vista, al desviarnos a otra cosa. ¿Acaso nos imagina tan estúpidos y mentecatos que piensa que no tenemos interés en la causa como ella lo tiene? O, como los niños pequeños, que cuando tienen temor de la vara o están jugando, se cubren sus ojos con las manos, y piensan que, como ellos no ven a nadie, nadie los ve a ellos; así la Diatriba, la cual no es capaz de tolerar la claridad y la luz de las Escrituras, al pretender toda clase de argucias que no ve (lo cual es válido en este caso), intenta persuadirnos para que veamos lo que no podemos ver porque tenemos los ojos tapados. Pero todas estas argucias no son sino evidencia de una mente engañada y vencida que lucha precipitadamente contra la verdad invencible.

Esa invención con respecto a 'que todo ocurre por la necesidad de la consecuencia, pero no por la necesidad de lo consecuente' ya se ha refutado. Que insista Erasmo en sus invenciones y objeciones tanto como quiera: si Dios sabía de antemano que Judas sería un traidor, Judas se convirtió en traidor por necesidad; y no estaba (el convertirse en traidor) en sus manos ni de cualquier otra criatura alterar o cambiar esa voluntad, aunque hizo lo que hizo por voluntad propia y no por coacción, pues ese querer suyo fue su propia obra, lo cual, por la acción de Su omnipotencia, puso en movimiento, como Él lo hace con todo lo demás. Ya que es una verdad evidente e invencible que Dios no engaña ni es engañado. Aquí no hay palabras oscuras y ambiguas, aunque los eruditos y sabios de todos los siglos estuvieran tan ciegos que pensaran y afirmaran lo contrario. Por eso, por más que ignores esto, tu conciencia y la de todos, se convencerán de su error y se verán obligadas a confesar que, si Dios no se engaña en lo que sabe de antemano, esto debe ocurrir por necesidad. Si no fuera así, ¿quién podría creer Sus promesas?, ¿quién temería Sus amenazas si lo que prometió o amenazó no ocurriera por necesidad?, o ¿cómo podría Dios prometer o amenazar si Su presciencia pudiera ser engañada o estorbada por nuestra mutabilidad? Esta luz perfecta de la verdad innegable evidentemente cierra la boca de todos, pone fin a todas las cuestiones y confirma la victoria para siempre sobre todas las sutilezas evasivas.

Sin duda, sabemos que la presciencia del hombre es falible. Sabemos que un eclipse no ocurre porque se predijo, sino que se predijo porque ocurrirá. Pero ¿qué tenemos que ver con esta presciencia? ¡Nosotros estamos discutiendo sobre la presciencia de Dios! Y si no le atribuyes a la presciencia de Dios, que lo que sabe de antemano necesariamente ocurrirá, has eliminado la fe y el temor de Dios, has destruido la fuerza de todas las promesas y amenazas divinas, y por tanto has negado la misma divinidad. Pero pese a que la Diatriba lo ha tratado y resistido por un largo tiempo, se ha visto obligada por la fuerza de la verdad a admitir por fin nuestra opinión.

Sección 92—Así, la Diatriba afirma: «La cuestión sobre la voluntad y la predestinación de Dios, resulta difícil. Pues Dios quiere aquello mismo que sabe de antemano. Y esta es la esencia de lo que Pablo pregunta: '¿Quién resiste a Su voluntad? si Él tiene misericordia del que quiere, y endurece al que quiere'. Pues si hubiera un rey que pudiera llevar a cabo cualquier cosa que quisiera, y nadie pudiera resistírsele, se diría que hace lo que quiere. También la voluntad de Dios, por ser la primera causa de todo lo que ocurre, parece imponer una necesidad en nuestra voluntad».

¡Por fin doy gracias a Dios por esta declaración correcta de la Diatriba! Entonces ¿dónde está ahora el «libre albedrío»? Pero de nuevo, esta anguila resbaladiza se oculta en un momento al decir: «Pero Pablo no explica este punto, solo reprende al que contradice: '… ¿quién eres tú, oh hombre, que le contestas a Dios?...' (Rom. 9:20)».

¡Qué extraordinaria evasiva! ¿Así es como se manejan las santas Escrituras, de modo que se hacen afirmaciones sobre la autoridad e inteligencia misma de uno, sin base en las Escrituras, sin un milagro, es más, se corrompen las más claras palabras de Dios? ¡Qué! ¿Acaso no explica Pablo ese punto? ¿Qué hace entonces? 'Solo reprende al que contradice' afirma la Diatriba. Y ¿no es esa represión la explicación más completa? ¿Qué pretendía con esa cuestión sobre la voluntad de Dios? Pablo respondió a la cuestión si se imponía o no una necesidad en nuestra voluntad cuando afirmó que «Porque Él [Dios] dice a Moisés: tendré misericordia del que yo tenga misericordia, y tendré compasión del que yo tenga compasión. Así que no depende del que quiere ni del que corre, sino de Dios que tiene misericordia» (Rom. 9:15-16,18). Además, no contento con esta explicación, Pablo introduciría a los que murmuraban contra esta explicación para defender el «libre albedrío», quienes hablaban con necedad al sostener que no hay mérito alguno y que estamos condenados cuando la culpa no es nuestra, y otras cosas semejantes, y puso fin a la murmuración y la indignación al indicarles: «Me dirás entonces: ¿por qué, pues, todavía reprocha Dios? Porque ¿quién resiste a su voluntad?» (Rom. 9:19).

¿No te percatas que esto se dirige a aquellos que, habiendo escuchado que la voluntad de Dios nos impone una necesidad, preguntan por qué todavía encuentra culpa? Es decir, ¿por qué Dios insiste, insta, exige y encuentra culpa? ¿Por qué acusa, por qué nos culpa, como si nosotros, los hombres, pudiéramos cumplir lo que Él exige si lo quisiéramos? Él no tiene ninguna causa justa para encontrarnos culpables, más bien permite que acuse a Su propia voluntad, que la encuentre culpable, que la obligue con insistencia, «porque ¿quién resiste a su voluntad?». ¿Quién puede obtener misericordia si Él no lo quiere? ¿Quién puede ser conmovido si Él quiere endurecer? No está en nuestras manos cambiar Su voluntad, mucho menos resistirnos a ella. Pues cuando Él quiere endurecernos, nos vemos obligados a endurecernos, queramos o no.

Si Pablo no hubiera explicado esta cuestión, y señalado con certeza que la necesidad se impone en nosotros por medio de la presciencia de Dios, ¿era necesario que introdujera a los murmuradores y quejosos al indicar que no puede resistirse a Su voluntad? Pues, ¿quién habría murmurado o se habría indignado, si no hubiera visto necesario señalarlo? Las palabras de Pablo no son ambiguas cuando habló de resistirse a la voluntad de Dios. ¿Hay algo ambiguo respecto a qué es resistir, o a Su voluntad? ¿Hay algo ambiguo cuando habló sobre la voluntad de Dios? Dejemos que un gran número de los doctores más acreditados anden a ciegas, que pretendan, si quieren, que las Escrituras no son claras y tiemblen ante esta difícil cuestión. Nosotros tenemos las palabras más claras que enuncian: «Así que del que quiere tiene misericordia, y al que quiere endurece», y también: «Me dirás entonces: ¿por qué, pues, todavía reprocha Dios? Porque ¿quién resiste a su voluntad?» (Rom. 9:18-19).

Por lo tanto, la cuestión no es difícil, es más, nada puede ser más evidente para el sentido común, que darse cuenta de que esta conclusión es incuestionable, firme y verdadera: si Dios no yerra, ni se engaña, entonces, cualquier cosa que Dios sabe de antemano, debe, por necesidad, suceder. Sin duda, sería una cuestión difícil, por no decir imposible, tratar de establecer tanto la presciencia de Dios como el «libre albedrío» del hombre. Pues, ¿qué podría ser más difícil, o imposible, que tratar de probar que las contradicciones no se enfrentan entre sí?, ¿o que un número puede, al mismo tiempo, ser tanto nueve como diez? No hay dificultad por nuestra parte respecto a esta cuestión, pero se buscó y se introdujo una dificultad, tal como se busca y se introduce forzosamente en las Escrituras la oscuridad y la ambigüedad.

Por ello, el apóstol reprimió a los impíos que se ofendieron con estas claras palabras, al mostrarles que la voluntad divina se cumple por necesidad en nosotros, y también al mostrarles que se define con certeza que a ellos no les queda ninguna libertad o «libre albedrío», sino que todo depende de la sola voluntad de Dios. Pablo los reprimió al ordenarles callar y venerar la majestad de la voluntad y poder divinos, sobre ella no tienen control, sino que ella tiene control total sobre ellos para que hagan lo que la majestad quiere. Y con todo, no nos causa ningún perjuicio, ya que Dios no está en deuda con nosotros, no recibió nada de parte nuestra, y no nos prometió nada salvo lo que Él quiso y lo que le complació.

Sección 93—Por eso, este no es el lugar ni el momento para adorar aquellas cuevas coricianas, sino para adorar la verdadera majestad en Sus incomprensibles, maravillosos y temibles juicios, y para confesar: «… Hágase tu voluntad, así en la tierra como en el cielo» (Mat. 6:10). Si bien, en nada somos más irreverentes e imprudentes que en meternos en aquellos inescrutables misterios y juicios y discutir sobre ellos. Y, aunque aparentamos una gran reverencia al escudriñar las santas Escrituras, no lo hacemos en aquellas que nos mandó escudriñar, pero si lo hacemos en aquellas que nos lo prohibió, y con una incesante audacia, por no decir blasfemia.

Pues, ¿no es escudriñar con audacia si tratamos de armonizar la totalmente libre presciencia de Dios con nuestra libertad, dispuestos a denigrar la presciencia de Dios antes que perder nuestra libertad? ¿No es audacia, cuando Él impone la necesidad en nosotros, decir con murmullos y blasfemias: «… ¿Por qué, pues, todavía reprocha Dios? Porque ¿quién resiste a su voluntad?» (Rom. 9:19)? ¿Dónde está el Dios que por naturaleza es misericordioso? ¿Dónde está el Dios que no quiere «la muerte del impío»? ¿Nos ha creado solo para este propósito: deleitarse en los tormentos de los hombres? Estas y otras declaraciones semejantes serán vociferadas por los condenados en el infierno por toda la eternidad.

Sin embargo, la misma razón natural tiene que confesar que el Dios vivo y verdadero debe ser tal que con libertad impone una necesidad en nosotros. Pues, Él sería un Dios absurdo, o más bien un ídolo, cuyo conocimiento del futuro sería incierto, o que podría ser engañado por los hechos, cuando incluso los gentiles atribuyen a sus dioses «el inevitable destino». Y sería igualmente absurdo si Él no pudiera o hiciera todas las cosas, o si cosa alguna pudiera ser hecha sin Él. Entonces, si se admite la presciencia y la omnipotencia de Dios, sigue necesariamente, como una irrefutable consecuencia que ni fuimos hechos por nosotros mismos, ni vivimos ni hacemos cosa alguna por nosotros mismos, sino que todo es por Su omnipotencia. Y dado que Él sabía de antemano que nosotros tendríamos esa naturaleza, y dado que nos ha hecho, y nos impulsa y gobierna, pregunto: ¿cómo puede pretenderse que haya libertad en nosotros para hacer cosa alguna, en algún aspecto, salvo que Él lo sabía de antemano y ahora procede para hacerlo efectivo?

Por lo tanto, la presciencia y la omnipotencia de Dios son diametralmente opuestas a nuestro «libre albedrío». No sea que Dios se engañe en Su presciencia y yerre en Su acción (lo cual es imposible), o nosotros actuemos y nos dispongamos a hacerlo conforme a Su presciencia y acción. Pero por omnipotencia de Dios no me refiero a ese poder por el cual deja de hacer muchas cosas que podría hacer, sino a ese poder real por el cual efectúa poderosamente todas las cosas en todos, y por el que las Escrituras lo llama omnipotente. Esta omnipotencia y presciencia de Dios anulan por completo la doctrina del «libre albedrío». No se puede acusar de oscuridad a las Escrituras o de complejidad del tema, ya que las palabras son bastante claras que hasta los escolares las distinguen, y el asunto es bastante sencillo y fácil para todos, demostrado aun por el juicio del sentido común. De modo que no importa que tan grande sea esa retahíla de siglos, tiempos o personas que han escrito o enseñado lo contrario, todo esto se reduce a nada.

Sección 94—Pero parece que lo que causa la mayor ofensa al sentido común o la razón natural es que el Dios, quien se presenta como un ser lleno de misericordia y bondad, por Su mera voluntad abandone a los hombres, los endurezca y los condene, como si se deleitara en los pecados y en los grandes y eternos tormentos de los miserables. Pensar así de Dios parece perverso, cruel e intolerable, y esto es lo que ha ofendido a tantos y grandes hombres a través de los siglos.

Y ¿quién no se sentiría ofendido? Yo mismo me he sentido ofendido más de una vez, incluso hasta el más profundo de los abismos de la desesperación, es más, incluso deseé no haber nacido nunca, esto antes de que llegara a saber cuán saludable era esa desesperación y cuán cercana a la gracia. Es por eso que hemos hecho tanto esfuerzo y trabajo para disculpar la bondad de Dios y acusar la voluntad del hombre. Es por eso que se han inventado distinciones entre la voluntad ordinaria y la absoluta de Dios; entre la necesidad de la consecuencia y la necesidad de lo consecuente, y muchas otras invenciones semejantes. Sin embargo, con todo esto no se consiguió nada sino imponer a los iletrados «las discrepancias de una falsamente llamada ciencia» y palabras inútiles. Después de todo, ha permanecido una convicción consciente, profundamente enraizada en el corazón de los iletrados y los instruidos, si alguna vez han experimentado estas cosas; y saben que su necesidad es una consecuencia que debe seguir a la creencia de la presciencia y omnipotencia de Dios.

Incluso la misma razón natural que se ofende ante esta necesidad e inventa ardides para eliminarla, está obligada por su propio juicio y convicción a admitirla, aun cuando no hubiera Escritura alguna. Pues todos los hombres hallan estas convicciones escritas en sus corazones, y las reconocen y aprueban (aunque en contra de su voluntad) cuando escuchan sobre ellas. Primero, que Dios es omnipotente, no solo en poder sino en cuanto a acción (como afirmé antes), ya que si no fuese así, sería un Dios absurdo. Segundo, que Dios conoce todo y lo sabe de antemano, y no puede errar ni engañarse. Si todos admiten estos dos puntos en sus mentes y corazones, entonces se ven obligados, como una consecuencia inevitable, a admitir que nosotros no somos producto de nuestra propia voluntad, sino de la necesidad. Además, que nosotros no hacemos lo que queremos conforme a la ley del «libre albedrío», sino que procedemos tal como Él lo sabía de antemano, y procede para hacerlo efectivo conforme a Su infalible e inmutable consejo y poder. Entonces, está escrito en los corazones de todos los hombres que no existe el «libre albedrío»; aunque esa escritura esté oscurecida por tantas disputas contrarias y la autoridad que representan tantos hombres que han enseñado a través de los siglos de otra manera. Así como también cualquier ley escrita en nuestros corazones, según el testimonio de Pablo, se reconoce cuando se presenta debidamente y luego se oscurece cuando es enredada por maestros impíos y rechazada por otras opiniones.

Sección 95—Vuelvo ahora al apóstol Pablo. Si él no explicó este punto en Romanos 9, ni enunció con claridad nuestra necesidad a causa de la presciencia y la voluntad de Dios, ¿por qué fue necesario que introdujera la semejanza del «alfarero», quien, de la «misma masa» de barro hizo «un vaso para uso honorable y otro para uso ordinario» (Rom. 9:21)? ¿Por qué fue necesario que hiciera la observación de que la cosa formada no le dice al que la formó: «¿Por qué me hiciste así?» (v. 20). En este caso, Pablo se refirió a todos los hombres y los comparó con el barro y a Dios con el alfarero. Por tanto, esta semejanza no sería válida, más aún, sería inútil y ridículo haberla introducido, si Pablo no fuera de la opinión que no tenemos ninguna libertad en absoluto. Es más, toda la argumentación de Pablo, donde defendió la gracia, sería inútil. Pues la intención de toda la epístola es mostrar que no somos capaces de nada, ni aun cuando pareciera que obramos bien, y Pablo lo declaró en la misma epístola, cuando afirmó que Israel, que iba tras la justicia, no la alcanzó, mientras que los gentiles que no iban tras ella la alcanzaron (Rom. 9:30-31). Sobre esto me referiré con más amplitud cuando marchen mis tropas.

La realidad es que la Diatriba intencionalmente no se acerca al cuerpo del argumento y al objetivo de Pablo, y fácilmente se contenta con parlotear sobre unos pocos términos tergiversados y sacados de su contexto. Tampoco la exhortación que Pablo dio después (Rom. 11) ayuda a la Diatriba; cuando el apóstol expresó: «... tú por la fe te mantienes firme. No seas altanero, sino teme» (v. 20). De nuevo: «Y también ellos, si no permanecen en su incredulidad, serán injertados...» (v. 23). Vemos que no dijo nada sobre la capacidad del hombre, sino que presentó expresiones imperativas y condicionales, y lo que resulta de ellas, ya se ha demostrado plenamente. Además, Pablo se adelantó a los que presumirían del «libre albedrío», pues no dice que ellos, los gentiles, puedan creer, sino dice que «… poderoso es Dios para injertarlos de nuevo» (v. 23).

En pocas palabras: la Diatriba se acerca a estos pasajes de Pablo con tal vacilación y timidez que parece desmentir todo lo que escribe. Pues cuando debería haber presentado las pruebas, por lo general, se detiene con un 'pero ya es suficiente de esto', 'ahora no procederé con esto', 'no es uno de mis propósitos', 'aquí, ellos debieron decirlo así', y muchas evasivas semejantes, y deja la cuestión en suspenso, de modo que te quedas con la incertidumbre si quería hablar a favor del «libre albedrío» o eludir la opinión de Pablo con vanas palabras. Y todo esto según su modo de obrar, como si no hubiera pensado sobre el asunto en el cual se ha empeñado. Pero en cuanto a mí, no me atrevo a tratar el asunto con tanta frialdad, siempre dando vueltas, o agitado por el viento como una caña. Antes bien, debo afirmar con absoluta certeza, fidelidad y pasión, y probar lo que afirmo con solidez, corrección y a cabalidad.

Sección 96—Pero ahora lo más extraordinario es cómo la Diatriba preserva la libertad en armonía con la necesidad cuando declara: «No toda necesidad excluye al 'libre albedrío'. Por ejemplo: Dios el Padre engendra al Hijo por necesidad, y no obstante lo engendra voluntaria y libremente, ya que no obra por obligación».

¿Acaso estamos discutiendo aquí sobre la coacción y la obligación? ¿Acaso no he dicho en todos mis libros repetidas veces que mi discusión es sobre la necesidad de la inmutabilidad? Sé que el Padre engendra al Hijo porque quiere, y que Judas traicionó a Cristo porque quiso. Sin embargo, este querer en la persona de Judas tenía que ocurrir segura e inmutablemente si Dios lo sabía de antemano. O, si todavía no entienden a lo que me refiero, hablo de dos necesidades: una es la necesidad de la obligación, con relación a la acción; la otra es una necesidad de la inmutabilidad, con relación al tiempo. Entonces, al que desee escuchar lo que tengo que decir, entienda que me refiero a esta segunda necesidad, no a la primera, es decir, no discuto si Judas se convirtió en un traidor porque quiso o contra su voluntad, sino si fue o no fue decretado que así ocurriera, es decir, ¡que Judas debía querer traicionar a Cristo en un tiempo predeterminado infaliblemente por Dios!

Pero solo presta atención a lo que la Diatriba dice al respecto: «Con relación a la presciencia inmutable de Dios, Judas necesariamente tenía que llegar a ser traidor, no obstante, Judas tenía el poder de cambiar su voluntad».

¿Entiendes lo que dices, Diatriba? (Sin mencionar que ya se ha probado que la voluntad no puede querer nada más que lo malo). ¡Cómo podía Judas cambiar su voluntad, si la inmutable presciencia de Dios sigue en pie! ¡Cómo podía cambiar la presciencia de Dios y volverla falible!

Aquí la Diatriba se rinde al dejar su estandarte, deponer sus armas, abandonar su puesto y entregarse a la discusión de las sutilezas de los escolásticos sobre la necesidad de la consecuencia y la necesidad de lo consecuente, y pretender 'que no desea ocuparse en la discusión de tales argumentos'.

¡En verdad has tomado un paso de prudencia y moderación! Justo cuando llevaste este asunto al campo de combate, y justo cuando se requería al campeón contendiente, diste la espalda y dejaste a otros la tarea de las respuestas y las definiciones. Pero tú debías haber dado este paso desde un principio, y abstenerte de escribir del todo. 'El que no ha sido entrenado en el uso de las armas, no debe presentarse en lo peor de la batalla'. Pues nunca se esperaba que Erasmo removiera esa dificultad que se encuentra en la presciencia de Dios, no obstante, nosotros lo hacemos todo por contingencia. Esta dificultad existía en el mundo mucho antes que la Diatriba viera la luz. Sin embargo, se esperaba que Erasmo diera alguna clase de respuesta y definición. En cambio, al usar una transición retórica, nos arrastró consigo a los que no sabemos nada de retórica, como si estuviéramos discutiendo por nimiedades y detalles irrelevantes, y así, noblemente se retira del campo de combate, coronado como el erudito y el conquistador.

Pero ¡no así hermano! No hay retórica con suficiente fuerza para engañar a una conciencia honesta. La voz de la conciencia es una prueba contra todos los poderes y las figuras de la elocuencia. No puedo permitir, en una cuestión como esta, que un orador pase bajo el manto del disimulo. Este no es el tiempo para tal manipulación. Y hemos llegado en la discusión a un punto decisivo, donde el «libre albedrío» será derrotado u obtendrá la victoria total. Pero aquí, cuando ves que se acerca el peligro de salir derrotado, finges que no ves más que argumentos falsos. ¿Esta es la parte donde actúas como un fiel teólogo? Dudo que tengas interés en el asunto, ya que dejas a tu audiencia en suspenso, y a tus argumentos en una situación en que la confundes y la exasperas, aunque deseas, pese a todo, que parezca que has dado una honesta satisfacción y clara explicación. ¡Tal astucia y maña podrían, quizás, sobrellevarse en los asuntos profanos, pero en asuntos teológicos, donde la verdad clara y sencilla es la que se busca para la salvación de las almas, es detestable e intolerable!

Sección 97—Los sofistas también sintieron la fuerza invencible e irresistible de este argumento, y por eso inventaron la necesidad de la consecuencia y la necesidad de lo consecuente. Pero de nada sirve esta invención, como ya lo demostré. Pues ni ellos mismos tienen idea de lo que afirman, y admiten conclusiones que los contradicen. Pues si admites la necesidad de la consecuencia, el «libre albedrío» es derrotado y derribado, y de nada aprovecha la necesidad, o la contingencia de lo consecuente. ¿Qué me importa si el «libre albedrío» no es obligado, sino que hace lo que hace porque quiere? Es suficiente para mí, que admitas, que forzosamente el «libre albedrío» hace sin coacción lo que hace, y que, no puede hacerlo de otra manera si Dios lo sabía de antemano.

Si Dios sabía de antemano que Judas sería un traidor o que cambiaría su determinación de serlo, cualquiera de las dos cosas que Dios sabía de antemano, necesariamente ocurrirá, o Dios se engañaría en Su presciencia y predicción, lo cual es imposible. Este es el efecto de la necesidad de la consecuencia, es decir, si Dios sabe de antemano algo, ese algo ocurrirá necesariamente, es decir, no existe el «libre albedrío». Por tanto, esta necesidad de la consecuencia no es «oscura y ambigua», de modo que, aunque los doctores de todos los tiempos estuvieran ciegos, deberían admitirla porque es tan clara y evidente que hasta se puede palpar. En cuanto a la necesidad de lo consecuente, con lo cual se consuelan, no es más que una ficción y está diametralmente opuesta a la necesidad de la consecuencia.

Por ejemplo: la necesidad de la consecuencia es (para describirla así), que Dios sabe de antemano que Judas será un traidor. Por lo tanto, llegará a pasar segura e inevitablemente que Judas será un traidor. Frente a esta necesidad de la consecuencia, se consuelan a sí mismos así: pero dado que Judas puede cambiar su resolución de traicionar, entonces, no hay necesidad de lo consecuente. Pregunto ¿cómo se reconcilian estas dos posiciones: una, que Judas es capaz de no querer traicionar, otra, que Judas necesariamente quiera traicionar? ¿No se contradicen directamente y conspiran entre sí estas dos declaraciones? Pero afirmas que él no será obligado a traicionar en contra de su voluntad. ¿Cuál es el propósito de esto con nuestro asunto? En cuanto a la necesidad de lo consecuente, afirmaste que esa necesidad no tiene que seguir forzosamente de la necesidad de la consecuencia, pero no hablaste de la obligatoriedad de lo consecuente. La cuestión era sobre la necesidad de lo consecuente, pero tú diste un ejemplo sobre la obligatoriedad de lo consecuente. Te pregunto una cosa y respondes otra. Pero esto surge de ese letargo que te impide ver que no conduce a nada esa invención de la necesidad de lo consecuente.

Baste lo dicho sobre el endurecimiento de faraón, y que incluye, sin duda, toda la Escritura, y todo nuestro ejército invencible. Ahora, procedamos a la parte que tiene que ver con Jacob y Esaú, de quienes se habló, aunque «... no habían nacido...» (Rom. 9:11).

Sección 98—La Diatriba elude este pasaje al indicar que 'esto no se refiere propiamente a la salvación del hombre. Pues Dios puede querer que un hombre sea un siervo, o un pobre; y con todo, no ser excluido de la salvación eterna'.

Solo observa cuántas evasivas y vías de escape inventó esta mente escurridiza, al procurar escabullirse de la verdad, pero no pudo escaparse. Que sea así como afirma la Diatriba, que el pasaje no se refiere a la salvación del hombre (ya trataré este punto más adelante), entonces ¿debemos suponer que Pablo, quien lo citó, no logró nada con esto? ¿Acaso fue Pablo una persona absurda y superficial en una discusión tan importante? Pero este fue el proceder propio de Jerónimo, quien se atrevió, en más de una ocasión, con arrogancia y boca sacrílega a declarar 'que hay cosas que en sus contextos originales no tienen ninguna fuerza, pero sí la tienen en Pablo'. Esto equivale a afirmar que Pablo cuando puso el fundamento de la doctrina cristiana, no hizo otra cosa sino corromper las santas Escrituras y confundir a los creyentes con opiniones incubadas en su propio cerebro e implantadas con violencia en las Escrituras. ¡Esto es honrar al Espíritu Santo en Pablo, instrumento santo y escogido de Dios! Entonces, cuando debió leerse a Jerónimo con entendimiento, y contar esa afirmación suya entre aquellas cosas que ese hombre escribió impíamente (tal fue su desconsideración y estupidez para entender las Escrituras), la Diatriba la incorporó sin ningún discernimiento, y ni siquiera consideró que debía modificarla, sino que tomó su opinión como algo dicho por Dios, seguro para juzgar y cambiar las Escrituras. Y así, tomamos los dichos de los impíos como reglas y guías para las santas Escrituras y entonces no es de extrañar que pasen a ser 'oscuras y ambiguas', y que tantos padres estén ciegos respecto a esto, por cuanto todo es producto de la razón sacrílega e impía.

Sección 99—Que sea anatema el que diga 'que hay cosas que en sus contextos originales no tienen ninguna fuerza, pero sí la tienen en Pablo'. Sin embargo, esto solo se dice, pero no se demuestra. Y esto lo dicen aquellos que ni entienden a Pablo, ni los pasajes que citó, sino que se engañan con los términos, es decir, con sus propias interpretaciones impías. Y si se admitiera que este pasaje de Génesis 25:21-23 debiera entenderse en un sentido temporal (el cual no es el verdadero sentido), empero, Pablo lo citó de manera correcta y eficaz, cuando demostró que no fue por los «méritos» de Jacob y Esaú, «sino por aquel que llama», que se le dijo a Rebeca: «el mayor servirá al menor...» (Rom. 9:11-16).

Pablo tomó en cuenta en su argumentación si Jacob y Esaú alcanzaron lo que se dijo sobre ellos por el poder o los méritos del «libre albedrío», y demostró que no fue así, sino que Jacob lo alcanzó y Esaú no, solo por la gracia de «aquel que llama». Y demostró por las irrefutables palabras de la Escritura, que ellos «no habían nacido», y también que «no habían hecho nada, ni bueno ni malo». Esta prueba contiene el peso de todo el punto de su tema, y con la misma prueba también se resuelve el nuestro.

Sin embargo, la Diatriba, habiendo pasado por alto disimuladamente todos estos aspectos particulares, con una excelente estratagema retórica, no argumenta sobre el mérito (no obstante que se había propuesto hacerlo, y así lo exige la argumentación de Pablo), sino que plantea observaciones triviales sobre la servidumbre temporal, como si esto viniera al caso, pero solo para que no parezca que ha sido derrotada por las poderosas palabras de Pablo. Pues ¿qué tendría para argumentar en contra de Pablo y a favor del «libre albedrío»? ¿Qué hizo el «libre albedrío» a favor de Jacob, o qué hizo contra Esaú, si ya estaba determinado, por la presciencia y la predestinación de Dios, aun antes de que nacieran, lo que habría de ser la porción de cada uno, es decir, que Esaú serviría y Jacob gobernaría? Así, las recompensas se decretaron, antes de que los obreros trabajaran o nacieran. A esto debe responder la Diatriba. Pablo sostuvo que ninguno había hecho nada de bueno ni nada de malo, no obstante, por sentencia divina, uno fue ordenado para ser siervo y el otro fue ordenado para ser señor. La cuestión aquí no es si la servidumbre se refiere a la salvación, sino por cuál merito le fue impuesta al que no la merecía. Pero es fastidioso lidiar con estos depravados esfuerzos de pervertir y eludir la Escritura.

Sección 100—Sin embargo, el texto mismo demuestra que Moisés no tenía la intención de hablar de su servidumbre solamente, y que Pablo estaba perfectamente en lo correcto al entenderlo en cuanto a la salvación eterna. Y, aunque de alguna forma está más allá de nuestro propósito presente, no permitiré que Pablo sea contaminado con las calumnias de las personas sacrílegas. La predicción de Moisés fue que: «… Dos naciones hay en tu seno, y dos pueblos se dividirán desde tus entrañas; un pueblo será más fuerte que el otro, y el mayor servirá al menor» (Gén. 25:23).

Es evidente que se mencionan dos pueblos. Uno de ellos será el menor y es recibido en la gracia de Dios, con la intención de vencer al otro, no en su propia fuerza, sin duda, sino con el favor de Dios. Pues ¡cómo podría el menor vencer al mayor a menos de que Dios estuviera con él!

Ahora bien, dado que el menor era el pueblo de Dios, no solo se menciona al dominio extranjero o la servidumbre, sino todo lo referente al pueblo de Dios, es decir, la bendición, la Palabra, el Espíritu, la promesa de Cristo y el reino eterno. Y esto, la Escritura lo confirma después, cuando describe que Jacob es bendecido y recibe las promesas y el reino.

Todo esto lo implicó brevemente Pablo cuando afirmó que «el mayor servirá al menor», y nos remitió a Moisés, quien trató estos aspectos particulares más a fondo. De modo que puedes decir, como respuesta a la opinión sacrílega de Jerónimo y la Diatriba, que estos pasajes que citó Pablo tienen mayor fuerza en su contexto original que la que tiene en su epístola. Y esto es cierto no solo de Pablo sino de todos los apóstoles que citaron las Escrituras como testimonios y aserciones de sus propias palabras. Sin embargo, sería absurdo citar algo como testimonio que no demuestra nada ni viene al caso. E incluso entre los filósofos sería absurdo probar algo que se desconoce por algo que fuera aún menos conocido, o por algo totalmente irrelevante al tema, ¿acaso tendremos el atrevimiento de atribuir tal clase de comportamiento a los más grandes campeones y autores de las doctrinas cristianas, en particular aquellos que enseñan los artículos esenciales de la fe, de lo cual depende la salvación de las almas? Pero tal atrevimiento es propio de aquellos que no toman en serio las santas Escrituras.

Sección 101—Y con respecto al texto de Malaquías que añadió Pablo: «… yo amé a Jacob, y aborrecí a Esaú…» (Mal. 1:2-3), la Diatriba lo corrompe mediante tres artilugios. El primero es: «Si —indica la Diatriba— te apegas a la letra, Dios no ama como nosotros amamos, ni aborrece a nadie porque los afectos de esta índole no corresponden a Dios».

¡Qué escucho! ¿Ahora preguntamos si Dios ama y aborrece, y no por qué ama y aborrece? Nuestra pregunta es: ¿por cuál mérito Dios nos ama o nos aborrece? Sabemos muy bien que Dios no ama o aborrece igual que nosotros, porque nuestro amar y aborrecer es mudable (o que cambia con facilidad), pero Dios ama y aborrece según Su naturaleza eterna e inmutable, así que los accidentes y los afectos no corresponden a Dios.

Cabalmente por lo anterior se demuestra de manera inevitable que el «libre albedrío» no es nada en absoluto, ya que, el amor y el aborrecimiento de Dios hacia los hombres son inmutables y eternos, que existen no solo antes de que hubiese algún mérito u obra del «libre albedrío», sino aun antes de que el mundo fuera hecho, y que, todo se produce en nosotros por necesidad, según si nos amó o no nos amó desde la eternidad. De modo que, no solo el amor de Dios, sino también la manera de Su amor nos impone una necesidad. Entonces, podemos ver cuánto le aprovechan sus vías de escape a la Diatriba, pues cuanto más se esfuerza por escapar de la verdad, más se tropieza con ella, ¡tan poco éxito tiene al luchar contra la verdad!

Pero admitamos que su tropo es válido: que el amor de Dios es el efecto del amor, y el aborrecimiento de Dios es el efecto del aborrecimiento. Entonces ¿ese efecto se produce fuera e independientemente de la voluntad de Dios? ¿Quieres decir aquí también que Dios no quiere igual que nosotros, y que el afecto (o apasionamiento) del querer no le corresponde? Así pues, si esos efectos del amor y del aborrecimiento ocurren, ellos ocurren porque así es la voluntad de Dios. Por lo tanto, lo que Dios quiere, esto ama y aborrece. Dime, entonces, ¿por cuál mérito Dios amó a Jacob y aborreció a Esaú, antes de que hicieran obra alguna o nacieran? Entonces, es evidente que Pablo citó acertadamente a Malaquías para apoyar el pasaje de Moisés; es decir, que Dios llamó a Jacob antes de que naciera porque lo amó, aunque Jacob no lo haya amado primero, o que lo haya movido a amarlo algún mérito en Jacob. ¡Por lo que, en los casos de Jacob y Esaú, se demuestra de qué es capaz nuestro «libre albedrío»!

Sección 102—El segundo artilugio es este: 'que Malaquías no parece hablar de ese aborrecimiento según el cual somos condenados por toda la eternidad, sino de la aflicción temporal, ya que, aquellos que se reprenden son los que querían reconstruir Edom' (ver Malaquías 1:1-4).

También esto es una falta de respeto para Pablo, como si hubiera tergiversado las Escrituras. Así, despreciamos la majestad del Espíritu Santo y solo pretendemos hacer valer nuestras propias opiniones. Pero toleremos esta falta de respeto y veamos qué efecto tiene. Entonces, Malaquías habló de la aflicción temporal. ¿Cuál fue la intención de Malaquías?, ¿cuál es la tuya? Pablo demostró con este texto de Malaquías que la aflicción que le sobrevino a Esaú no fue porque tuviese falta alguna, sino porque Dios lo aborreció, y lo hizo para poder concluir que no existe el «libre albedrío». Este es el punto en contra tuya, y al cual deberías haber respondido. Yo argumento sobre el mérito, y tú, entre tanto hablas sobre la recompensa, pero hablas de ella como para no evadir lo que quieres evadir, es más, cuando hablas de la recompensa admites que hay un mérito, pero simulas no verlo. Dime, entonces, ¿qué movió a Dios a amar a Jacob y aborrecer a Esaú, aun antes de que nacieran?

Sin embargo, la aserción de que Malaquías habló solo de la aflicción temporal es falsa, tampoco habló de la destrucción de Edom. Pero tu corrompes por medio de este artilugio lo que dice el profeta y le das un sentido distinto. El profeta mostró lo que quería decir con palabras claras. Él reprendió a los israelitas por su ingratitud, porque pese a que Dios los amó, ellos no le correspondieron con amor como Padre, ni con temor como Señor (Mal. 1:6).

Que Dios los amó, lo prueban tanto las Escrituras como los hechos, a saber: que pese a que Jacob y Esaú eran hermanos, como lo registró Moisés en Génesis 25:21-28, Él, sin embargo, amó a Jacob y lo escogió antes de que naciera, como ya escuchamos de Pablo. En cambio, a Esaú aborreció tanto que convirtió su territorio en desolación, y cuando trajo de vuelta a Jacob del cautiverio y lo restauró, no permitió que los edomitas fueran restaurados, y aun cuando dijeron que querían reconstruir, los amenazó con la destrucción. Si este no es el significado llano del texto del profeta, que el mundo demuestre que soy un mentiroso. Por lo tanto, no se reprendió la temeridad de los edomitas, como lo afirmé antes, sino la ingratitud de los hijos de Jacob, quienes no vieron lo que Dios había hecho por ellos y contra sus hermanos los edomitas, y por ninguna otra razón que a uno lo aborreció y al otro lo amó.

¿Cómo, entonces, se puede asegurar que el profeta se refería a la aflicción temporal, cuando testificó del modo más directo que se trataba de dos pueblos que procedían de dos patriarcas, de los cuales uno fue recibido y salvo, y el otro fue abandonado y finalmente destruido? Ser recibido como un pueblo, o no serlo, no se refiere solo al bien temporal o al mal temporal, sino a todas las cosas. Pues nuestro Dios no es un Dios solo de cosas temporales, sino de todas las cosas. Tampoco Dios quiere que lo adores a medias, sino con todas tus fuerzas y con todo tu corazón, de modo que sea tu Dios tanto ahora, como en lo sucesivo, en todas las cosas, en todo tiempo y en toda obra.

Sección 103—El tercer artilugio considera 'que, según la interpretación del tropo de este pasaje, Dios ni ama a todos los gentiles, ni aborrece a todos los judíos, sino solo a algunos de cada grupo. Y que, con este uso del tropo (o figura), la declaración de la Escritura en cuestión no demuestra la existencia de una necesidad, sino más bien golpea fuertemente la arrogancia de los judíos'. La Diatriba, habiendo abierto esta vía de escape, propone 'que Dios aborrece a los hombres antes de que nazcan porque sabe de antemano que harán cosas dignas de aborrecimiento, y, por ende, el aborrecimiento y el amor de Dios no conspiran contra el *libre albedrío*'. Y, finalmente llega a concluir 'que los judíos fueron cortados merecidamente del olivo por causa de su incredulidad, y los gentiles fueron injertados merecidamente por causa de su fe, según el testimonio de Pablo, y que, un tropo (o figura) se refiere a la esperanza de aquellos que fueron cortados de ser injertados de nuevo, y una advertencia que se da a aquellos que fueron injertados de ser cortados'.

¡Que perezca si la Diatriba no sabe lo que afirma! Pero quizás, también es un ardid retórico, el cual te enseña a hacer oscuro el sentido, cuando se acerca el peligro de ser atrapado en tus propias palabras. Yo, por mi parte, no miro en este pasaje lugar para estas expresiones figuradas, con las cuales sueña la Diatriba, pero que no puede demostrar. Por ello, no es de extrañar que este testimonio (de Malaquías) no demuestre estas expresiones figuradas, pues las tales no existen.

Además, no discutimos sobre injertar o cortar, de lo cual Pablo habló en sus exhortaciones. Sé que los hombres son injertados por la fe, y cortados por la incredulidad, y que se les exhorta a creer para no ser cortados. Pero no significa, ni se puede probar a partir de esto, que pueden creer o apartarse por el poder del «libre albedrío», el cual es el punto en cuestión. No discutimos sobre quiénes son los creyentes y quiénes no lo son, quiénes son judíos y quiénes son gentiles, y cuál es la consecuencia de creer y apartarse, esto se relaciona con la exhortación. Más bien discutimos por cuál mérito u obra logran esa fe por la cual son injertados o esa incredulidad por la cual son cortados. Este es el punto que te pertenece como el maestro del «libre albedrío». Te pido que me describas este mérito.

Pablo nos enseña que esto les sucede no por causa de sus obras, sino solo en función del amor y del aborrecimiento de Dios, y cuando les sucede, les exhorta a perseverar para no ser cortados. Pero esta exhortación no demuestra lo que podemos hacer, sino lo que debemos hacer.

Me siento obligado a ser menos directo con muchas palabras no sea que mi adversario se escabulla y abandone el tema, y aborde cualquier cosa menos el mismo punto en discusión, e incluso retenerlo en la discusión equivale a haberlo derrotado. Pues todo lo que pretende es apartarse del punto, eludir las miradas y abordar cualquier cosa distinta de lo que se había planteado inicialmente.

Sección 104—El siguiente pasaje que aborda la Diatriba es Isaías 45:9 (RVR1960): «… ¿Dirá el barro al que lo labra: ¿Qué haces?...». Y Jeremías 18:6: «… He aquí, como el barro en manos del alfarero, así sois vosotros en mi mano…». En este caso, la Diatriba indica: «estos pasajes tienen más fuerza en Pablo que en aquellos contextos de los profetas de los cuales son tomados, porque en los profetas se refería a la aflicción temporal, pero Pablo los usa con referencia a la elección y la reprobación eternas». Entonces, aquí de nuevo, la audacia o la ignorancia se insinúan en Pablo.

Sin embargo, antes de ver cómo la Diatriba prueba que ninguno de estos pasajes excluye al «libre albedrío», haré el siguiente comentario: no parece que Pablo haya sacado este pasaje de las Escrituras, tampoco la Diatriba prueba que lo hizo. Pues Pablo suele mencionar el nombre del autor, o declara si cierta porción viene de las Escrituras, si bien, aquí no hizo ni lo uno ni lo otro. Entonces, lo más probable es que Pablo usó esta semejanza general según su propio juicio para apoyar su causa, como otros la han usado para apoyar la propia. De la misma manera, Pablo usó esta semejanza: «Un poco de levadura fermenta toda la masa» (1 Cor. 5:6), para representar la degeneración de las costumbres, y en otro lugar (Gál. 5:9) la aplicó a aquellos que corrompen la Palabra de Dios. También Cristo habló de la «levadura de Herodes» y «los fariseos» (Mat. 16:6, Mar. 8:15).

Admitamos que los profetas usaron esta semejanza, cuando hablaron en particular del castigo temporal, (en el cual no me detendré, no sea que me ocupe en cuestiones irrelevantes y me aleje del asunto en cuestión), sin embargo, Pablo la usó, según su propio juicio contra el «libre albedrío». Y en cuanto a afirmar que no se destruye la libertad de la voluntad como el barro en las manos de un Dios que aflige, no sé a qué se refiere, ni por qué la Diatriba pugna por tal punto, pues, sin duda, las aflicciones vienen de Dios contra nuestra voluntad, y se nos impone la necesidad de soportarlas, queramos o no, ni está en nuestro poder prevenirlas, aunque se nos exhorta a sobrellevarlas con disposición.

Sección 105—Pero es digno escuchar cómo se las arregla la Diatriba para argumentar que Pablo no excluyó el «libre albedrío» con esta semejanza, pues presenta dos objeciones absurdas: una la toma de las Escrituras, y la otra de la razón. De las Escrituras infiere la siguiente objeción.

Cuando Pablo dijo: «... en una casa grande no solamente hay vasos de oro y de plata, sino también de madera y de barro, y unos para honra y otros para deshonra», de inmediato añade: «Por tanto, si alguno se limpia de estas cosas, será un vaso para honra...» (2 Tim. 2:20-21). Entonces la Diatriba argumenta así: «¿Qué podría ser más absurdo que alguien le dijese a un orinal de barro, si te limpias serás un recipiente para honra? Pero sería correcto decirlo a un vaso racional de barro, el cual puede, cuando se le amonesta, conformarse según la voluntad del Señor». Con estas observaciones la Diatriba quiere decir que la semejanza o comparación no es aplicable en todos los aspectos, y es tan desacertada que no afecta en nada.

Respondo: (no quiero criticar sobre este punto) que Pablo no dijo si alguno se limpia de su propia suciedad sino «de estas cosas», es decir, de los vasos para deshonra, de modo que el sentido es, si alguien permanece apartado y no se mezcla con los maestros impíos será un vaso para honra. Admitamos también que este pasaje de Pablo concuerda con la Diatriba, es decir, que la comparación no es eficaz. Sin embargo, ¿cómo probará que Pablo se refería aquí al mismo asunto que en Romanos 9:11-23, el cual es el pasaje en discusión? ¿Es suficiente citar un pasaje distinto independientemente si tiene la misma intención o una diferente? No hay (como lo he demostrado más de una vez) una manera más fácil, ni más frecuente de caer en el error, en lo que respecta a la interpretación de las Escrituras, que agrupar diferentes pasajes de ella como si tuvieran el mismo significado. Por consiguiente, la semejanza en estos pasajes, de los cuales alardea la Diatriba, resulta más ineficaz a su propósito que nuestra semejanza que tanto refuta.

Pero (para no ser contencioso), admitamos que cada pasaje de Pablo tenía la misma intención, y que una semejanza no siempre es aplicable en todos los aspectos, (lo cual es una verdad evidente, pues de otra forma no sería una semejanza, ni una traducción, sino la cosa misma, según el refrán: «la semejanza cojea, y no siempre anda en cuatro patas»), no obstante, la Diatriba yerra y transgrede al ignorar la aplicación de la semejanza, la cual debe observarse en particular, pues solo toma ciertas palabras con el ánimo de contender. En cambio, dice Hilario, que 'la comprensión de lo que se dice se gana a partir de su aplicación, no de algunas palabras sueltas'. Así que, la eficacia de una semejanza depende de la causa de la semejanza. ¿Por qué la Diatriba ignora la intención que tuvo Pablo para usar esta semejanza o comparación, y toma aquellas palabras que no tienen relación con el significado de la semejanza? Es decir, cuando Pablo declaró: «si alguno se limpia de estas cosas» es una exhortación. Pero cuando declaró: «en una casa grande no solamente hay vasos de oro y de plata...» es un punto de doctrina. De modo que, por todas las circunstancias y el entendimiento de Pablo, puedes entender que él está estableciendo la doctrina sobre la diversidad y el uso de los vasos.

Por lo tanto, el significado es que al ver que tantos se apartan de la fe, no hay consuelo para nosotros sino la certeza de que «... el sólido fundamento de Dios permanece firme, teniendo este sello: El Señor conoce a los que son suyos, y: Que se aparte de la iniquidad todo aquel que menciona el nombre del Señor» (2 Tim. 2:19). Esta es entonces la causa y la eficacia de la semejanza, es decir, que hay diferentes vasos, algunos para honra y algunos para deshonra. Con esto también se demuestra que los vasos no se preparan, sino que el dueño los prepara. Y esto es a lo que Pablo se refería cuando afirmó: «O no tiene el alfarero derecho sobre el barro...» (Rom. 9:21). Entonces, la semejanza de Pablo es eficaz y prueba que no existe el «libre albedrío» a los ojos de Dios.

Luego de esto, sigue la exhortación: «si alguno se limpia de estas cosas» y con qué fin se hace, se infiere con claridad de lo que ya hemos expuesto. Pues no siguió que el hombre puede limpiarse a sí mismo. Es más, en todo caso se probaría que el «libre albedrío» puede limpiarse a sí mismo sin la gracia. Pues Pablo no dijo: si la gracia limpiase a alguno, sino «si alguno se limpia de estas cosas». Pero respecto a los pasajes imperativos y condicionales hemos dicho suficiente. Además, la semejanza no se expresó en términos condicionales, sino con verbos en indicativo: que los electos y los réprobos son vasos para honor y para deshonor. En resumen, si esta estratagema de la Diatriba es válida, todo el argumento de Pablo se reduce a nada. Pues en vano introdujo los vasos que murmuran contra Dios como el alfarero, si la culpa parece estar en el vaso y no en el alfarero. ¡Pues quién murmuraría si oyera que es condenado aquel que merece la condenación!

Sección 106—La otra objeción absurda la deduce la Diatriba de la Señora Razón a la que llaman razón humana, y plantea que la culpa no debe colocarse en el vaso, sino en el alfarero. Y, esto, en particular, dado que Él es el alfarero que no solo crea el barro sino también lo transforma. «Entonces —indica la Diatriba— el vaso es arrojado al fuego eterno, sin haber cometido otra falta que no ser dueño de sí mismo».

En ningún otro lugar la Diatriba se traiciona a sí misma de manera más abierta que en este. Pues aquí se oye decir, si bien con otras palabras, pero con el mismo significado, lo que Pablo hizo decir a los impíos: «… ¿Por qué, pues, todavía reprocha Dios? Porque ¿quién resiste a su voluntad?» (Rom. 9:19). Esto es lo que la razón no puede aceptar o tolerar. Esto es lo que ofende a tantos hombres de renombrado talento y que lo han aceptado a través de los siglos. ¡Ellos exigen que Dios actúe según las leyes humanas, y haga lo que les parece correcto, o deje de ser Dios! 'Los secretos de Su majestad —dicen ellos— no mejoran Su carácter en nuestra opinión. Que dé la razón por la cual Él es Dios, o por qué quiere o hace aquello que no tiene apariencia de justicia. Es como si se citara para comparecer a juicio a un zapatero o a un fabricante de collares'.

Por ende, la carne no piensa que Dios sea digno de gloria tan grande como para creer que es justo y bueno, aun cuando diga y haga aquellas cosas que están por encima de lo que el Código de Justiniano y el libro quinto de *Ética* de Aristóteles han definido como justicia. Esa majestad, la cual es la causa creadora de todo, debe inclinarse a una de las escorias de Su creación, y esa cueva coriciana debe, por el contrario, temer a sus espectadores. Es absurdo que Dios condene a aquel que no puede eludir el mérito de la condenación. Y, debido a este absurdo, tiene que ser falso que Dios tiene misericordia «del que quiere» y endurece al que quiere (Rom. 9:18). Dios debe ser llamado al orden. Debe tener ciertas leyes que se le prescriban, de modo que no condene a nadie sino a aquel que según nuestro propio juicio merezca ser condenado.

Y así se le ha dado una respuesta adecuada a Pablo y a su comparación. Debe revocarla y restarle toda eficacia, y así modificarla, de modo que este alfarero (según la interpretación de la Diatriba) haga el vaso para deshonra a partir de los

méritos precedentes, así como rechazó a algunos judíos por
causa de su incredulidad, y recibió a los gentiles por causa de
su fe. Pero si Dios opera así, y considera los méritos, ¿por qué
aquellos impíos murmuran y protestan?, ¿por qué dicen: «...
¿Por qué, pues, todavía reprocha Dios? Porque ¿quién resiste
a su voluntad» (Rom. 9:19). ¿Qué necesidad tenía Pablo de
mantenerlos a raya? Pues, ¿quién no se asombra incluso, por
no decir se indigna y protesta, si es condenado alguno que lo
merecía? Además, ¿dónde queda el poder del alfarero de hacer
lo que quiera de ese vaso, si está sujeto a los méritos y a las
leyes, por lo que no se le deja hacer lo que quiere, sino que se
le exige que haga lo que debe? La consideración de los méritos
conspira contra el poder y la libertad de hacer lo que Él quiere,
como se demuestra con aquel «hacendado», que cuando
los trabajadores murmuraron y protestaron en cuanto a sus
derechos, les respondió: «¿No me es lícito hacer lo que quiero
con lo que es mío?...» (Mat. 20:15). Estos son los argumentos
que invalidan la interpretación de la Diatriba.

Sección 107—No obstante, supongamos que Dios tiene que
considerar los méritos en aquellos que han de ser condenados.
¿No debemos, de igual forma, también exigir y admitir que
Él tiene que considerar los méritos en aquellos que han de
ser salvos? Pues si hemos de aplicar la razón, es igualmente
injusto premiar a los que no lo merecen, como condenarlos
sin merecerlo. Entonces, concluiremos que Dios debe justificar
a partir de los méritos precedentes, o lo declararemos injusto
por cuanto se deleita en el mal y en los hombres impíos, y
provoca y premia su impiedad con recompensas. Entonces, ¡Ay
de ustedes, miserables pecadores con un Dios tal! Pues, ¿quién
entre ustedes puede ser salvo?

Por tanto, ¡mira la iniquidad del corazón humano! Cuando Dios salva a los indignos sin que lo merezcan, es más, justifica al impío a pesar de todos sus deméritos, el corazón humano no lo acusa de injusticia, ni discute con Él sobre sus razones para hacerlo, aunque a juicio de ese corazón es la mayor de las injusticias, pero si esta actitud de Dios resulta para su propio beneficio y es plausible, la consideran justa y buena. ¡En cambio, si no resulta para su propio beneficio cuando condena al indigno, esta actitud de Dios es injusta e intolerable, y aquí el corazón humano protesta, murmura y blasfema!

Entonces, mira que la Diatriba, junto con sus defensores, no juzgan en esta causa conforme a la igualdad, sino conforme a su propio beneficio o intereses. Pues, si ellos consideraran la igualdad, discutirían con Dios cuando premia a los indignos, así como cuando los condena. Igualmente, alabarían y proclamarían cuando Dios condena a los indignos, así como cuando los salva, pues la injusticia en cada caso es la misma, si debe considerarse nuestra opinión, ¡a menos que quieran decir que la injusticia no es igual, ya sea que alabes a Caín por su fratricidio y hacerlo rey, o arrojes a la cárcel al inocente Abel y asesinarlo!

Por lo tanto, puesto que la Razón alaba a Dios cuando salva a los que no lo merecen, pero lo acusa cuando los condena, se ve obligada a admitir que no alaba a Dios como tal, sino como a uno que sirve para su propio beneficio, es decir, busca en Dios a sí misma y las cosas suyas, y no a Dios y las cosas que son de Dios. Pero si te complaces con un Dios que premia a los indignos, no debes disgustarte con un Dios que condena a los indignos. Pues si es justo en un caso, ¿cómo no será justo en el otro? ya que, en uno derrama gracia y misericordia sobre los indignos, y en el otro, derrama ira y severidad sobre los indignos. Sin embargo, en ambos casos, Dios es monstruoso e injusto delante de los hombres, pero justo y verdadero delante de sí mismo. Sin embargo, nos resulta incomprensible ahora, cómo puede ser justo que Él premie a los indignos, pero lo veremos cuando lleguemos allá, y ya no será necesaria la fe, por cuanto le veremos cara a cara. Asimismo, nos resulta incomprensible ahora cómo puede ser justo que Él condene a los indignos, no obstante, lo creemos, ¡hasta que el Hijo del hombre sea revelado!

Sección 108—Sin embargo, la Diatriba se siente ofendida por la semejanza del «alfarero» y el «barro»; y está un poco más que indignada por sentirse hostigada por ella. Y, finalmente llega a esto: habiendo reunido los diferentes pasajes de la Escritura, de los cuales algunos parecen atribuirle todo al hombre, y otros todo a la gracia, airadamente contiende 'que las Escrituras en ambos lados deberían entenderse según una sana interpretación, y no solo tomarlos tal y como están, ya que de otra manera, si imponemos esa semejanza sobre la Escritura, ella está preparada para imponerse sobre nosotros, como represalia, con aquellos pasajes condicionales y subjuntivos, y en particular aquel de Pablo que dice: *si alguno se limpia de estas cosas.* Este pasaje, indica la Diatriba, hace que Pablo se contradiga a sí mismo, y se lo atribuya todo al hombre, a menos que una sana interpretación venga en su ayuda. Y si debe admitirse una interpretación para esclarecer la causa de la gracia, ¿por qué no debería admitirse también una interpretación en la semejanza del alfarero para esclarecer la causa del *libre albedrío?*'.

Respondo: no me importa si tomas los pasajes en un sentido simple, doble o centuplicado. Yo afirmo que, mediante esta interpretación tuya, no se logra nada ni se aportan pruebas. Pues, lo que debe demostrarse es que el «libre albedrío» no puede querer algo bueno. En cambio, mediante este pasaje «si alguno se limpia de estas cosas», como es una oración condicional, ni se prueba nada, ni se prueba algo, pues solamente es una exhortación de Pablo. O, si añades la conclusión de la Diatriba e indicas que 'la exhortación es inútil si un hombre no se puede limpiar a si mismo', entonces se prueba que el «libre albedrío» puede hacer todo sin la intervención de la gracia. Y así la Diatriba se destroza a sí misma.

Por lo tanto, seguimos a la espera de algunos pasajes de la Escritura que nos demuestren que esta interpretación es correcta, no reconocemos aquellos que son producto de sus elucubraciones. Pues negamos que pueda encontrarse algún pasaje que atribuya todo al hombre. Negamos también que Pablo se contradiga a sí mismo cuando expresó: «si alguno se limpia de estas cosas». Y aseveramos que tanto la contradicción como la interpretación que hace la Diatriba, son ficciones, y que ninguna se ha demostrado. Sin duda, admitimos que si se nos dejara ampliar las Escrituras con las conclusiones y adiciones de la Diatriba, y dijésemos: 'si no somos capaces de cumplir las cosas que se nos mandan, los preceptos se dan en vano', entonces, en verdad, Pablo conspiraría contra sí mismo, así como toda la Escritura, pues, entonces, ella ya no sería la misma que antes, y probaría que el «libre albedrío» puede hacerlo todo. Sin embargo, ¡no es de sorprenderse que se contradiga de nuevo, en otro lugar, cuando afirmó: «... es el mismo Dios el que hace todas las cosas en todos» (1 Cor. 12:6)!

Sin embargo, la Escritura en cuestión, así ampliada, no solo nos refuta a nosotros, sino a la Diatriba misma, que definió que '*el libre albedrío* no puede querer algo bueno'. Entonces, que la Diatriba se desenrede primero a sí misma, y diga cómo concuerdan estas dos aserciones con Pablo: 'El *libre albedrío* no puede querer algo bueno', y también, 'si alguno se limpia de estas cosas, entonces, el hombre puede limpiarse a sí mismo, o esto fue dicho en vano'. Ves, pues, que la Diatriba, al estar enredada y derrotada con esa semejanza del alfarero, solo procura evadirla, y para nada considera cómo su interpretación conspira contra su propia causa, y cómo ella misma se refuta y se burla de sí misma.

Sección 109—En cuanto a mí, como lo expresé antes, nunca procuré ningún tipo de interpretación inventada. Tampoco hablé así: 'extiende tu mano, es decir, la gracia la extenderá'. Todo esto son invenciones de la Diatriba, en lo que a mí concierne, para el avance de su propia causa. Lo que enuncié fue que no hay contradicción en las palabras de las Escrituras, ni hay necesidad de una interpretación inventada para explicar una dificultad. Pero aquellos que sostienen el «libre albedrío» deliberadamente buscan dificultades y sueñan con contradicciones donde no las hay.

Por ejemplo: no hay contradicción en el texto: «si alguno se limpia de estas cosas» y «Dios […] que hace todas las cosas en todos». Tampoco es necesario afirmar para explicar esta dificultad que Dios hace algo y el hombre hace algo. Porque, el primer texto es condicional, lo cual ni afirma ni niega la existencia de una obra o fuerza en el hombre, sino solo muestra qué obra o fuerza debería haber en el hombre. Aquí no hay lenguaje figurado, nada que exija una interpretación inventada, pues las palabras son claras, el sentido es llano, es decir, si no añades conclusiones y tergiversaciones, según la costumbre de la Diatriba, porque entonces el sentido no sería llano. Y esto no sería culpa del texto, sino culpa del que lo tergiversó.

Sin embargo, el segundo texto: «... Dios [...] que hace todas las cosas en todos» (1 Cor. 12:6) es una oración indicativa, la cual declara que todas las obras y todo el poder son de Dios. ¿Cómo entonces habrían de contradecirse y no armonizar estos dos textos, uno que no dice nada sobre el poder del hombre, y el otro que atribuye todo a Dios? Pero la Diatriba está tan sumergida, sofocada y corrompida por el sentido de esa interpretación carnal: 'dar órdenes imposibles de cumplir sería en vano', que no puede contenerse a sí misma, sino que tan pronto oye una palabra imperativa o condicional, de inmediato añade sus conclusiones indicativas, a saber: algo se ordena, por lo tanto, somos capaces de cumplirlo, y lo cumplimos, de otra manera sería absurdo el mandato.

Por eso se manifiesta y se jacta de su completa victoria, como si hubiera resuelto la cuestión, y sus conclusiones tan pronto como las reflexionó estuvieron sancionadas por la autoridad divina. Y de ahí, que pronuncia con toda seguridad que en algunos lugares de las Escrituras todo se atribuye al hombre, y que, por lo tanto, existe una contradicción que exige una interpretación. Sin embargo, no mira que todo ese invento de su propia elucubración no tiene ni un ápice de confirmación en ningún lugar de la Escritura. Y no solo eso, sino que es de tal naturaleza que, si se admitiera, a nadie refutaría más directamente que a la misma Diatriba, porque si demostrara algo, sería que el «libre albedrío» puede hacerlo todo, si bien, esto es lo contrario de lo que la Diatriba se había propuesto probar.

Sección 110—Asimismo, repite esto: 'Si el hombre no hace nada, no hay lugar para el mérito, y donde no hay lugar para el mérito, no puede haber lugar para el castigo o la recompensa'.

De nuevo aquí, la Diatriba no se percata que con estos argumentos carnales se refuta más directamente a sí misma que a nosotros. Pues ¿qué prueban estas conclusiones, sino que todo el mérito lo tiene el «libre albedrío»? Y luego, ¿dónde hay cabida para la gracia? Además, si suponemos que el «libre albedrío» merece algo, y la gracia el resto, ¿por qué el «libr albedrío» no recibe toda la recompensa? O, ¿habremos de suponer que recibe una pequeña porción de la recompensa? Entonces, si hay lugar para el mérito para que haya lugar para la recompensa, el mérito debe ser tan grande como la recompensa.

Pero ¿por qué malgasto palabras y tiempo en estas pequeñeces? Pues, aunque todo se hubiera resuelto según la Diatriba se propuso, y el mérito fuese en parte la obra del hombre, y en parte la obra de Dios, todavía no puede definir la obra misma respecto a qué es, qué tipo es, y cuál es su alcance. Por todo esto, toda su discusión es inútil. Y, dado que la Diatriba no puede probar nada de lo que afirma, ni fundamentar su interpretación, como tampoco su contradicción, ni presentar un texto que atribuya todo al hombre; y dado que todo es ficción de su propia reflexión, la semejanza de Pablo del «alfarero» y el «barro» permanece firme e invencible, puesto que con ella Pablo demostró que no es conforme a nuestro «libre albedrío» determinar qué clase de vaso hemos de ser. Y, en cuanto a las exhortaciones de Pablo: «si alguno se limpia de estas cosas» y otras similares, son determinados modelos según los cuales debemos ser formados, pero ellas no son evidencia de nuestra obra, o de nuestro deseo. Creo que es suficiente lo que se ha expresado en cuanto al endurecimiento de faraón, el caso de Esaú y la semejanza del alfarero.

Sección 111—Finalmente, la Diatriba llega a aquellos pasajes que citó Lutero contra el «libre albedrío», con la intención de refutarlos.

El primer pasaje es Génesis 6:3: «Entonces el Señor dijo: No contenderá mi Espíritu para siempre con el hombre, porque ciertamente él es carne. Serán, pues, sus días, ciento veinte años». Este pasaje lo refuta de distintas formas. La primera, afirma la Diatriba: 'que carne, aquí, no se refiere a un afecto (o inclinación) malvado, sino debilidad'. Luego añade al texto de Moisés: 'el dicho suyo se refiere a los hombres de aquel tiempo y no a toda la raza humana, como si hubiera dicho: *en estos hombres*'. Además, 'que no se refiere a todos los hombres, incluso de aquel tiempo, porque se exceptúa a Noé'. Y, por último, afirma: 'que esta palabra tiene en hebreo otro significado; y que se refiere a la misericordia y no a la severidad de Dios, según el testimonio de Jerónimo'. Con esto, quizás nos persuadirías, al afirmar que como ese dicho no se aplicó a Noé sino a los impíos, entonces no fue la misericordia sino la severidad de Dios lo que se mostró a Noé, y que fue la misericordia y no la severidad de Dios lo que se mostró a los impíos.

Pero dejemos esas ridículas vanidades de la Diatriba, pues no avanza en nada y solo muestra que toma las Escrituras como meras fábulas. Lo que Jerónimo expresó no tiene ningún valor para mí, pues es innegable que no pudo probar nada de lo que afirmó. Tampoco es nuestra disputa sobre lo que opinó

Jerónimo, sino sobre lo que opinan las Escrituras. Dejemos que ese pervertidor de las Escrituras pretenda que el Espíritu de Dios significa indignación. Pero es deficiente en esto, porque tendría que dar dos pruebas necesarias que no puede dar. La primera, no pudo citar un pasaje de las Escrituras, en el cual se entendiera que el Espíritu de Dios significara indignación, pues, más bien, bondad y amabilidad se le atribuyen en todas partes. Y la segunda, si hubiera podido probar que en algún lugar significara indignación, no obstante, no podría probar que por esto también debiera entenderse así en el pasaje de Génesis 6.

Así, también dejemos que pretenda que «carne» deba entenderse como debilidad; no obstante, es deficiente en presentar pruebas. Pues, cuando Pablo llamó a los corintios «carnales» no se refería a debilidad, sino a una inclinación o afecto corrupto o malvado, porque, los acusa de «contiendas» y «divisiones», lo cual no es una debilidad o incapacidad para recibir una doctrina más sólida, sino una malicia y esa «vieja levadura» que el apóstol les mandó «limpiar» (1 Cor. 3:3; 5:7). Examinemos ahora el texto hebreo.

Sección 112—«No contenderá mi Espíritu para siempre con el hombre, porque ciertamente él es carne». Estas son textualmente las palabras de Moisés, y si no nos dejáramos llevar por nuestros propios sueños, las palabras como están allí son bastante claras y sencillas. Y es evidente que son las palabras de un Dios airado, tanto por lo que precede como por lo que sigue, junto con la consecuencia, ¡esto es el diluvio! La causa de esta advertencia fue que los hijos de Dios tomaron para sí mujeres por la mera lujuria de la carne, y luego, llenaron la tierra con violencia, de tal modo que provocaron que Dios precipitara el diluvio, y apenas lo retrasara por «ciento veinte años» (Gén. 6:1-3) lo cual, sino fuera por ellos, nunca lo habría traído sobre la tierra. Lee y analiza a Moisés, y verás con claridad que esto es lo que quiere decir.

Pero no es de extrañar que las Escrituras sean oscuras o que debas demostrar a partir de ellas que no solo existe un «libre albedrío», sino un albedrío divino, si te permites malgastar tu tiempo con ellas como si intentaras convertirlas en una obra literaria compuesta con fragmentos de Virgilio. ¡Y a esto llamas aclarar las dificultades y acabar toda disputa con una interpretación! Pero es con estas frivolidades que Jerónimo y Orígenes llenaron el mundo, y fueron la causa original de esa costumbre pestilente de no prestar atención a la sencillez de las Escrituras.

A mí me bastó probar que en este pasaje la autoridad divina llama a los hombres «carne», y la carne, en ese sentido, es que el Espíritu de Dios no pudo permanecer entre ellos, sino que, en un tiempo determinado, les fue quitado. Y lo que Dios quiso decir cuando declaró que Su Espíritu «no contenderá [...] para siempre con el hombre», se explica inmediatamente después, cuando determinó «ciento veinte años» como el tiempo en que todavía seguiría juzgando.

Aquí, Dios contrasta «espíritu» con «carne», al mostrar que los hombres, por ser carne, no recibieron el Espíritu, y Él, por ser espíritu, no pudo aprobar la carne. Por tanto, al cabo de «ciento veinte años», el Espíritu sería quitado. De ahí que puedes entender el pasaje de Moisés así: *Mi Espíritu, que está en Noé y en otros hombres santos, reprende a los impíos con la palabra de su predicación y sus vidas santas,* (pues, «contender con el hombre», es actuar entre ellos con la función de la palabra: redargüir, reprender, instar a tiempo y fuera de tiempo) *pero en vano*. Pues, ellos estaban enceguecidos y endurecidos por la carne, solo para empeorar cuanto más se los juzgara. Y así es, siempre que la Palabra de Dios llega al mundo, los hombres empeoran cuanto más escuchan de ella. Y esta es la razón por la cual la ira viene más pronto, así como el diluvio vino más pronto en aquel tiempo, porque no solo pecaron, sino que despreciaron la gracia, como afirmó Cristo: «... la luz vino al mundo, y los hombres amaron más las tinieblas que la luz...» (Juan 3:19).

Por lo tanto, como los hombres son carne, según el testimonio de Dios mismo, solo disfrutan de cosas carnales, y lejos está la posibilidad de que el «libre albedrío» hago algo, sino solo pecar. Y aun cuando el Espíritu de Dios está entre ellos al llamarlos y enseñarlos, solo empeorarán, ¿qué harán si son dejados a su propia suerte, sin el Espíritu de Dios?

Sección 113—Tampoco tiene que ver esta afirmación tuya: 'que Moisés se refiere a los hombres de aquel tiempo', pues lo mismo se aplica a todos los hombres, porque todos son carne, como Cristo expresó: «Lo que es nacido de la carne, carne es...» (Juan 3:6). Y cuán profunda es esa corrupción o maldad, Cristo mismo la enseñó en el mismo capítulo cuando manifestó que: «... el que no nace de agua y del Espíritu no puede entrar en el reino de Dios» (Juan 3:5). Entonces, que todo cristiano sepa que Orígenes y Jerónimo, junto con su grupo de seguidores, erraron perniciosamente, cuando dijeron que «carne» en estos pasajes no debe entenderse como 'afecto o inclinación corrupta o malvada'. Pues también en el pasaje de 1 Corintios 3:3: «porque todavía sois carnales...» se refiere a la maldad. Aquí, Pablo afirmó que había algunos entre ellos todavía impíos, y, además, que aun los santos, en cuanto disfrutaban de las cosas carnales, eran carnales, aunque justificados por el Espíritu.

En pocas palabras, puedes tomar esto como una observación general de las Escrituras. Dondequiera que se menciona «carne» en contraposición a «espíritu», el término «carne» se refiere a todo lo que es contrario al espíritu como en este pasaje: «… la carne para nada aprovecha…» (Juan 6:63). En cambio, cuando se usa de manera abstracta, hace referencia a la condición y naturaleza del cuerpo, como en los textos siguientes: «… y los dos serán una sola carne…» (Mat. 19:5); «… mi carne es verdadera comida…» (Juan 6:55); «Y el verbo se hizo carne…» (Juan 1:14). En tales pasajes, puedes hacer una alteración figurativa del hebreo, y así, en lugar de «carne» dirías «cuerpo». Pues en hebreo el término «carne» abarca en significado nuestros dos términos: «carne» y «cuerpo». Ojalá estos dos términos se hubieran usado claramente a través de todo el canon de las Escrituras. Así, considero, que mi pasaje de Génesis 6 refuta directamente el «libre albedrío», ya que se demostró que la «carne», según el testimonio de Pablo (Rom. 8:5-8), no puede sujetarse a Dios, como veremos en su oportunidad, y lo que la misma Diatriba afirmó 'que no puede querer algo bueno'.

Sección 114—Otro pasaje es Génesis 8:21: «… la intención del corazón del hombre es mala desde su juventud». Y otro es Génesis 6:5: «… toda intención de los pensamientos de su corazón era solo hacer siempre el mal». Sin embargo, la Diatriba elude estos pasajes cuando afirma: «La inclinación hacia lo malo, que se haya en la mayoría de los hombres, no quita por completo la libertad de la voluntad».

¿Acaso habla Dios aquí de 'la mayoría de los hombres', y no de todos los hombres, cuando, después del diluvio, prometió a todos los que quedaron y estaban por venir, como si se hubiese arrepentido, que no traería otro diluvio a la tierra «por causa del hombre»? Y da la razón: ¡porque el hombre se inclina hacia lo malo! Como si hubiese dicho: *Si hubiera que actuar conforme a la maldad del hombre, nunca pondría fin al diluvio. Por tanto, de aquí en adelante, no actuaré conforme a lo que merece.* Ves, entonces, que Dios, tanto antes como después del diluvio, declaró que el hombre es malo. De modo que lo que la Diatriba dice sobre 'la mayoría de los hombres' no tiene ningún valor.

Además, la propensión o inclinación hacia lo malo, le parece a la Diatriba un asunto de poca importancia, como si estuviese en nuestro poder incitarla o reprimirla. Si bien, las Escrituras se refieren a esa propensión como la inclinación o impulso constante de la voluntad hacia lo malo. ¿Por qué en este caso la Diatriba no apela al hebreo? Moisés no mencionó nada sobre una inclinación. Pero para que no encuentres cabida a objeciones, el texto hebreo (Gén. 6:5) dice así: «chol ietzer mahescheboth libbo rak ra chol haiom», es decir: «Toda intención de los pensamientos del corazón es solo hacer lo malo todos los días». Él no expresa que es propenso o dispuesto hacia lo malo, sino que es malo por completo, y que durante toda su vida el hombre no piensa ni imagina nada más que lo malo. La naturaleza de su maldad es tal que no hace ni puede hacer otra cosa que lo malo, porque es mala. Y, según el testimonio de Cristo, un árbol malo no puede producir ni más ni menos que frutos malos (Mat. 7:17-18).

Y en cuanto a la objeción descarada de la Diatriba: «Entonces ¿por qué se dio un tiempo para el arrepentimiento, si ninguna parte de este depende del libre albedrío, sino que todo se efectúa según la ley de la necesidad?».

Mi respuesta: tú puedes formular las mismas objeciones en cuanto a los preceptos de Dios, y preguntar: ¿por qué Dios ordena algo si todo se efectúa por necesidad? Él ordena con el fin de instruir y amonestar a los hombres, de modo que, humillados por el conocimiento de su propia maldad, puedan venir a la gracia, como ya lo comenté a fondo. Por lo tanto, ¡este pasaje permanece invencible frente a la libertad de la voluntad!

Sección 115—El tercer pasaje es Isaías 40:2: «Consolad, consolad a mi pueblo—dice vuestro Dios. Hablad al corazón de Jerusalén y decidle a voces que su lucha ha terminado, que su iniquidad ha sido quitada, *que ha recibido de la mano del Señor el doble por todos sus pecados*». La Diatriba observa que: «Jerónimo interpreta esta cláusula respecto a la venganza divina, no respecto a Su gracia que da en retribución a los hombres por sus malas obras».

¿Oigo correctamente? Jerónimo afirmó eso, ¡por lo tanto es verdad! Yo discuto sobre este pasaje de Isaías, quien habló con la mayor claridad y tú me arrojas a Jerónimo en el rostro, un hombre (por no hablar peor de él) sin juicio ni diligencia. ¿Dónde está esa promesa tuya, en que acordamos desde el inicio de esta discusión, 'que nos circunscribiríamos a las Escrituras y no a los comentarios de los hombres'? Todo este capítulo de Isaías según el testimonio de los evangelistas, cuando lo mencionan para referirse a Juan el Bautista, «la voz del que clama», habla de la remisión de pecados proclamada por el evangelio. Pero si dejamos que Jerónimo, como era su costumbre, nos imponga la ceguera de los judíos como si fuese el significado histórico, y sus propias frivolidades como alegorías, y, cambiemos toda la gramática, entonces entenderemos que este pasaje, en lugar de referirse a la remisión de pecados se refiere a la venganza divina. Te pregunto, ¿qué venganza se cumple en la predicación de Cristo? Veamos cómo se presentan las palabras en hebreo.

«Consolaos, consolaos, pueblo mío [en el vocativo]» o, «Mi pueblo [en el acusativo]—dice tu Dios». ¡Aquí, presumo, que el que manda «consolar» no ejecuta una venganza! Luego sigue: «Hablad al corazón de Jerusalén y decidle a voces…» (Isa. 40:1-2). «Hablad al corazón» es un hebraísmo que se refiere a hablar cosas buenas, dulces y agradables. Así, Siquem, en Génesis 34:3, habló al corazón de Dina, a quien había deshonrado, es decir, cuando ella estaba apesadumbrada, él le habló tiernamente, como aparece en nuestra traducción. Y, ¿a qué se refiere con aquellas cosas buenas y dulces que se mandó proclamar para consuelo del pueblo? Esto lo explicó luego el profeta cuando dijo: «… que su lucha ha terminado, que su iniquidad ha sido quitada, que ha recibido de la mano del Señor el doble por todos sus pecados». «Su lucha», (milicia), que la traducen como «su maldad», (milicia), según los judíos, audaces gramáticos, se refiere a un tiempo determinado. Así entienden el pasaje de Job 7:1: «¿No hay acaso una hora señalada para el hombre sobre la tierra?», es decir, que se le ha fijado un tiempo.[2] Yo considero que lo más sencillo y según la corrección gramatical, se refiere a «lucha». Si bien, hay que entender Isaías con relación al transcurso de la vida y al trabajo del pueblo bajo la ley, quienes estaban, por así

---

2. Ver las versiones: Reina Valera 1977: «¿No es acaso una milicia la vida del hombre sobre la tierra […]?»; y Reina Valera 1995 que dice: «¿No es acaso la vida del hombre una lucha sobre la tierra […]?»; y Reina Valera Antigua que dice: «Ciertamente tiempo limitado tiene el hombre sobre la tierra…».

decirlo, en una literal lucha. De ahí que Pablo comparó tanto
a los predicadores como a los oidores de la Palabra con los
soldados, como en el caso de Timoteo, a quien se le mandó
a ser un «buen soldado» y «sufrir penalidades» (2 Tim. 2:3).
Y en 1 Corintios 9:24 los describió como corredores «en el
estadio» y también observó que «... solo uno obtiene el premio
[...]. Corred de tal modo que ganéis [compitan conforme
al reglamento]». Él provee con armas a los efesios y a los
tesalonicenses (Ef. 6:10-18). Y él mismo se gloriaba porque
había «... peleado la buena batalla...» (2 Tim. 4:7), y así
muchos otros ejemplos en otros lugares. También está escrito
en hebreo en 1 Samuel 2:22: «Y los hijos de Elí durmieron
con las mujeres que luchaban (*militantibus*) a la entrada del
tabernáculo de reunión». Moisés mencionó a aquellos que
luchaban en Éxodo. Y de ahí, que el Dios de este pueblo es
llamado el «Señor de Sabaoth»; es decir, el Señor de la lucha
(milicia) y de los ejércitos.

Por lo tanto, Isaías anunció que la lucha del pueblo bajo la
ley iba a terminar, pues estaba oprimido por ella como una
carga intolerable, según lo expresó Pedro en Hechos 15:7-10,
y que sería liberado de la ley y trasladado a la nueva lucha del
Espíritu. Además, este fin de su dura lucha, y el pasar a la nueva
lucha y enteramente libre, no se daría debido a sus méritos, ya
que, no podría soportarla, es más, se concedería debido a sus
deméritos, pues su lucha iba a terminar al ser perdonadas sus
iniquidades con toda libertad.

Aquí las palabras no son 'oscuras ni ambiguas'. Isaías expresó
que su lucha iba a terminar al ser perdonadas sus iniquidades,
con lo que dio a entender claramente que los soldados bajo
la ley no cumplieron la ley ni pudieron cumplirla, y solo

sostuvieron la lucha del pecado y fueron soldados pecadores. Como si Dios hubiera declarado: *Estaría obligado a perdonarles sus pecados si hubieran cumplido mi ley, es más, debo revocar mi ley por completo cuando los perdone, porque veo que no pueden más que pecar, ante todo cuando luchan, es decir, cuanto más se esfuerzan en cumplir la ley en sus propias fuerzas.* Pues en el hebreo: «su iniquidad ha sido quitada» se refiere a algo que es hecho en buena voluntad y de pura gracia. Y, así es perdonada la iniquidad, sin mérito alguno, es más, por debajo de todo demérito, como se demuestra en lo que sigue: «que ha recibido de la mano del Señor el doble por todos sus pecados». Es decir, como lo manifesté antes, no solo la remisión de pecados, sino también el final de la lucha, lo cual no es ni más ni menos que esto: una vez abrogada la ley que era «el poder del pecado», y perdonado su pecado que era «el aguijón de la muerte», ellos van a reinar en doble libertad por la victoria de Jesucristo. A esto se refería Isaías cuando expresó «de la mano del Señor», pues ellos no lo obtendrían en sus propias fuerzas, o por causa de sus propios méritos, sino que lo recibirían de Cristo, el conquistador, que se los daría. Y según el hebreo, la expresión «en todos sus pecados» es, según el latín «*por* todos sus pecados» o «debido a todos sus pecados». Como en Oseas 12:12, el cual reza en el texto hebreo: «Israel sirvió en una mujer», es decir «*por* una mujer». Y así también en el Salmo 59:3 en el texto hebreo: «ellos acechan en mi vida», es decir «*por* mi vida». Por ello, Isaías resaltó los méritos nuestros por los cuales creemos obtener esa doble libertad, a saber, el final de la lucha bajo la ley y el perdón de los pecados; y estos méritos no fueron más que pecados, es más, todos pecados. ¿Podría acaso permitir que este hermoso pasaje, que se opone al «libre albedrío», fuera

manchado con la inmundicia que lanzaron sobre este Jerónimo
y la Diatriba? ¡Dios me libre! ¡No! Sigue victorioso mi testigo
Isaías sobre el «libre albedrío», el cual con claridad mostró
que la gracia no se concede a los méritos y los esfuerzos
del «libre albedrío», sino a los pecados y los deméritos, y que el
«libre albedrío» con todo su poder, no puede hacer nada sino
llevar a cabo la lucha del pecado, de modo que, la misma ley
que se cree que fue dada como una ayuda, se vuelve intolerable
y lo hace aún más pecador cuanto más tiempo permanezca en
la lucha.

Sección 116—No obstante, la Diatriba disputa así: «Aunque
por medio de la ley el pecado abunde, y donde el pecado
abunda, la gracia abunda mucho más, sin embargo, esto no
significa que el hombre, al hacer con la ayuda de Dios lo que a
Él le complace, no haya podido prepararse por medio de obras
moralmente buenas para merecer el favor de Dios».

¡Maravilloso! ¡Con seguridad que esto no es producto de
la Diatriba, sino que lo tomó de algún otro escrito, enviado
o recibido de otra parte, e insertado en su libro! ¡Puesto
que, sin duda, ni ve ni oye el significado de esas palabras!
Si el pecado abunda por medio de la ley, ¿cómo es posible
que un hombre se prepare por medio de obras morales para
merecer el favor de Dios? ¿De qué sirven las obras cuando la
ley no sirve de nada?, o ¿de qué sirve si el pecado abunda por
medio de la ley, si todas las obras, hechas según la ley, son
pecados? Pero de esto discutiremos en otro lugar. Ahora bien,
¿a qué se refiere cuando afirma que un hombre con la ayuda
de Dios puede prepararse por medio de las obras morales?
¿Estamos discutiendo en cuanto a la asistencia divina o el
«libre albedrío»? Pues, ¿qué hay que no sea posible mediante

la asistencia divina? Sin embargo, como lo afirmé antes, a la Diatriba no le interesa el tema en cuestión, por eso ronca y bosteza palabras como esas.

No obstante, cita a Cornelio, el centurión, en Hechos 10:31 como un ejemplo, y hace la siguiente observación: 'sus oraciones y obras de caridad complacieron a Dios aun antes de que fuera bautizado y lleno del Espíritu Santo'.

He leído a Lucas en Hechos, y aún no percibo una sola sílaba que indique que las obras de Cornelio fueron moralmente buenas sin el Espíritu Santo, como sueña la Diatriba. Sino por el contrario, encuentro que era «un hombre justo y temeroso de Dios», pues así lo llamó Lucas. Pero llamarlo «justo y temeroso de Dios» sin el Espíritu Santo, ¡es lo mismo que llamar Baal a Cristo!

Además, todo el contexto muestra que Cornelio estaba «limpio» delante de Dios, incluso por el testimonio de la visión que le fue enviada desde el cielo a Pedro y en la cual se le reprendió. ¿Lucas describió la justicia y la fe de Cornelio con tales palabras y gran ceremonia, y la Diatriba y los sofistas permanecen ciegos teniendo los ojos abiertos ante la luz de las palabras y la evidencia de los eventos, que ven precisamente lo contrario? Tal es la falta de diligencia al leer y considerar las Escrituras, no obstante, deben estigmatizarlas como 'oscuras y ambiguas'. Pero admito que Cornelio aún no había sido bautizado, ni había escuchado sobre Cristo resucitado entre los muertos, entonces ¿se deduce que no tenía el Espíritu Santo? ¡Según esto, dirás que Juan el Bautista y sus padres, la madre de Cristo y Simeón no tenían el Espíritu Santo! ¡Pero no prolonguemos nuestra estadía en tal oscuridad!

Sección 117—El cuarto pasaje está en Isaías en el mismo capítulo: «... Toda carne es hierba, y todo su esplendor es como flor del campo. Sécase la hierba, marchítase la flor cuando el aliento del Señor sopla sobre ella...» (Isa. 40:6-7).

Mi amiga Diatriba opina que las Escrituras son tratadas con violencia, al ser arrastradas según corresponda a las causas de la gracia y el «libre albedrío». Pregunto ¿por qué opina así? 'Porque, afirma, Jerónimo entiende que *aliento* (*espíritu*) se refiere a indignación, y *carne* se refiere a la débil condición del hombre, la cual no puede enfrentarse a Dios'. De nuevo, aquí me arrojan a la cara las trivialidades de Jerónimo en lugar de presentarme a Isaías. Y me veo forzado a luchar más intensamente contra ese fastidio (por no usar un término más severo) con el cual, la Diatriba, con bastante diligencia me agota, que contra la misma Diatriba. Pero ya di mi opinión sobre lo que expresó Jerónimo.

Ruego que me permita la Diatriba compararla consigo misma. Afirma que '*carne* se refiere a la débil condición del hombre, y *aliento* (*espíritu*) a la indignación divina'.

¿Entonces a la indignación divina no le queda otra opción sino «secar» esa miserable débil condición del hombre, a la cual debería más bien fortalecer?

Sin embargo, esto es todavía más excelente: 'La *flor del campo* es la gloria que surge de la felicidad de las cosas corporales'.

Los judíos se gloriaban de su templo, su circuncisión y sus sacrificios, y los griegos de su sabiduría. En este sentido, la «flor del campo» es la gloria de la carne, la justicia de las obras y la sabiduría del mundo. ¿Cómo entonces la Diatriba llama 'cosas corporales' a la justicia y la sabiduría? Y, ¿qué tiene que ver esto con la interpretación que Isaías dio a sus propias palabras, al aseverar al final del versículo 7: «en verdad el pueblo es hierba»? No afirmó: en verdad la débil condición del hombre es hierba, sino «el pueblo». Y, ¿qué es el pueblo? ¿Acaso es solo la débil condición del hombre? Pero no sé si Jerónimo por 'la débil condición del hombre' se refería a toda la creación, o solo a la miserable suerte y condición del hombre. Sin embargo, sea como fuere, sin duda permite que la divina indignación obtenga un renombre glorioso y un noble botín con *secar* una creación miserable o una raza de desdichados, en vez de esparcir a los soberbios, quitar de sus tronos a los poderosos y enviar a los ricos con las manos vacías, como lo canta María (Luc. 1:51-53).

Sección 118—Pero abandonemos estas fantasías y tomemos las palabras de Isaías como son. «El pueblo [afirmó] es hierba». «Pueblo» no se refería solo a la carne o la débil condición de la naturaleza humana, sino comprende todo lo que hay en el pueblo: ricos, sabios, justos, santos. ¡A menos que quieras decir que los fariseos, los ancianos, los príncipes, los nobles, los hombres ricos no eran parte del pueblo judío! A su gloria se le llama con toda razón la «flor del campo», porque los judíos se gloriaban de su reino, su gobierno, y sobre todo de la ley, de Dios, de la justicia y la sabiduría, como lo demostró Pablo en Romanos 2, 3 y 4.

Entonces, cuando Isaías dijo: «toda carne», ¿a qué otra cosa se refirió sino a toda la «hierba», o, todo «el pueblo»? Pues no dijo solo «carne», sino «toda carne». Y al «pueblo» pertenecen el alma, el cuerpo, la mente, la razón, el juicio y todo lo que se pueda hallar de excelente en el hombre. Pues cuando declaró: «toda carne es hierba» no dejó fuera nada, excepto el Espíritu que la seca. Tampoco omitió nada cuando dijo: «El pueblo es hierba». ¡Habla entonces de «libre albedrío» o de cualquier otra cosa que pueda llamarse lo más elevado y lo más bajo en el pueblo, que a todo esto Isaías lo llamó «carne» y «hierba»! Porque estos tres términos: «carne», «hierba» y «pueblo», según la interpretación del autor del libro se refieren a la misma cosa en este pasaje.

Además, como tú mismo afirmas, la sabiduría de los griegos y la justicia de los judíos que fueron secadas por el evangelio, eran la «hierba» y la «flor del campo» ¿Acaso piensas que la sabiduría de los griegos no fue lo más admirable y que la justicia de los judíos no fue lo más excelente? Si piensas así, muéstranos algo más extraordinario. ¿Con qué certeza es que tú en tono desafiante, al mismo Felipe, dijiste: «Si alguno sostiene que lo más excelente en la naturaleza del hombre no es otra cosa sino carne, es decir, que es impío, estoy dispuesto a coincidir con él, siempre que haya demostrado su aserción con testimonios de las Santas Escrituras»?

Aquí tienes a Isaías, quien clamó a gran voz que el pueblo, carente del Espíritu del Señor, era «carne», aunque no lo entenderás así. También tienes tu propia confesión, donde expresaste (aunque involuntariamente quizás) que la sabiduría de los griegos era «hierba», o la gloria de la hierba, lo cual es lo mismo que afirmar que era «carne». A menos que quisieras decir que la sabiduría de los griegos no pertenece a la razón o al principio rector (*hegemonicon*), como lo llamas, es decir, la parte principal del hombre. Por ello, si no te dignas a escucharme, escúchate a ti mismo; cuando cautivado por la poderosa fuerza de la verdad, hablas la verdad.

Además, tienes el testimonio de Juan: «Lo que es nacido de la carne, carne es, y lo que es nacido del Espíritu, espíritu es»

(Juan 3:6). Este texto manifiesta con claridad que lo que no es nacido del Espíritu, es carne, y si no es así la distinción de Cristo no podría sostenerse, quien dividió a todos los hombres en dos, «carne» y «espíritu». Este texto que has pasado por alto en tono burlón, como si no te diera la información que quieres, y te diriges a otra cosa, como es tu costumbre, y a medida que avanzas argumentas que Juan dijo que aquellos que creen son nacidos de Dios, y son hechos hijos de Dios, es más, que son dioses y nuevas criaturas. Por ello, no le prestas atención a la conclusión que se deduce de esta división, sino solo nos dice para tu tranquilidad qué personas están a un lado de la división, y confías en tus maniobras retóricas, como si no hubiese nadie que pudiera descubrir una evasiva o disimulo tan sutil.

Sección 119—Es difícil no concluir que estás actuando con astucia y engaño. Pues aquel que maneja las Escrituras con subterfugios e hipocresía como lo haces tú, quizás sepa fingir que todavía no conoce a profundidad las Escrituras, pero está dispuesto a ser enseñado, aun cuando, al mismo tiempo, esto es lo último que desea, y solo parlotea así para reprender la clara luz de las Escrituras y disimular su propia terquedad. Así, los judíos, hasta el día de hoy, pretenden que lo que Cristo, los apóstoles y toda la iglesia han enseñado, no se puede probar con las Escrituras. También los papistas pretenden que todavía no han comprendido a cabalidad las Escrituras, aunque las mismas piedras proclamen la verdad. Quizás esperes que las Escrituras produzcan un texto que contenga estas letras y sílabas: 'La parte principal del hombre es la carne' o 'Aquello más excelente en el hombre es la carne'; y de no producirse tal texto serías declarado el vencedor invicto. Como si los judíos exigieran que los profetas produjeran estas letras: «¡Jesús el hijo del carpintero, nacido de la virgen María en Belén, es el Mesías el Hijo de Dios!».

Aquí, donde te ves obligado por el sentido llano de los pasajes, nos desafías a producir letras y sílabas. En otras ocasiones, cuando eres vencido tanto por las letras como por el sentido has recurrido a los 'tropos', las 'dificultades' y las 'interpretaciones sanas'. Y no hay momento en el cual no inventes algo para contradecir las Escrituras. En algún momento recurres a las interpretaciones de los padres, en otro, a los planteamientos absurdos de la razón. Y, cuando ninguno de estos te funciona, te detienes en lo que es irrelevante o contingente, pero lo haces con especial precaución para no quedar atrapado por el pasaje que está en discusión. Pero ¿cómo te llamaré? ¡Comparado contigo, Proteo ya no es más Proteo! Pero al final no puedes librarte. ¿De qué victorias se jactaron los arrianos al no hallarse en las Escrituras estas letras y sílabas: *homoousios* (consubstancialidad)? ¡Sin tomar en cuenta que lo expresado por este término podría probarse con mayor eficacia con otras palabras!

Pero si esto es una señal de un corazón bueno (no digo piadoso), y que desea ser enseñado, es un asunto que podría juzgarlo cualquier impío o malvado.

Llévate tu victoria, mientras nosotros como los derrotados confesamos que estas letras y sílabas: 'Aquello más excelente en el hombre es la carne' no se halla en las Escrituras. Pero ¡vaya victoria la que habrás logrado cuando probemos profusamente que no se hallan en las Escrituras ninguna de esas porciones que dicen. 'aquello más excelente' o 'la parte principal' del hombre es carne, sino que la totalidad del hombre es carne! ¡Y no solo eso, sino que la totalidad del pueblo es carne! ¡Y más aún,

que toda la raza humana es carne! Pues Cristo afirmó: «Lo
que es nacido de la carne, carne es». ¿Empezaste la solución
de dificultades, la invención de tropos y la búsqueda de
interpretaciones de los Padres, o cambiaste de rumbo al disertar
sobre la guerra de Troya, todo con el fin de no ver y escuchar
este pasaje en discusión?

Nosotros no creemos, sino que vemos y experimentamos
que toda la raza humana es «nacida de la carne», y por ello,
nos vemos obligados a creer aquello que no vemos, a saber,
que toda la raza humana «es carne», según la Palabra de
Cristo. Entonces ¿damos espacio a los sofistas para la duda
y la discusión si la parte principal (*hegemonicon*) del hombre
debe incluirse en todo el hombre, todo el pueblo y toda la
raza humana? Sin embargo, sabemos que en la raza humana
están incluidos el cuerpo y el alma, ¡con todas sus facultades y
obras, con todos sus vicios y virtudes, con toda su sabiduría y
necedad, con toda su justicia e injusticia! Todas las cosas son
«carne», porque todas las cosas disfrutan de la carne, es decir,
disfrutan las cosas que son propias a ella, y como dijo Pablo,
¡no alcanzan la gloria de Dios y carecen del Espíritu de Dios!
(Rom. 3:23; 8:5-9).

Sección 120—Y en cuanto a tu afirmación: «Sin embargo,
no todo afecto en el hombre es carne. Hay un afecto llamado
alma. Hay un afecto llamado espíritu, por el cual aspiramos a
lo moralmente bueno, de la misma manera que aspiraron los
filósofos, que enseñaron que debe preferirse morir mil veces
que cometer una acción vil, aun cuando se nos asegurara que
los hombres nunca sabrían de ella y que Dios la perdonaría».

Respondo: el que no cree nada con certeza puede fácilmente
creer y expresar cualquier cosa. Yo no preguntaré, pero dejará

que tu amigo Luciano te pregunte si puedes presentar de toda la raza humana a un solo hombre, aun fuera dos o siete veces más grande que Sócrates, que haya hecho aquello de lo que hablas y de lo cual enseñaron los filósofos. ¿Por qué deliras con palabras vacías? ¿Podían aspirar a lo moralmente bueno los que ni siquiera sabían qué es bueno?

Si te pidiera que me presentaras algunos de los mejores ejemplos de lo que llamas moralmente bueno, pondrías, quizás, como uno de esos ejemplos: los que murieron por su país, por sus esposas e hijos y por sus padres. Otros: los que no cayeron en la mentira o la traición, o soportaron tormentos como C. Escévola, M. Régulo y otros. Pero ¿qué puedes señalar en estos hombres sino el aspecto exterior de sus obras? ¿Acaso has visto sus corazones? Es más, es evidente por el aspecto exterior de sus obras, que las realizaron para su propia gloria, tanto es así, que no se avergonzaron de confesar y alardear que aquello era lo que buscaban. Pues también los romanos, según sus propios testimonios, realizaron hazañas de valor y virtud, todo por la sed de gloria. Lo mismo hicieron los griegos y los judíos, y toda la raza humana.

No obstante, aunque todo esto sea moralmente bueno delante de los hombres, no lo es delante de Dios. Al contrario, es lo más impío y el más grande de los sacrilegios, porque no obraron para la gloria de Dios, sino como el acto más depravado de robo. Pues despojaron a Dios de Su gloria y la tomaron para sí mismos, con lo cual nunca estuvieron más lejos de lo moralmente bueno, nunca más viles, que cuando brillaron en sus virtudes más excelsas. ¿Cómo podrían obrar para la gloria de Dios si desconocían a Dios y Su gloria? Sin embargo, esto no fue porque la gloria de Dios no fuera evidente, sino porque la carne no les permitió verla, en su furia y necedad con que buscaban su propia gloria. Así pues, ese que es el 'espíritu' principio rector, la 'parte principal del hombre, que aspira a lo moralmente bueno', ¡es un ladrón de la gloria divina y un usurpador de la divina majestad! y luego, con mayor empeño, ¡cuando han excedido sus obras moralmente buenas y muestran sus mejores virtudes! Por tanto, niega, si puedes, que los tales son «carne» y que son arrastrados por un afecto impío.

Sin embargo, no creo que la Diatriba pueda ofenderse tanto por la expresión que dice que el hombre es «carne» o «espíritu», si se expresara en latín: *Homo est carnalis vel spiritualis,* (lo cual en español sería: el hombre es carnal o espiritual). Pues esta particularidad, al igual que otras, debe concedérsele a la lengua hebrea, que cuando dice: el hombre es «carne» o «espíritu», se refiere a lo mismo que cuando nosotros decimos: el hombre es carnal o espiritual. El mismo significado que comunica el latín cuando dice: *Triste lupus stabulis, dulce satis humor,* (lo cual en español es: cosa triste es el lobo para los rediles, grata es la humedad para los sembrados), o cuando dice: *Iste homo est scelus et ipsa malitia,* (lo cual en español es: este hombre es la misma iniquidad y malicia). Así también la santa Escritura, por la fuerza de la expresión, llama al hombre «carne», es decir, la misma carnalidad, porque se deleita demasiado de ella, es más, no se deleita de otra cosa sino de todo lo que es propio de la carne, y por otra parte llama «espíritu» a aquello que no se deleita, ni busca, ni hace, ni puede sobrellevar sino lo que es propio del Espíritu.

A menos, quizás, que la Diatriba todavía haga esta pregunta: supongamos que la totalidad del hombre es «carne», y que aquello que es lo más excelente en el hombre se llama «carne», entonces ¿a todo lo que sea «carne» hay que llamar impío? Yo llamo impío a aquel que no tiene el Espíritu de Dios. Pues las Escrituras afirman que el Espíritu fue dado para justificar al impío. Asimismo, Cristo hizo una distinción entre el espíritu y la carne, cuando expresó: «... Lo que es nacido de la carne, carne es...». Y en el versículo anterior ya había dicho que «... no puede entrar en el reino de Dios...» lo que es nacido de la carne (Juan 3:3-6). La deducción evidente es que todo lo que es carne es impío, está bajo la ira de Dios y es extraño para el reino de Dios. Y si es extraño para el reino de Dios, forzosamente se deduce que está bajo el reino y el espíritu de Satanás. Pues no hay un reino intermedio entre el reino de Dios y el reino de Satanás, los cuales se oponen mutua y eternamente entre sí.

Estos son los argumentos que prueban que las virtudes más excelsas entre las naciones, la mayor perfección de los filósofos y lo más excelente entre los hombres, sin duda, parecen, según la opinión de los hombres, moralmente virtuosas y buenas, y así se les reconoce. Pero eso mismo según la opinión de Dios, es en verdad «carne» y al servicio del reino de Satanás, es decir, impío, sacrílego, y en todo sentido, ¡malo!

Sección 121—Pero supongamos que la opinión de la Diatriba es válida: 'que no todo afecto es *carne*, es decir, impío; sino que el afecto es aquello que es llamado espíritu bueno y recto'. Solo observa los absurdos que seguirían de esto, no solo con respecto a la razón humana, sino con respecto a la religión cristiana y a la mayoría de los artículos de la fe. Pues si aquello que es lo más excelente en el hombre no es impío, ni totalmente depravado, ni condenable, sino aquello que solo es carne, es decir, los afectos más viles y repugnantes, ¿qué clase

de redentor haremos de Cristo? ¿Valoraremos el precio de Su
sangre tan bajo que diremos que solo redimió esa parte más vil
del hombre, y en cambio, la parte más excelente del hombre
podría obrar para su propia salvación, y no hace falta Cristo?
Entonces, de aquí en adelante, debo predicar a Cristo no como
el redentor del hombre entero, sino de su parte más vil, es
decir, de su carne. ¡Mientras que el hombre mismo es el propio
redentor de su parte más honrosa!

Por tanto, decide como quieras. Si la parte más excelente del
hombre es recta, no necesita de Cristo como redentor. Y si no
necesita de Cristo, lo supera en gloria, pues ella se ocupa de la
redención de esa parte más honrosa, mientras que Cristo solo
se ocupa de esa parte vil. Además, el reino de Satanás no servirá
de nada, pues solo reinará en la parte más vil del hombre,
mientras que el mismo hombre gobernará sobre la parte más
noble.

De modo que con esta doctrina tuya sobre 'la parte principal
del hombre' sucederá que el hombre será exaltado sobre Cristo
y el diablo; es decir, ¡será hecho dios de dioses, y señor de
señores! ¿Dónde queda esa 'opinión aceptable' que afirmaba
'que el libre albedrío no puede querer lo bueno'? Aquí sostiene
que hay una parte principal en el hombre, moralmente buena y
recta; ¡que ni siquiera necesita a Cristo, pero puede hacer más
de lo que pueden Dios mismo y el diablo juntos!

Digo esto para que veas de nuevo cuán peligroso es atentar
contra lo divino y sagrado, sin el Espíritu de Dios y con la
temeridad de la razón humana. Por tanto, si Cristo es el
Cordero de Dios que quita los pecados del mundo, se deduce
que el mundo entero está bajo el pecado, la condenación y
el diablo. De ahí que no aprovecha para nada tu distinción

entre las partes principales y las no principales. Pues el término mundo representa a los hombres, quienes en todas sus partes (principales y no principales) no se deleitan sino en las cosas del mundo.

Sección 122—«Si el hombre entero —afirma la Diatriba— aun cuando sea regenerado por la fe, no es nada más que 'carne', ¿dónde está el 'espíritu' nacido del espíritu? ¿Dónde está el Hijo de Dios? ¿Dónde está la nueva criatura? Sobre esto quisiera que se me instruyera».

¡Adónde ahora! ¡Adónde ahora mi querida Diatriba! ¡En qué sueñas ahora! Demandas que se te instruya sobre cómo el «espíritu» nacido del espíritu puede ser «carne». Oh, cuán eufórico y seguro te sientes de la victoria, que de forma insultante me planteas estas preguntas, como si fuera imposible para mi defender mi causa. Todo esto mientras abusas de la autoridad de los antiguos, pues declararon 'que hay ciertas semillas del bien, implantadas en las mentes de los hombres'. Sin embargo, todo es lo mismo para mí, ya sea que uses o abuses de la autoridad de los antiguos, tú verás con el tiempo lo que habrás de creer, tú que confías en hombres que parlotean lo suyo propio, sin tomar en cuenta la Palabra de Dios.

Aunque, quizás, no te importen mucho los asuntos de la religión, en cuanto a lo que uno cree, ya que tan fácilmente confías en ciertos hombres, sin considerar si lo que afirman es cierto o incierto ante Dios. Yo también quisiera que se me indicara cuándo enseñé de lo que me acusas tan abierta y públicamente. ¿Quién estaría tan loco para afirmar que el que es «nacido del espíritu» no es sino «carne»?

Yo hago una distinción clara entre «carne» y «espíritu», como cosas que pelean entre sí, y afirmo, según la revelación divina, que el hombre que no es regenerado por la fe «es carne», pero también afirmo que el que es regenerado es carne solo en cuanto a lo que queda de la carne, que lucha contra las primicias del Espíritu que ha recibido. Tampoco creo que quisiste intentar acusarme, injustamente, con nada malo aquí, de otra manera, no hay acusación más perversa que podrías presentar en mi contra. Pero o no entiendes lo que presentamos, o al parecer no estás a la altura de una causa de tal magnitud, por lo cual te sientes, quizás, abrumado y confundido, que no sabes qué dices en mi contra o a favor tuyo. Pues cuando declaras que aceptas, según la autoridad de los antiguos, 'que hay ciertas semillas del bien implantadas en las mentes de los hombres', sin duda debes haber olvidado que antes afirmaste que 'el libre albedrío no puede querer lo bueno'. Y no sé cómo estas dos expresiones: 'no puede querer lo bueno' y 'ciertas semillas del bien' pueden estar en armonía. Así que, estoy siempre obligado a recordarte el planteamiento del tema que tú propusiste, ya que tú, en perpetuo olvido, te apartas de él, y emprendes algo distinto de lo que te habías propuesto.

Sección 123—Otro pasaje es Jeremías 10:23: «Yo sé, oh Señor, que no depende del hombre su camino, ni de quien anda el dirigir sus pasos». Este texto (señala la Diatriba), más bien se aplica «a los resultados de la prosperidad, que al poder del *libre albedrío*».

De nuevo, la Diatriba introduce con su acostumbrada audacia una interpretación según le convenga, como si las Escrituras estuviesen bajo su control. Sin embargo, para que cualquiera pueda tomar en cuenta el sentido y la intención del profeta, ¿qué necesidad habría de la opinión de un hombre de tan grande autoridad? ¡Basta con que lo diga Erasmo! ¡Así debe ser! Si se permite a los adversarios esta libertad de interpretación, así como lo desean, ¿qué punto no podrán transmitir? Por eso dejemos que Erasmo nos muestre la validez de su interpretación teniendo en cuenta el contexto y le creeremos.

Ahora bien, yo mostraré desde el contexto, que el profeta, cuando vio lo inútil de su celo en enseñar a los impíos, se convenció al mismo tiempo de que su palabra no era provechosa a menos que Dios les enseñara en su interior, porque no está en el hombre el querer oír la Palabra de Dios ni el querer lo bueno. Al ver el juicio de Dios, se aterró y le pidió que lo corrigiera, pero con justicia, si necesitaba ser corregido, y que no fuera entregado a Su ira divina junto con los impíos, quienes habían sido endurecidos y permanecido en la incredulidad.

Pero supongamos que el texto se refiere a los resultados de la adversidad y la prosperidad, ¿qué dirías si esta interpretación refutara de la manera más firme el «libre albedrío»? Sin duda, se inventa esta nueva evasiva para que aquellos lectores ingenuos y negligentes piensen que el tema se ha tratado lo suficiente. Lo mismo que pensaron aquellos que inventaron la evasiva de 'la necesidad de la consecuencia'. Pues estos lectores no ven cuán eficazmente son enredados y atrapados con estas recién inventadas evasivas, aun más de lo que habrían estado sin ellas. Como en el ejemplo presente: si el resultado de las cosas que son temporales y sobre las cuales el hombre fue constituido señor (Gén. 1:26-30), no está en sus manos, ¿cómo puede estar en nuestras manos aquella cosa celestial, la gracia de Dios, que depende de la sola voluntad de Dios? ¿Puede ese esfuerzo del «libre albedrío» alcanzar la salvación eterna, el cual no es capaz de retener un centavo ni un pelo de la cabeza?

No tenemos poder para prevalecer sobre las cosas creadas, ¿tendríamos poder para prevalecer sobre el Creador? ¡Qué locura es esta! Por ello, el esfuerzo del hombre hacia lo bueno o lo malo, cuando se aplica a los resultados, es mil veces más grande porque en ambos casos está mucho más engañado y tiene mucha menos libertad, que cuando va tras el dinero, la gloria o el placer. ¡Cuán excelente evasiva es esta interpretación, porque niega la libertad del hombre en cuanto a los resultados creados y triviales, y la predica en cuanto a los resultados más importantes y divinos! ¡Esto es como si alguno dijera que no puede pagar unos pocos centavos, pero sí puede pagar miles y miles de monedas de oro! Estoy asombrado con la Diatriba, que habiendo expresado su indignación por el postulado de Wycliffe que 'todo es hecho por necesidad' admita ahora que los resultados nos suceden por necesidad.

«E incluso si quieres —señala la Diatriba— retorcerlo forzosamente para aplicarlo al 'libre albedrío', todos admitiremos que nadie puede mantener derecho el curso de su vida sin la gracia de Dios. Sin embargo, luchamos con todas nuestras fuerzas, pues oramos cada día: 'Señor, mi Dios, dirige mis caminos en tu presencia'. Entonces, aquel que implora ayuda, no abandona sus esfuerzos».

La Diatriba piensa que no importa lo que responda, así que no se queda callada sin nada que decir, y entonces, lo que diga parecerá satisfactorio. Tal es la confianza que tiene en su propia autoridad. En este punto, lo que tenía que probar era si luchamos con nuestras propias fuerzas, en cambio prueba que el que ora, se esfuerza por algo. Pero en este caso, ¿te burlas de nosotros o de los papistas? Pues el que ora, ora por medio del Espíritu, es más, es el mismo Espíritu que ora en nosotros (Rom. 8:26-27). ¿Cómo se prueba el poder del «libre albedrío» mediante los esfuerzos del Espíritu Santo? ¿Son el «libre albedrío» y el Espíritu Santo una y la misma cosa para la Diatriba?, o ¿estamos discutiendo ahora sobre lo que puede hacer el Espíritu Santo? Por lo tanto, la Diatriba deja indemne e invicto este texto de Jeremías, y solo inventa esta interpretación. Yo también puedo 'luchar en mis propias fuerzas', y Lutero, está obligado a creerlo, ¡si quiere!

Sección 124—También está el pasaje de Proverbios 16:1: «Del hombre son los propósitos del corazón, más del Señor es la respuesta de la lengua». Esto, expresa la Diatriba, 'se refiere a los resultados de las cosas'.

Como si esta máxima de la Diatriba tuviera que satisfacernos, sin el respaldo de ninguna autoridad. Sin embargo, es más que suficiente que aceptemos el sentido de estos pasajes sobre los resultados de las cosas, pues hemos salido victoriosos mediante los argumentos que acabamos de presentar: 'que si no tenemos libertad de la voluntad en las cosas, y las obras nuestras, mucho menos la tenemos en las cosas y las obras divinas'.

Pero date cuenta de la gran agudeza de la Diatriba: «¿Cómo puede ser cosa del hombre disponer el corazón, si Lutero afirma que todas las cosas ocurren por necesidad?».

Respondo: si los resultados de las cosas no están en nuestras manos como expresas, ¿cómo puede ser cosa del hombre llevar a cabo las acciones que los causan? ¡La misma respuesta que me diste, la misma recibes tú mismo! Es más, puesto que el futuro es incierto para nosotros, con tanto mayor motivo debemos trabajar más, como declara Eclesiastés: «De mañana siembra tu semilla y a la tarde no des reposo a tu mano, porque no sabes si esto o aquello prosperará, o si ambas cosas serán igualmente buenas» (Ecl. 11:6). Todas las cosas futuras, opino, son inciertas para nosotros, en cuanto a conocerlas, pero su resultado forzosamente ha de suceder. La necesidad nos infunde temor de Dios de manera que no nos jactemos o nos volvamos confiados, mientras que la incertidumbre genera en nosotros confianza para que no caigamos en la desesperación.

Sección 125—Sin embargo, la Diatriba insiste en lo mismo, a saber, 'que muchas cosas se dicen en Proverbios como confirmación del libre albedrío, por ejemplo: *Encomienda tus obras al Señor*'. ¿Oíste?, dice la Diatriba, ¡tus obras!

¡Muchas cosas como confirmación! ¡Como en este libro aparecen muchos verbos en imperativo y condicional, y pronombres de la segunda persona, entonces usas esto como fundamento para probar la libertad de la voluntad! En este sentido, «Encomienda (tus obras)», implica que puedes encomendarlas y luego hacerlas. Así también el texto: «… yo soy tu Dios…» (Isa. 41:10), las entenderás así: tú me haces tu Dios. En el texto: «… Tu fe te ha salvado…» (Luc. 7:50), ¿oyes la palabra «tu»?, por esa razón lo explicas así: tú haces tu fe, y entonces, has demostrado la existencia del «libre albedrío». No lo digo para burlarme, sino que demuestro que la Diatriba carece de seriedad para tratar el tema.

También este otro texto en el mismo capítulo: «Todas las cosas hechas por el Señor tienen su propio fin, aun el impío, para el día del mal» (Prov. 16:4), lo modifica con sus propias palabras y exime a Dios, como si nunca hubiera creado mala a ninguna criatura.

Como si yo hubiera hablado sobre la creación, y no más bien sobre la continua acción de Dios sobre las cosas creadas, en cuya acción, Dios actúa sobre el impío como lo hemos visto en el caso de faraón. Pero Él crea al impío, no al crear la impiedad o a la criatura impía (lo cual es imposible), sino que Dios, al actuar, crea al hombre malvado de la semilla corrupta, y la falta recae en el material y no en el Creador. Tampoco le parece a la Diatriba que el texto de Proverbios 21:1: «Como canales de agua es el corazón del rey en la mano del Señor, Él lo dirige donde le place», implica obligación porque observa: «Él que inclina a alguien no lo obliga *ipso facto*».

Como si habláramos de obligación, y no más bien de la necesidad de la inmutabilidad. La cual está implícita en que Dios inclina, y no es algo aletargado y perezoso como imagina la Diatriba, sino que es una acción activa de Dios que el hombre no puede eludir o alterar, bajo la cual, tiene por necesidad un querer tal como Dios se lo dio y tal como es llevado por su impulso, como ya lo demostré antes.

Además, cuando Salomón habló del «corazón del rey», la Diatriba piensa que no es correcto aplicar el pasaje en un sentido general, sino que el significado es el mismo al de Job, cuando expresó: «De lo contrario, el malvado tendría poder y el pueblo sería objeto de injusticias» (Job 34:30, RVC). Al final, admite que el rey es inclinado por Dios hacia lo malo, pero de tal modo 'que permite que el rey sea arrastrado por su inclinación hacia lo malo, con el fin de castigar al pueblo'.

Respondo: sea que Dios permita o que Dios incline, el permitir o el inclinar no ocurre fuera de la voluntad y la acción de Dios, porque, la voluntad del rey no puede eludir la acción del Dios omnipotente, ya que, la voluntad de todos los hombres es arrastrada tal como Él quiere y actúa, sea buena o mala esa voluntad.

Y, como hice de la voluntad particular del rey una aplicación general, creo que no lo hice en vano ni con incompetencia. Pues si el corazón del rey, que parece ser el que goza de mayor libertad y gobierna sobre otros, no puede querer lo bueno sino hacia donde Dios lo inclina, ¡cuánto menos podría cualquier otro entre los mortales querer lo bueno! Y esta conclusión es válida por cuanto se basa no solo en la voluntad del rey, sino en la de cualquier otro hombre. Pues no importa cuán poca relevancia sea la del hombre, no puede querer sino aquello hacia donde Dios lo inclina, y lo mismo es preciso señalar de todos los hombres. Así, el caso de Balaam, al no poder hablar cuando quiso, es un argumento evidente desde las Escrituras que no está en las manos del hombre escoger y hacer lo que hace, si no fuese así, ningún ejemplo en las Escrituras podría sostenerse.

Sección 126—Luego de esto, la Diatriba afirmó que muchos testimonios como los que recopila Lutero, podrían recopilarse muchos otros del libro de Proverbios, pero son testimonios que con una interpretación adecuada pueden estar a favor o en contra del «libre albedrío», cita finalmente el arma de Lutero, invencible y cual lanza de Aquiles: «… porque separados de mí nada podéis hacer» (Juan 15:5).

Yo también, debo elogiar a ese extraordinario campeón que contiende por el «libre albedrío», que nos enseña, que cambia los testimonios de las Escrituras según convenga, mediante interpretaciones idóneas, de manera que parezca que confirman el «libre albedrío», es decir, que prueben lo que es de nuestro agrado y no lo que deben probar, y quien solo pretende temer aquella lanza de Aquiles, para que el lector torpe, al ver que este texto de Lutero es refutado considere todo lo demás con absoluto desprecio. Pero miro y observo con qué poder la pomposa y heroica Diatriba vencerá a mi Aquiles,[3] que hasta ahora no ha herido a un solo soldado raso, ni a un Tersites, sino que se abatió estrepitosamente con sus propias armas.

La Diatriba agarra la palabra «nada» y la apuñala con muchas palabras y ejemplos, y por medio de una interpretación adecuada, llega a afirmar que «nada» puede referirse a lo que es parcial e imperfecto. Es decir, con otras palabras, lo mismo que los sofistas han hecho, explica este texto así: «porque separados de mí nada podéis hacer», es decir no lo podemos hacer perfectamente. Esta interpretación obsoleta y caída en el olvido, la Diatriba con toda la fuerza de su retórica la presenta como nueva, y lo hace con tanto empeño como si recién la hubiera inventado, y nunca se hubiera escuchado antes, y como si quisiera mostrarla como una clase de milagro. Pero entre tanto se siente bastante segura de sí misma, y no piensa para nada en el texto mismo ni en el contexto anterior y posterior, que es de donde se saca de qué trata el pasaje.

Pero (¡ni una palabra más sobre su intento de probar con muchas palabras y ejemplos que el término «nada» en este texto puede referirse a 'lo que es parcial e imperfecto', como si estuviéramos discutiendo si *puede* entenderse así, cuando lo que debía probarse es si *debe* entenderse así!), esta grandiosa interpretación no tiene ningún efecto, y si lo tuviese, este

---

3. Nota del traductor al español: En la Ilíada de Homero, Aquiles (héroe) y Tersites (un soldado) son personajes mitológicos que combaten en la guerra de Troya.

texto de Juan se convertiría en algo incierto y oscuro. Y no es extraño que la Diatriba pretenda hacer confusas las Escrituras de Dios, con la intención de no verse obligada a usarlas, y hacer irrefutables las autoridades de los antiguos, con la intención de usarlos indebidamente, ¡en verdad, una muestra maravillosa de religión, al convertir las palabras de Dios en ineficaces y las palabras del hombre en eficaces!

Sección 127—Pero lo más excelente es observar lo bien que esta interpretación de «nada» como 'lo que es parcial' es congruente consigo misma, no obstante, la Diatriba afirma 'que en este sentido del pasaje, es la pura verdad que no podemos hacer nada sin Cristo, porque Él hablaba de los frutos del evangelio, los cuales no los pueden producir sino aquellos que permanecen unidos a la vid, que es Cristo'.

Aquí, la Diatriba misma confiesa que el fruto no lo pueden producir sino aquellos que permanecen unidos a la vid, y hace lo mismo con esa 'interpretación adecuada', con lo cual prueba que «nada» es lo mismo que 'es parcial e imperfecto'. Pero quizás, deba interpretarse su propio adverbio «no» de manera adecuada, para indicar que los frutos del evangelio pueden producirse sin Cristo parcial e imperfectamente. De modo que prediquemos que los impíos que no tienen a Cristo pueden, mientras Satanás reina en ellos, y luchan contra Cristo, producir algunos de los frutos de la vida, es decir, que los enemigos de Cristo pueden hacer algo para la gloria de Cristo. Pero dejemos estas cosas.

Aunque me gustaría aprender cómo resistir a los herejes, que cuando aplican esta norma en todas las Escrituras, aducen que «nada» y «no» dan a entender lo que es en parcial e imperfecto. De manera que sin Él «nada» puede ser hecho,

es decir, que sin Él «un poco» puede ser hecho. «El necio
ha dicho en su corazón: *No* hay Dios...» (Sal. 14:1), es decir,
Dios es imperfecto. «... Él nos hizo, y *no* nosotros a nosotros
mismos...» (Sal. 100:3); es decir, nosotros nos hicimos
parcialmente. Y, ¿quién puede enumerar todos los pasajes en las
Escrituras donde se encuentran las palabras «nada» y «no»?

¿Es preciso dar una 'interpretación adecuada' en cada caso?
¿Se busca resolver las dificultades para abrir la puerta de la
libertad a las mentes corruptas y a los espíritus engañadores?
Tal abuso en la interpretación, admito, te conviene a ti que
tan poca importancia das a la certeza de las Escrituras, pero
en cuanto a mí, que me esfuerzo en asentar las conciencias,
nada nos es más inconveniente, más nocivo, más fastidioso.
¡Óyeme, tú que triunfas sobre el Aquiles luterano! A menos
que pruebes que «nada» no solo puede tomarse, sino que debe
tomarse en el sentido de «parcial», no has logrado nada con
esta profusión de palabras y ejemplos, sino luchar con paja seca
contra el fuego. ¿Qué tengo que ver con tu *puede ser,* si lo único
que demando de ti es que pruebes tu *debe ser*? Y si no puedes
probar eso, me quedo con el significado natural y gramatical
del término, y me río de tus ejércitos y tus triunfos.

¿Dónde queda esa 'opinión aceptable' que determinó que 'el
libre albedrío no puede querer nada bueno'? Pero quizás, la
'interpretación adecuada' aparezca para decir que 'nada bueno'
significa algo parcialmente bueno, una nueva clase de gramática
y razonamiento que convierte 'nada' en 'algo', lo cual entre los
dialécticos es imposible, porque se contradicen. ¿Dónde queda
ese artículo de nuestra fe según el cual Satanás es el príncipe
del mundo, y, según los testimonios de Cristo y Pablo, gobierna
en las voluntades y las mentes de aquellos que son sus cautivos

y servidores? Ese león rugiente, implacable y tenaz enemigo
de la gracia de Dios y la salvación del hombre, ¿permitirá que
el hombre, esclavo suyo y parte de su reino, procure hacer
lo bueno por algún impulso en cierta medida, con lo cual
podría escapar de su tiranía, antes bien no lo inducirá y urgirá
a querer y hacer con todas sus fuerzas lo que es contrario a la
gracia? En especial cuando los justos y los que son guiados por
el Espíritu de Dios quieren y hacen lo bueno, apenas pueden
resistirlo, ¡tal es su furor contra ellos!

Tú que pretendes que la voluntad humana es un algo neutral
y libre, librada a sus propios impulsos, sin duda, también
pretendes que haya un esfuerzo que puede actuar de una forma
u otra (hacia lo bueno o hacia lo malo), porque conviertes
a Dios y al diablo en simples espectadores, a la distancia, de
esta mudable y «libre voluntad». Aunque no crees que ellos,
enemigos acérrimos entre sí, son los que impulsan y agitan
esa voluntad esclava. Por lo tanto, con solo admitir esto, mi
opinión queda firme y el «libre albedrío» yace postrado, como
ya lo demostré antes. Pues, debe ser que el reino de Satanás en
el hombre no es nada, y entonces Cristo mintió, o, si el reino
es tal como Cristo lo describió, el «libre albedrío» no es más
que una bestia de carga de Satanás, cautivo, que no puede ser
liberado, a menos que el diablo sea primero expulsado por el
dedo de Dios.

De lo que se ha presentado, creo, mi amiga Diatriba,
entiendes plenamente qué significa y a qué equivale lo que
tu autor suele decir, que tanto detesta la manera obstinada
de afirmar de Lutero: 'Sin duda, Lutero empuja su causa con
abundancia de textos de las Escrituras, pero con una sola
palabra pueden invalidarse'. ¿Quién no sabe que todas las

Escrituras pueden, con una sola palabra, invalidarse? Sabía perfectamente esto aun antes de escuchar de Erasmo. Pero la cuestión es, si es suficiente invalidar un texto de la Escritura con una sola palabra. El punto en discusión es si la invalidación es correcta y si las Escrituras deben invalidarse de esta manera. Que Erasmo considere estos puntos y entonces verá si es fácil invalidar las Escrituras, y si la obstinación de Lutero es detestable. Entonces verá que no solo una palabra es ineficaz, sino todas las puertas del infierno no pueden invalidarla.

Sección 128—Entonces, lo que la Diatriba no puede hacer con un sí, yo lo haré con un no, y aunque no estoy llamado a aportar pruebas para ello, lo haré, y lograré por la fuerza innegable del argumento que se presenta que «nada», en este pasaje, no solo *puede entenderse*, sino que *debe entenderse* no en el sentido de poco o parcial, sino en el sentido que el término tiene por su misma naturaleza. Y esto lo haré además del argumento invencible que ya me dio la victoria, a saber, 'que todos los términos se preservan en su uso y significado natural, a menos que se haya demostrado lo contrario', lo cual la Diatriba ni ha hecho ni puede hacer. Ante todo, haré evidente, lo cual se demuestra claramente en las Escrituras que ni son ambiguas ni oscuras, que Satanás es con mucho el príncipe más poderoso y astuto de este mundo, (como ya lo manifesté) bajo el reinado del cual, la voluntad humana ya no es libre ni tiene potestad sobre sí misma, sino que es esclava del pecado y de Satanás, y no puede querer sino aquello que su príncipe quiere. Y él no le permitirá querer algo bueno, aun si Satanás no reinara sobre la voluntad, el pecado mismo, del cual el hombre es esclavo, la endurecería lo suficiente como para no querer lo bueno.

Además, el contexto mismo prueba claramente esto, lo cual la Diatriba con orgullo desprecia, aunque ya comenté sobre esto abundantemente en mis aserciones. Pues Cristo procedió así: «Si alguno no permanece en mí, es echado fuera como un sarmiento y se seca; y los recogen, los echan al fuego y se queman» (Juan 15:6). Esto, digo, lo pasó de largo la Diatriba con una excelente retórica, porque esperaba que el propósito de esta evasiva no fuera comprendido por los ignorantes luteranos. Sin embargo, en este caso mira que Cristo como el intérprete de esta parábola del sarmiento y la vid, declaró con claridad que habría entendido que el término «nada» se refería al hombre que está separado de Él, «es echado fuera y se seca».

Y ¿qué puede expresar el ser «echado fuera y secarse», sino el ser entregado al diablo y empeorar cada vez más?, y, sin duda, empeorar cada vez más, no es hacer o intentar algo bueno. El sarmiento que se seca está más listo para el fuego mientras más seco está. Y, si Cristo no hubiera ampliado y aplicado esta parábola en este sentido, nadie se hubiera atrevido a hacerlo. Es claro entonces que «nada» en este texto, debe entenderse en su significado correcto, según la naturaleza del término.

Sección 129—Consideremos ahora también los ejemplos con los que la Diatriba demuestra que «nada», en algunos lugares, se refiere a 'cierta medida pequeña (o poco)', para que hagamos manifiesto que la Diatriba carece de valor y no tiene ninguna incidencia en esta parte, y aunque ha hecho mucho, no obstante, no afecta en nada, tal es la Diatriba en todas las cosas y en todos los aspectos. Ella expresa: «Por lo general, se dice que no acierta en nada el que no logra lo que quiere, no obstante, casi siempre, el que lo intenta, avanza en cierta medida en el intento».

Respondo: nunca escuché este uso general del término, por lo que debes haberlo inventado. Las palabras deben considerarse de acuerdo con el tema de que tratan, (como se dice), y de acuerdo con la intención del que las dice. Entonces, nadie llama «nada» a lo que la persona intenta, ni tampoco *el que no acierta en nada* habla del intento sino del resultado, a esto se refiere la persona cuando expresa que no acierta en nada, o no logra nada, es decir, no logró ni consiguió nada. Ahora bien, supongamos que tu ejemplo fuera correcto (pero no lo es); me favorece más a mí que a ti. Pues esto es lo que sostengo y que he dejado demostrado y firme: que el «libre albedrío» hace muchas cosas, las cuales, ante Dios, no son nada. ¿De qué aprovecha, entonces, intentar, si no logra lo que quiere? De modo que, adonde se dirija la Diatriba, solo se tropezará y se refutará a sí misma, lo que sucede por lo general a aquellos que se comprometen a apoyar una mala causa.

Con el mismo infeliz resultado, la Diatriba cita el ejemplo de Pablo: «Así que ni el que planta ni el que riega es algo, sino Dios, que da el crecimiento» (1 Cor. 3:7). «Lo que es —expresa la Diatriba— de la menor importancia, e inútil de por sí, él lo llama nada».

¿A quién pretendes decir que el ministerio de la Palabra es inútil de por sí, y de la menor importancia, cuando Pablo siempre la exaltó y en particular en 2 Corintios 3:6-9, lo llamó ministerio de vida y de gloria? De nuevo ni tomas en cuenta el tema en discusión, ni la intención del que habla. En cuanto al don del crecimiento, el que planta y el que riega no son nada, pero en cuanto a plantar y sembrar, en modo alguno no son nada, ya que enseñar y exhortar constituyen la mayor obra del Espíritu en la iglesia de Dios. A esto se refería Pablo, y esto es lo que sus palabras expresan con toda claridad. Pero si este ejemplo ridículo fuera correcto, también me favorece a mí. Pues, lo que sostengo es esto: que el «libre albedrío» es «nada», es decir, es inútil de por sí (como lo explicaste) ante Dios, pues sobre ser nada en relación con lo que puede hacer es de lo que estamos hablando, pues sobre lo que esencialmente es, sabemos, que una voluntad impía debe ser algo y no solo nada.

Sección 130—Está además el texto de 1 Corintios 13:2. Si «no tengo amor, nada soy». No veo por qué cita la Diatriba este como un ejemplo, a menos que solo busque hacer un sinnúmero de citas o que piense que nos faltan armas con que podamos abatirla. Pues, verdadera y correctamente, el que no tiene amor es «nada» ante Dios. Lo mismo decimos respecto del «libre albedrío». Por lo cual, este ejemplo también nos favorece y va en contra de la Diatriba. O, ¿acaso desconoce la Diatriba en qué se funda el argumento por el cual contiendo? No hablo sobre la esencia de la naturaleza, sino sobre la esencia de la gracia (como se dice). Sé que el «libre albedrío» por naturaleza puede hacer algo: come, bebe, engendra, gobierna, etc. No tiene necesidad la Diatriba de burlarse de mí con ese absurdo, pues piensa que, si tanto insistí sobre el término «nada», entonces el «libre albedrío» ni siquiera podría pecar sin Cristo, aunque Lutero afirmó 'que el libre albedrío no puede hacer nada más que pecar', pero se dio gusto la sabia Diatriba diciendo tonterías en un asunto tan importante. Pues sostengo, que el hombre, fuera de la gracia de Dios permanece, no obstante, bajo la omnipotencia general de un Dios que actúa, que mueve y lleva consigo todas las cosas, por necesidad, en el curso de Su acción infalible, pero lo que hace el hombre que así es llevado, es nada, es decir, no tiene ningún valor ante

Dios, y es considerado nada más que pecado. Así, el que no tiene amor, es nada en la gracia. ¿Por qué la Diatriba cuando admite que estamos hablando de los frutos del evangelio, que no se pueden producir sin Cristo, se aparta del tema, emprende otro y pone reparos respecto a las obras naturales y los frutos humanos? Excepto que sea para revelar que el que se aparta de la verdad, nunca es consistente consigo mismo.

Lo mismo sucede con Juan 3:27: «... Un hombre no puede recibir nada si no le es dado del cielo».

Juan el Bautista hablaba de un hombre que ya era algo, y afirmó, sobre este, que no podía recibir nada, es decir, no podía recibir el Espíritu con Sus dones, pues referente a este estaba hablando y no referente a la naturaleza. Pues no quería que la Diatriba le instruyera que el hombre ya tiene nariz, oídos, boca, manos, mente, voluntad y razón y todo lo que pertenece al hombre. A menos que la Diatriba crea que Juan el Bautista, al mencionar al hombre, estuviera pensando acerca del «caos» de Platón, del «vacío» de Demócrito y Leucipo, o del «infinito» de Aristóteles, o de alguna otra nada, que por un regalo del cielo finalmente llegara a ser algo. Esto de citar ejemplos de las Escrituras a diestra y siniestra, es tratar a la ligera un asunto tan importante.

Y, ¿cuál es el propósito de toda esta profusión de palabras con que la Diatriba nos enseña que 'el fuego, el huir de lo malo, el esforzarse tras el bien y otras cosas vienen del cielo', como si hubiera alguno que no lo sepa o lo niegue? Nosotros hablamos de la gracia, y, como la misma Diatriba acepta, de Cristo y los frutos del evangelio; si bien, se dedicó a inventar historias sobre la naturaleza, con lo cual entorpece su causa y confunde al lector inexperto. Entretanto, no cita un solo ejemplo en que «nada» se refiera a 'poco' como lo había declarado. Es más, abiertamente muestra que no entiende ni le importa qué es Cristo ni qué es la gracia, ni cómo es que la gracia es una cosa y la naturaleza es otra, cuando incluso los sofistas de los más ignorantes la conocían y cuya diferencia siempre la han enseñado con frecuencia en sus escuelas. Al mismo tiempo, tampoco ve que cada uno de sus ejemplos me favorecen y van en contra suya. Pues la palabra de Juan el Bautista estableció que el hombre no puede recibir nada a menos que le sea dado de arriba, y que, por eso, el «libre albedrío» es nada.

Entonces, así es como mi Aquiles es vencido, cuando la Diatriba le entrega las armas en sus manos, con las que ella misma, expoliada y desarmada, es eliminada. Y así es como 'con una sola palabra se invalidan' las Escrituras, en las que insiste tanto ese obstinado Lutero con sus aserciones.

Sección 131—Después de esto, enumera una multitud de semejanzas, con lo cual no logra sino desviar la atención del lector inexperto hacia cosas irrelevantes, según es su costumbre, y abandona por completo el tema en discusión. Un ejemplo: «Ciertamente, Dios preserva el barco, más el navegante lo conduce al puerto, por lo tanto, el navegante hace algo». Esta semejanza atribuye a cada uno una obra distinta: a Dios la de preservar y al navegante la de conducir. Y así, no demuestra nada sino esto: que la obra de preservar es totalmente de Dios y la obra de conducir es totalmente del navegante. Y con todo, es una semejanza hermosa y adecuada.

Otro ejemplo: «El labrador recoge la cosecha, pero fue Dios quien la dio». De nuevo, le atribuye obras distintas a Dios y al hombre, a menos que quiera convertir al labrador en el Creador, que dio la cosecha. Pero aún se atribuyeran las mismas obras a Dios y al hombre, ¿qué prueban estas semejanzas? ¡Lo único que prueban es que la criatura coopera con el Dios que actúa! Sin embargo, ¿estamos discutiendo ahora sobre cooperación y no sobre el poder y la acción y el efecto del «libre albedrío»? ¿Hacia dónde se fue el renombrado orador, que empezó a discutir sobre una palmera y ahora todo su discurso se restringe a una calabaza? 'Una ánfora fue diseñada por el alfarero; ¿por qué entonces resultó finalmente un botijo?

También sé muy bien que Pablo cooperó con Dios al enseñar a los corintios, aunque las obras de cada uno son distintas: el apóstol predicó en el exterior y Dios enseñó en el interior. Asimismo, cooperó con Dios en la misma obra cuando les habló mediante el Espíritu de Dios. Pues declaro y sostengo esto: que Dios obra todo en todos, aparte de la gracia de Su Espíritu, aun en los impíos; al tiempo que solo Él mueve, impulsa y arrastra con la acción de Su omnipotencia a toda Su creación, que esta no puede eludir ni cambiar, sino que por necesidad sigue y obedece, cada cual según la medida del poder que Dios le ha dado. De modo que, ¡toda la creación, aun los impíos, cooperan con Dios! Por otro lado, cuando Dios actúa con el Espíritu de Su gracia en aquellos que ha justificado, es decir, en Su propio reino, Él los mueve y los arrastra de la misma manera; y como son nuevas criaturas, lo siguen y cooperan con Él, o más bien, como Pablo afirmó, son guiados por el Espíritu de Dios (Rom. 8:14,30).

Sin embargo, este no es el momento de discutir estos puntos. No estamos considerando qué podemos hacer en cooperación con Dios, sino qué podemos hacer por nosotros mismos, es decir, si al haber sido creados de la nada, podemos hacer algo o procurar algo por nosotros mismos, por medio de la acción general de la omnipotencia de Dios, por lo cual nos convertimos en una nueva creación del Espíritu. Este es el punto que debía contestar Erasmo, y ¡no desviarse hacia algo más!

Mi respuesta sobre este punto es esta: Como hombre, antes de ser creado como tal, no hace ni intenta nada para ser hecho una criatura; y, como después de que es *hecho y creado*, no hace ni intenta nada para su preservación; es decir, para *seguir siendo* o para *continuar en su existencia* como criatura, sino que tanto lo uno como lo otro se produce solo por la voluntad del poder omnipotente y la bondad de Dios, al crearnos y preservarnos sin la intervención nuestra; pero Dios no obra en nosotros sin contar con nosotros, ya que nos creó y preservó para obrar en nosotros, y que nosotros cooperemos con Él, ya sea fuera de Su reino, bajo Su omnipotencia general, o en Su reino, bajo el poder de Su Espíritu. Entonces, el hombre, antes de ser regenerado y transformado en una nueva criatura del reino del Espíritu, no hace, ni intenta nada para ser hecho una nueva criatura de ese reino, y luego, una vez regenerado no hace ni intenta nada para asegurar su permanencia en ese reino, sino que el Espíritu solo realiza ambas cosas en nosotros, al regenerarnos y al asegurar nuestra permanencia una vez regenerados, sin la intervención nuestra, como afirmaría Santiago: «En el ejercicio de su voluntad, Él nos hizo nacer por la palabra de verdad, para que fuéramos las primicias de sus criaturas» (Sant. 1:18, donde habla de la criatura regenerada). No obstante, Él no obra en nosotros sin contar con nosotros, ya que nos ha regenerado y asegura nuestra permanencia en el reino para obrar en otros y que nosotros cooperemos con Él. Así, Él predica por medio de nosotros, muestra misericordia al pobre y consuela al afligido. Pero ¿qué se atribuye en esto al «libre albedrío»? Es más, ¿qué queda para él sino nada? Y en verdad, ¡nada, absolutamente nada!

Sección 132—Por ello, lee cinco o seis páginas de la Diatriba en esta parte, y hallarás que con tales semejanzas, así como hermosos textos y parábolas del Evangelio y de Pablo, no hace más que mostrarnos que innumerables pasajes de las Escrituras hablan de la cooperación y la asistencia de Dios. De esto saco esta conclusión: «El hombre no puede hacer nada sin la asistencia de la gracia de Dios, por lo tanto, ninguna obra del hombre es buena». La Diatriba concluye lo contrario al recurrir a una inversión retórica y afirmar: «Al contrario, no hay nada que el hombre no pueda hacer, si lo asiste la gracia de Dios, por lo tanto, todas las obras del hombre pueden ser buenas. Pues, así como tantos pasajes en las Escrituras mencionan la asistencia de parte de Dios, así tantos otros confirman el 'libre albedrío', y son innumerables. Por ello, si vamos por el número de testimonios, la victoria es mía».

¿Acaso piensas que la Diatriba estaba sobria o en su sano juicio cuando escribió esto? No lo puedo atribuir a malicia o perversión, a menos que fuera su intención debilitarme al provocarme desazón con esa costumbre suya de desviarse a algo diferente de lo que se había propuesto. Pero si se dio el gusto de decir tonterías en un asunto tan importante, entonces yo me daré el gusto de exponer esas premeditadas tonterías públicamente. En primer lugar, yo no discuto ni tampoco ignoro que todas las obras del hombre pueden ser buenas, si son hechas con la asistencia de la gracia de Dios, y que el hombre lo puede todo con la asistencia de la gracia de Dios. Sin embargo, no deja de sorprenderme tu negligencia, pues te propusiste escribir sobre el poder del «libre albedrío», pero lo cierto es que escribes sobre el poder de la gracia. Además, te atreves a afirmar públicamente, como si todos los hombres fuesen postes o piedras, que la existencia del «libre albedrío» queda establecida con aquellos pasajes de las Escrituras que exaltan la gracia de Dios. ¡Y no solo te atreves a esto, sino que incluso te alabas a ti mismo como el vencedor más gloriosamente triunfante! Pues por tu misma palabra y proceder, en verdad entiendo qué es y qué puede hacer el «libre albedrío»: ¡hace locos a los hombres! Te pregunto, ¿qué puede haber en ti que hable así, sino este «libre albedrío»?

Pero escucha tus propias conclusiones: la Escritura elogia la gracia de Dios, por lo tanto, prueba el «libre albedrío». La Escritura exalta la asistencia de la gracia de Dios, luego establece el «libre albedrío». ¿Con qué método de razonamiento aprendiste a hacer semejantes conclusiones? En cambio, ¿por qué no concluiste así?, la gracia se predica, luego no existe el «libre albedrío». La asistencia de la gracia se exalta, por lo tanto, se invalida el «libre albedrío». Pues, ¿con qué fin se concede la gracia? ¿Será para que el «libre albedrío», con suficiente poder en sí mismo, pueda con jactancia exhibir y lucir la gracia en los días de feria, como un adorno superfluo?

Entonces, yo invertiré el orden de tu razonamiento, y, aunque no soy un orador, estableceré una conclusión más firme que la tuya. Así hay tantos textos en las Escrituras que mencionan la asistencia, así hay tantos otros que invalidan el «libre albedrío», y son innumerables. Por ello, si vamos por el número de testimonios, la victoria es mía. Pues, ¿por qué es necesaria la gracia, y por qué se da la asistencia de la gracia? ¿Porque el «libre albedrío» no puede hacer nada por sí mismo, como Erasmo lo afirmó según aquella 'opinión aceptable' que 'no puede querer lo bueno'? Por lo tanto, cuando se elogia la gracia, y se predica la asistencia de la gracia, al mismo tiempo se predica la impotencia del «libre albedrío».

Esta es una deducción correcta, una conclusión firme, ¡qué ni las puertas del Hades prevalecerán contra ella!

Sección 133—Con esto llevo a término la defensa de mis Escrituras que la Diatriba intentó refutar, para que mi libro no alcance un tamaño excesivo, y si queda algo que es digno de notar, lo trataré en la siguiente parte, donde enuncio mis aserciones. Pues sobre lo que dice Erasmo en su conclusión: 'que, si mis opiniones fueran válidas, serían en vano los incontables preceptos o mandamientos, las incontables amenazas y promesas, y no habría lugar para el mérito, el demérito, las recompensas ni los castigos; y, además, sería difícil defender la misericordia, y aun la justicia de Dios, si Dios condenara a los pecadores forzosa e inevitablemente, y que muchas otras dificultades se desprenderían, que causaron tanto problema a algunos de los hombres más ilustres, ya que hasta los hicieron caer'.

A todo esto, ya he respondido ampliamente. Tampoco aceptaré o toleraré esa posición moderada, que Erasmo me recomienda, creo que con buena intención, a saber, 'que concedamos al *libre albedrío* algún mínimo poder, de manera que las contradicciones de las Escrituras y las dificultades antes mencionadas, puedan resolverse más fácilmente'. Pues con esta posición moderada, no se mejora ni se obtiene alguna ventaja en resolver el asunto. Porque, a menos que le atribuyas la totalidad de todo al «libre albedrío», como hacen los pelagianos, las 'contradicciones' en las Escrituras permanecen, el mérito y la recompensa se anulan, la misericordia y la justicia de Dios se anulan también, y todas las dificultades que tratamos de eludir al permitir este 'poder mínimo e ineficaz' al «libre albedrío», se mantienen tal como antes, como ya lo he demostrado ampliamente. Por ello, ¡es preciso ir al extremo, negar el «libre albedrío» del todo, y atribuirlo todo a Dios! Así, no habrá contradicciones en las Escrituras, y si hay algunas dificultades que no pueden resolverse, se harán tolerables.

Sección 134—Sin embargo, una cosa te pido, amigo Erasmo, que no creas que llevo esta causa más acorde a mi temperamento que a mis principios. No permitiré que se insinúe que soy lo bastante hipócrita para escribir una cosa y creer otra. Tampoco he sido (como afirmas de mí) arrastrado por el calor de la apologética, como para 'negar el *libre albedrío* del todo, por primera vez, al haberle atribuido algún poder antes'. Estoy seguro de que no puedes encontrar tal admisión en ninguno de mis escritos. En cambio, existen temas y deliberaciones míos, en que afirmo siempre, y así lo hago hasta hoy, que no existe el «libre albedrío», y es una cosa creada a partir de un término vacío (que son las palabras que usé). Así creí y así escribí, abrumado por la fuerza de la verdad al ser requerido y obligado a la discusión. Y, como siempre, llevo mis discusiones con pasión, reconozco mi falta, si es que es una falta, es más, me glorío sobremanera en este testimonio que recibo del mundo, al defender la causa de Dios, y ¡que Dios mismo lo confirme en el último día! Entonces, ¡nadie será más feliz que Lutero, al ser honrado con el testimonio universal de su época, que no mantuvo la causa de la verdad con indolencia, ni con falsedades, sino con pasión auténtica, si no es que excesiva! Por eso, felizmente seré librado de la palabra de Jeremías: «Maldito el que hace la obra del Señor con engaño...» (Jer. 48:10).

Mas si parezco un tanto más severo de lo usual con tu Diatriba, perdóname. No actué con malas intenciones, sino por preocupación, porque reconozco que el peso de tu nombre puede perjudicar enormemente esta causa de Cristo, si bien, con toda tu erudición no lograste nada. Y, ¿quién tiene dominio completo sobre su pluma? Pues aun tú, que muestras una moderación que raya en la frialdad en este libro tuyo, lanzas con frecuencia dardos encendidos y bañados con hiel, al punto que, si el lector no fuera amable y generoso no podría sino considerarte virulento. Sin embargo, esto no viene al caso. Debemos perdonarnos mutuamente en estas cosas, porque somos hombres, y no hay nada en nosotros que no esté contaminado con la debilidad humana.

Discusión: tercera parte

Llegamos ahora a la última parte de esta discusión, en la que como me propuse, voy a desplegar mis tropas contra el «libre albedrío». Pero no las desplegaré todas, pues, ¿quién podría hacer eso en este pequeño escrito, cuando toda la Escritura, con todas sus palabras y hasta la última letra, está de nuestro lado? Tampoco es necesario hacerlo, ya que, el «libre albedrío» ya ha sido vencido y abatido de dos maneras. Una, al demostrar que todo lo que se creía aducir en su favor, está realmente en su contra. La otra, al poner de manifiesto que los textos de las Escrituras que intentaba refutar la Diatriba permanecen imbatibles. Por eso, si no hubiera sido vencido aún, bastaría con que fuera abatido con cualquiera de nuestras armas. Pues, ¿qué necesidad hay de que el cadáver del enemigo, habiendo sido ya eliminado por una de nuestras armas, fuere acribillado con otras armas más? Por ello, en esta parte seré tan breve como me lo permita el tema, y entre el numeroso ejército, presentaré solo a dos generales con algunas de sus legiones, a saber, ¡a Pablo y al evangelista Juan!

Sección 135—Cuando Pablo escribió a los romanos, empezó así su discusión contra el «libre albedrío», y a favor de la gracia de Dios: «Porque la ira de Dios se revela desde el cielo contra toda impiedad e injusticia de los hombres que detienen con injusticia la verdad» (Rom. 1:18, RVR1960).

¿Prestas oídos a esta declaración general aquí contra todos los hombres que están bajo la ira de Dios? ¿Y qué es esto, sino declarar que todos merecen la ira y el castigo? Pues el apóstol atribuyó la causa de la ira contra ellos, a que ellos no hacen nada, sino lo que merece la ira y el castigo, porque todos son impíos e injustos, y restringen la verdad con injusticia. ¿Dónde está el poder del «libre albedrío» que intenta algo bueno? Pablo lo hizo merecedor de la ira de Dios, y lo declaró impío e injusto. Por ello, lo que merece la ira, y es impío, solo se esfuerza y se dispone contra la gracia, no a favor de ella.

Pero aquí se reirán del perezoso de Lutero, que no examinó debidamente la intención de Pablo. Alguno dirá que Pablo no se refería a todos los hombres, ni a todas sus obras, sino solo a aquellos que son impíos e injustos, y que, como las palabras mismas los describen «detienen con injusticia la verdad», de lo cual no se deduce que todos los hombres sean así.

Observo en este texto de Pablo, que las palabras «contra toda impiedad e injusticia de los hombres» expresan lo mismo que si dijeras: contra la impiedad e injusticia de todos los hombres. Pues Pablo, en casi todos los casos, usa un hebraísmo; de modo que, el sentido es que *todos los hombres son impíos e injustos, y detienen con injusticia la verdad; y por eso, todos merecen la ira de Dios*. Además, en griego no hay un pronombre relativo que pudiera traducirse «de aquellos que» [lat. *eorum qui*] como en la Vulgata, sino un artículo, que hace que el sentido sea: «La ira de Dios se revela desde el cielo contra toda impiedad e injusticia de los hombres que detienen [lat. *hominum detinent* 'de los hombres detenedores'] con injusticia la verdad». De modo que las palabras: «que detienen con injusticia la verdad» pueden tomarse como un epíteto, por así decirlo, aplicable a todos los hombres. Así como es un epíteto cuando se dice: «Padre nuestro que estás en los cielos», lo cual podría expresarse con otras palabras, como: nuestro Padre celestial o nuestro Padre en los cielos. Pues se expresa así para distinguir a aquellos que creen y tienen temor de Dios.

Pero esto puede parecer vacío y superficial, si no lo exigiera así el hilo del pensamiento de Pablo. Pues afirmó antes: «... porque es poder de Dios para salvación a todo aquel que cree; al judío primeramente y también al griego» (Rom. 1:16, RVR1960). Estas palabras ni son oscuras ni ambiguas: «al judío primeramente y también al griego»; es decir, el evangelio del poder de Dios es necesario para todos los hombres, pues al creer en este serán salvos de la ira de Dios revelada desde el cielo. Te pregunto entonces, ¿el que declaró que los judíos sobresalieron en cuanto a la justicia, la ley de Dios y el poder del «libre albedrío» están, sin diferencia, destituidos y necesitados del poder de Dios, por el cual pueden ser salvos, y quien hace ese poder necesario para ellos, también considera que están todos bajo la ira de Dios? Entonces, ¿a qué hombres podrías señalar que no están bajo la ira de Dios, cuando te ves forzado a creer que los hombres más excelentes en el mundo, los judíos y los griegos, se hallan bajo esa ira?

Más aún, ¿a quiénes, entre los judíos y los griegos excluirás, si Pablo los incluyó a todos en el mismo veredicto? ¿Debemos suponer que no hay hombres en estos dos pueblos tan ilustres, 'que aspiren a lo moralmente bueno'? ¿No hubo nadie entre ellos que aspirara a lo moralmente bueno con todas las fuerzas de su «libre albedrío»? Pero Pablo no hizo distinción por este motivo, sino que los incluyó a todos bajo la ira de Dios, y los llamó a todos impíos e injustos. Entonces, ¿no nos obliga esto a creer que los demás apóstoles, que se expresaron del mismo modo que Pablo y según su situación, incluyeron a todas las naciones bajo esta ira?

Sección 136—Por lo tanto, este pasaje de Pablo se opone firmemente al «libre albedrío», e insiste de manera contundente que, incluso en su condición más sublime y en los hombres más prominentes, es impío e injusto y merece la ira de Dios, por más que contaran estos con la ley, la justicia, la sabiduría y todas las virtudes, o el argumento de Pablo no conduciría a nada. Y si es válido, su división no dejaría lugar a un término medio: *a los que creen* en el evangelio se les otorga la salvación y *a todos los demás* la ira de Dios; Él constituyó justos a *los creyentes*, e injustos, impíos y bajo la ira a *los no creyentes*. En términos generales, lo que quería decir el apóstol es esto: la justicia de Dios se revela en el evangelio, la que es posible mediante la fe. Pero a Dios le faltaría sabiduría si les revelara a los hombres una justicia que ya conocían o de la cual tenían 'algunas semillas' dentro de sí. Pero como a Dios no le falta sabiduría y aun así les revela a los hombres la justicia de la salvación, queda claro que el «libre albedrío», aun en los hombres más eminentes, no solo no puede obrar bien, sino que ni siquiera sabe qué es justo delante de Dios. A menos que quieras decir que la justicia de Dios no se revela a los hombres más eminentes, sino ¡solo a los más despreciables! Sin embargo, la jactancia de Pablo indica todo lo contrario, él se consideraba deudor de judíos y gentiles, de sabios e ignorantes, de griegos y bárbaros.

Por ello, Pablo, al abarcar en este texto, a todos los hombres en un solo bloque (o una sola masa), concluye que todos ellos son impíos, injustos e ignorantes de la justicia que es posible mediante la fe, y que todos están lejos de poder querer o hacer algo bueno. Y esta conclusión se confirma porque Dios les revela la justicia mediante la fe, por ser ignorantes y estar sentados en tinieblas; una justicia que ellos no conocen. Y, si ignoran sobre la justicia de la salvación, están ciertamente bajo la ira y la condenación. Ninguno puede librarse de esta condición, ni esforzarse para librarse. Pues ¿cómo puedes esforzarte, si no sabes para qué debes esforzarte, ni en qué forma, ni en qué medida?

Sección 137—Con esta conclusión concuerdan tanto la cosa misma como la experiencia. Pues, muéstrame a uno solo, entre todos los hombres, así sea el más santo y justo de todos, a cuya mente viniera la idea de que el camino hacia la justicia y la salvación fuera creer en aquel que es Dios y hombre, que murió por los pecados de los hombres y resucitó, y está sentado a la diestra de Dios el Padre, o quizás aun la idea de que la ira de Dios el Padre es revelada desde el cielo. Todo esto según lo afirmó Pablo.

¡Mira a los filósofos más prominentes! ¡Qué ideas tenían de Dios! ¡Que han dejado en sus escritos sobre la ira por venir! ¡Mira a los judíos que fueron enseñados con tantas maravillas y tantos profetas! ¿Qué piensan de este camino de la justicia? No solo no lo aceptaron, sino que lo odiaron tanto que hasta el día de hoy ninguna otra nación bajo el cielo ha perseguido a Cristo de forma tan atroz. ¿Y quién se atrevería a decir que en un pueblo tan grande no hubiera siquiera uno que ejercitara el «libre albedrío» y se empeñara con todas sus fuerzas? ¿Cómo es posible que todos se esforzaron en la dirección opuesta, y 'aquello que era lo más excelente' en los hombres más prominentes, no solo no siguió este camino de la justicia ni lo conoció, sino que lo rechazó con el odio más profundo, y deseó eliminarlo cuando se le dio a conocer y se le reveló? Tanto es así, que Pablo expresó que este camino de la justicia y la salvación era «... piedra de tropiezo para los judíos, y necedad para los gentiles» (1 Cor. 1:23).

Dado que Pablo habló sin diferencia alguna entre judíos y gentiles, y dado que es cierto que ambos abarcan las principales naciones bajo el cielo, es innegable que el «libre albedrío» no es más que el mayor enemigo de la justicia y la salvación del hombre. Pues es imposible, que no hubiese entre los judíos y los griegos gentiles quienes no obraran y se esforzaran con todas las fuerzas del «libre albedrío», y, aún así, con todo ese esfuerzo no hicieron más que sostener una guerra contra la gracia.

Por lo tanto, ahora das la cara y afirmas que el «libre albedrío» se esfuerza en hacer lo bueno, para el cual la bondad y la justicia son una «piedra de tropiezo» y «necedad». Tampoco puedes afirmar que esto se aplica a algunos y no a todos. Pablo habló de todos sin hacer ninguna distinción, cuando expresó: «piedra de tropiezo para los judíos, y necedad para los gentiles», aquí no excluyó a nadie, excepto a los creyentes. «... para los llamados, [a nosotros, dijo] tanto judíos como griegos, Cristo es poder de Dios y sabiduría de Dios» (1 Cor. 1:24). Entonces, no se refirió a algunos gentiles o algunos judíos, sino claramente, a los gentiles y los judíos, que «no son de nosotros». Así, el apóstol hizo una clara división, al separar a los creyentes de los no creyentes, y no deja un término medio. Y no hablamos de gentiles que actúan sin estar bajo la gracia. Para ellos, expresó Pablo, la justicia de Dios es «necedad», y ellos la aborrecen. ¡Este es el esfuerzo meritorio del «libre albedrío» hacia lo bueno!

Sección 138—Además, observa si Pablo no especifica a los más eminentes entre los griegos, cuando expresó que aun los más sabios entre ellos «se hicieron vanos en sus razonamientos y su necio corazón fue entenebrecido»; que «profesando ser sabios, se volvieron necios»; es decir, por sus ingeniosas discusiones (Rom. 1:21-22). Te pregunto, ¿no trató Pablo en este texto, lo más excelente y lo más eminente entre los griegos, cuando se refirió a sus razonamientos? Pues estos abarcan lo más excepcional y sublime de sus pensamientos y opiniones, que consideraban sabiduría bien fundada. Pero así como aquí y en otros lugares, el apóstol llamó a esa sabiduría «necedad», así también llamó «vanos» sus razonamientos, la cual (esa sabiduría) solo empeoró cuanto más se esforzaron, hasta que finalmente adoraron ídolos en sus corazones entenebrecidos y dieron rienda a otras atrocidades, las cuales Pablo enumeró posteriormente.

Por ende, si los esfuerzos más sublimes y honrosos, y las obras en lo más excelente de las naciones son malas e impías, ¿qué pensaremos del resto, que son, por así decirlo, la gente común, y lo más despreciable de las naciones? Tampoco Pablo hizo una distinción entre los más eminentes, pues condenó toda veneración a su sabiduría, sin ninguna acepción de personas. Y si condenó sus obras y esfuerzos más honrosos, también condenó a los que se esforzaran en hacerlos, aun cuando se empeñaran con todas las fuerzas del «libre albedrío». Su mejor esfuerzo fue declarado malo. ¡Cuánto más las personas que hacen tales esfuerzos!

Así también, justo después, Pablo rechazó sin distinción alguna a los judíos que son judíos «por la letra» y no «por el Espíritu». Ustedes (les señaló el apóstol) deshonraron a Dios a pesar de tener la ley y la circuncisión. «Porque no es judío el que lo es exteriormente [...] sino que es judío el que lo es interiormente» (Rom. 2:27-29).

¿Qué puede ser más claro que esta división? ¡El judío que lo es exteriormente es un transgresor de la ley! Y, ¿cuántos judíos no creyentes suponemos que había, que fueron hombres sumamente sabios, religiosos y honorables, que procuraron la justicia y la verdad con todo esfuerzo y fervor? De estos, el apóstol constantemente dio testimonio que tenían «celo de Dios» e iban «tras una ley de justicia», que de día y de noche se esforzaron por alcanzar la salvación y tuvieron vidas irreprochables; no obstante, fueron transgresores de la ley, porque no son judíos «por el Espíritu», sino al contrario, se resisten a la justicia que es mediante la fe. Queda pues como conclusión que el «libre albedrío» es entonces lo peor cuando hace su mejor esfuerzo, ¡y mientras más se esfuerza tanto peor resulta y obra! Las palabras de Pablo son sencillas, la división es incuestionable, y nada puede argumentarse en su contra.

Sección 139—Pero prestemos atención a lo que Pablo interpretó respecto a sus propias palabras. En el capítulo 3, redactó, por así decirlo, una conclusión que se lee así: «¿Entonces qué? ¿Somos nosotros mejores que ellos? De ninguna manera; porque ya hemos denunciado que tanto judíos como griegos están todos bajo pecado» (Rom. 3:9).

¿Dónde quedaría ahora el «libre albedrío»? ¡Todos, señaló Pablo, tanto judíos como griegos están bajo pecado! ¿Hay aquí algún 'tropo' o 'dificultad'? ¿Qué harían estas 'interpretaciones inventadas' contra esta declaración tan clara? Estableció que «todos» sin excluir a nadie. Y los describió a todos como personas que están «bajo pecado», es decir, como esclavos del pecado, que no deja en ellos ningún ápice de bueno. Pero ¿dónde probó que «tanto judíos como griegos están todos bajo pecado»? Cabalmente donde ya lo probé, es decir, cuando Pablo enunció: «Porque la ira de Dios se revela desde el cielo contra toda impiedad e injusticia de los hombres...» (Rom. 1:18). Esto se los demostró posteriormente desde la experiencia: al mostrarles, que al ser aborrecidos de Dios, fueron entregados a una infinidad de vicios, a fin de que se convencieran de los frutos de su injusticia, que solo querían y no hacían más que lo malo. Luego, juzgaría a los judíos en particular, al afirmar que el judío «por la letra» es un transgresor de la ley. Y esto lo demostró, de igual forma, con los frutos y la experiencia: «... Tú que predicas que no se debe robar, ¿robas? [...]. Tú que abominas los ídolos, ¿saqueas templos?...» (Rom. 2:21-23). Así pues, no exceptuó a nadie, solo a los que son judíos «por el Espíritu».

Sección 140—Pero veamos qué pruebas de las Escrituras aportó Pablo para apoyar sus opiniones y si los pasajes que cita 'tienen más fuerza en Pablo que en sus propios contextos'. «Como está escrito: No hay justo, ni aun uno; no hay quien entienda, no hay quien busque a Dios; todos se han desviado, a una se hicieron inútiles; no hay quien haga lo bueno, no hay ni siquiera uno...» (Rom. 3:10-23).

Aquí, que me presente sus 'interpretaciones adecuadas', invente 'tropos' y pretenda que las palabras 'son ambiguas y oscuras'. ¡Qué se atreva a defender el «libre albedrío» en contraste con estas declaraciones de condenación! Entonces me daré por vencido, me retractaré y me obligaré a confesar y afirmar que existe el «libre albedrío». Es incuestionable que esas palabras se aplican a todos los hombres, pues el profeta introdujo a Dios, quien miró desde los cielos sobre los hombres y pronunció su sentencia sobre ellos. Así reza ciertamente el Salmo 14:2-3: «El Señor ha mirado desde los cielos sobre los hijos de los hombres para ver si hay alguno que entienda, alguno que busque a Dios. Todos se han desviado...». Y para que los judíos no pensaran que esto no se aplicaba a ellos, Pablo se les anticipó y afirmó que se aplicaba a ellos muy en particular. Por eso leemos en Romanos: «Ahora bien, sabemos que cuanto dice la ley, lo dice a los que están bajo la ley...». Y su intención fue la misma cuando se refirió «al judío primeramente y también al griego» (Rom. 3:19, RVR1960).

Estos textos dan a entender que todos los hijos de los hombres, todos los que están bajo la ley, es decir, los gentiles al igual que los judíos, se consideran ante Dios como impíos, carentes de entendimiento, que no buscan a Dios, ni siquiera uno de ellos, sino que se han desviado y se han vuelto inútiles. Y sin duda, entre todos los «hijos de los hombres» y los que están «bajo la ley» deben contarse los mejores y los más dignos de elogio, que aspiran a lo que es moralmente bueno con todas las fuerzas del «libre albedrío», y también de aquellos de los cuales se jacta la Diatriba por tener el sentido y ciertas semillas del bien implantadas en ellos, ¡a menos que la Diatriba sostenga que se trata de los «hijos» de los ángeles!

¿Cómo entonces pueden esforzarse en hacer lo bueno aquellos que, sin excepción, ignoran a Dios, y ni lo respetan ni lo buscan? ¿Cómo pueden tener una fuerza capaz de hacer lo bueno, aquellos que, sin excepción, rechazaron lo bueno y se hicieron inútiles? ¿Acaso no son las palabras especialmente claras cuando declaran que todos los hombres ignoran a Dios y lo desprecian, y luego, se desvían hacia lo malo y se hacen inútiles para hacer lo bueno? Pues Pablo no habló de la ignorancia en busca del sustento diario, o del desprecio del dinero, sino de la ignorancia y el desprecio de la religión y la piedad. Y esa ignorancia y desprecio, sin duda, no se hallan en la «carne», es decir (como lo interpretas) en 'los afectos viles y repugnantes', sino en los poderes más nobles y excelentes de los hombres, en los cuales deben reinar la justicia, la piedad, el conocimiento y el temor de Dios, es decir, en la razón y en la voluntad; y, en consecuencia, en el mismo poder del «libre albedrío», en la misma semilla del bien, ¡en aquello más excelente en el hombre!

¿Dónde estás ahora, querido Erasmo? Tú que prometiste 'que reconocerías que la facultad más excelente en el hombre es carne, es decir, impía, siempre que se demuestre desde las Escrituras'. Reconoce, entonces, que la facultad más excelente en el hombre no solo es impía, sino que ignora a Dios, lo desprecia, se desvía hacia lo malo y no puede hacer lo bueno. Pues ¿qué significa ser «injusto»?, sino que la voluntad (que es una de las facultades más nobles del hombre) es injusta. ¿Qué significa no entender ni a Dios ni lo bueno?, sino que la razón (la cual es otra de las facultades más nobles del hombre) ignora a Dios y lo bueno, es decir, está ciega en cuanto al conocimiento de la piedad. ¿Qué significa «se han desviado, a una se hicieron inútiles»?, sino que los hombres no tienen poder en ninguna facultad, y aún menos en sus facultades más nobles, de hacer lo bueno, sino solo de hacer lo malo. ¿Qué significa no tener temor de Dios?, sino que los hombres con todas sus facultades, y sobre todo sus facultades más nobles, ¡desprecian todas las cosas de Dios: Sus palabras, obras, leyes, preceptos y Su voluntad! ¿Qué puede entonces proponer una razón ignorante y ciega que sea correcto? ¿Qué puede escoger una voluntad mala e impotente que sea bueno? Es más, ¿qué puede buscar una voluntad, donde la razón no puede proponer nada, sino la oscuridad de su propia ceguera e ignorancia? Y, donde la razón está tan errada y la voluntad tan opuesta a Dios, ¿qué cosa buena puede hacer o intentar el hombre?

Sección 141—Pero quizás, alguno opine, mediante sofismas, que la voluntad está desviada y la razón es ignorante, en relación a la perfección de la acción, pero la voluntad puede intentar algo, y la razón puede adquirir conocimiento en sus propias fuerzas, ya que, podemos intentar muchas cosas que no podemos perfeccionar, y aquí hablamos de la existencia de una capacidad y no de la perfección de la acción.

Respondo: las palabras del profeta abarcan tanto la acción como la capacidad. Pues afirma que el hombre no busca a Dios, que es lo mismo que si hubiera dicho que el hombre no tiene la capacidad (no es capaz) de buscar a Dios, lo cual podría concluirse de esto: si hubiere una capacidad (o poder) en el hombre para querer lo bueno, debería entrar en acción en algunos hombres, o al menos en alguno, y debería manifestarse, ya que (como opiné antes) la acción de la omnipotencia de Dios no podría permitir que Sus criaturas permanezcan estáticas u ociosas. Pero este no es el caso. Pues Dios mira desde el cielo, y mira que no hay ni siquiera uno que lo busque, o intente buscarlo. Así que, no se encuentra en ninguna parte esa capacidad que intente, o quiera intentar buscarlo, al contrario, todos los hombres «se han desviado».

Además, si no se entendiera que Pablo hablaba al mismo tiempo de incapacidad (o impotencia), su discusión no llegaría a nada. Porque toda la intención de Pablo era hacer necesaria la gracia para todos los hombres. En cambio, si ellos pudieran iniciar algo por sí mismos, no habría necesidad de la gracia. Pero como no pueden hacerlo, la gracia es necesaria. Así ves, que en este pasaje se anula por completo el «libre albedrío», y no queda nada meritorio o bueno en el hombre, ya que, se le declara injusto, desconocedor de Dios, despreciador de Dios, opuesto a Dios e inútil ante Él. Y las palabras del profeta son bastante fuertes en su propio contexto como cuando las cita Pablo.

No es una aserción insignificante, cuando se declara que el hombre desconoce y desprecia a Dios; pues estas son la fuente de todas las iniquidades, la cloaca de todos los pecados, y el infierno de todos los males. ¿Qué males no hay cuando se ignora y se desprecia a Dios? En pocas palabras, ¡la condición de los hombres en el reino de Satanás no podría haberse descrito con menos palabras y términos más expresivos que estos: ¡ellos desconocen y desprecian a Dios! Pues hay incredulidad, desobediencia, sacrilegio y blasfemia contra Dios, hay crueldad y falta de misericordia hacia el prójimo. ¡Es el amor a sí mismo el que está presente en todo lo que se refiere a Dios y al hombre! ¡He aquí una descripción de la gloria y la capacidad del «libre albedrío»!

Sección 142—Sin embargo, Pablo continuó y dio testimonio que hablaba expresamente de todos los hombres, y en particular de los mejores y más eminentes, al expresar lo siguiente: «... para que toda boca se calle y todo el mundo sea hecho responsable ante Dios; porque por las obras de la ley ningún ser humano será justificado delante de Él...» (Rom. 3:19-20).

Te pregunto, ¿cómo se callará toda boca, si todavía existe una capacidad con la que podemos realizar algo? Pues uno podría entonces decirle a Dios: *No es que aquí en el mundo no haya absolutamente nada; y ese algo en el mundo tú no puedes condenar; incluso tú mismo le das la capacidad de hacer algo. Y esto no lo podrás callar, ni te podría ser repulsivo.* Pues si hubiese algún poder en el «libre albedrío», y fuera capaz de hacer algo, sería falso afirmar que el mundo entero es repulsivo o culpable ante Dios, puesto que ese poder, cuya boca no se puede callar, no es cosa insignificante o está limitado a una pequeña parte del mundo, sino que es evidente y común en el mundo entero. O, si a ese poder se le debe callar, entonces debe ser repulsivo y culpable ante Dios, junto con el mundo entero. Pero ¿cómo puede justamente declararse culpable a ese poder, si no es injusto ni impío, es decir, no es merecedor del castigo y la venganza?

Deja que tus seguidores averigüen con qué 'interpretación adecuada' debe absolverse esa capacidad (o poder) en el hombre, por la cual el mundo entero es declarado culpable ante Dios, o con qué artilugio se excluirá de la expresión «todo el mundo». Estas palabras: «Todos se han desviado, a una se han corrompido; no hay quien haga el bien, no hay ni siquiera uno» son rayos fulminantes y truenos desgarradores; son en realidad como martillo que despedaza la roca que mencionó Jeremías, con el cual se despedaza todo, no solo lo que está en un hombre, o en algunos hombres, o en alguna parte de ellos, sino lo que está en el mundo entero, sin que se excluya a ningún hombre; de modo que el mundo entero debe, ante aquellas palabras, temblar, temer y huir. Pues, ¡no podrían pronunciarse palabras más terribles y atroces que aquellas que afirman que el mundo entero es culpable, que todos los hijos de los hombres se han desviado del camino y se han hecho inútiles, que no hay ni siquiera uno que tenga temor de Dios, que no sea impío, que entienda, que busque a Dios!

No obstante, tan grande ha sido y es la dureza y la terquedad insensata de nuestros corazones, que nunca escuchamos ni sentimos la fuerza de estos rayos y truenos, sino que mientras suenan en nuestros oídos, hacemos caso omiso de ellos y exaltamos y establecemos el «libre albedrío» con todas sus facultades, de modo que cumplimos lo dicho en Malaquías 1:4: «… Ellos edificarán, pero yo destruiré…».

No menos temibles son las palabras de Pablo: «… por las obras de la ley ningún ser humano será justificado delante de Él…». La expresión «por las obras de la ley», es contundente. Como lo son también: «todo el mundo», y «los hijos de los hombres». Pues debe observarse que Pablo se abstuvo de mencionar personas y alude solo a sus modos de proceder, es decir, para abarcar a todas las personas junto con lo más excelente que hay en ellas. En cambio, si se hubiera referido a la gente común entre los judíos, los fariseos o ciertos impíos no justificados, hubiera dado la impresión de que estaba exceptuando a algunos, que con el poder del libre albedrío en ellos, y cierta ayuda de la ley, no eran del todo inútiles. Pero cuando condenó las mismas obras de la ley y las hace injustas ante Dios, se hace evidente que condenó a todos los que se empeñaron en el cumplimiento de la ley y de las obras. Y ninguno cumplió con más empeño la ley y las obras sino los mejores y los más eminentes, y aun ellos no las cumplieron sino en lo mejor y más excelente de sus facultades, es decir, su razón y su voluntad.

Por lo tanto, si aquellos que practicaron el cumplimiento de la ley y de las obras, con todo empeño y esfuerzo, tanto de la razón como de la voluntad, es decir, con todo el poder del «libre albedrío», y los asistió la ley como el auxilio divino que los instruyó y los alentó, si afirmara que estos son condenados como impíos porque no han sido justificados, y se les ha declarado carne ante Dios, ¿qué quedaría en toda la raza humana que no fuera carne e impío? Pues todos los que son de las obras de la ley son condenados por igual, pues es indiferente que lo hagan con la mayor devoción, o con devoción moderada o sin ninguna. Ninguno pudo hacer nada sino las obras de la ley: pero estas no justifican. Si no justifican, demuestran que los que las practican son impíos, y los dejan en esa condición. ¡Pero si son impíos, son culpables y merecen la ira de Dios! Estas cosas son tan claras que nadie podría abrir su boca contra ellas.

Sección 143—Sin embargo, muchos eluden a Pablo al afirmar que él llamó aquí obras de la ley a las obras ceremoniales, tales obras después de la muerte de Cristo ya están muertas.

Respondo: esta es aquella importante equivocación e ignorancia de Jerónimo. Y, aunque Agustín la combatió tenazmente, no obstante, al retirarse Dios y prevalecer Satanás, se difundió por todo el mundo y continúa hasta el presente. Por lo cual, aconteció que fue imposible entender a Pablo, y el conocimiento de Cristo se oscureció. Por ello, si no hubiera habido otro error en la iglesia, este hubiera sido bastante pestilente y eficaz para destruir el evangelio. Y por esto, Jerónimo merecería el infierno antes que el cielo, si alguna gracia especial no intervino a su favor, ¡lejos estoy de canonizarlo o llamarlo santo! Sin embargo, no es verdad que Pablo estuviera hablando solo de las obras ceremoniales, pues si ese fuera el caso, ¿cómo podría ser válido su argumento, por el cual concluyó que todos los hombres son impíos y necesitan de la gracia? Pero quizás dirás: admitamos que no somos justificados por las obras ceremoniales, pero que uno sí podría ser justificado por las obras morales del Decálogo. Entonces, con este silogismo tuyo has probado que para ser justificado no es necesaria la gracia. Si este fuera el caso, ¡cuán útil sería esa gracia que nos libera solo de las obras ceremoniales, las más fáciles de todas las obras, y que nos pueden ser sacadas por la fuerza a través del temor y el amor propio!

Además, es erróneo afirmar que las obras ceremoniales están muertas o son ilícitas, después de la muerte de Cristo. Pablo nunca dijo tal cosa. Pero sí afirmó que ellas no justificaban, y no aprovechaban de nada al hombre ante Dios, como librarlo de su impiedad. Al sostener esta verdad, cualquiera puede hacer estas obras y no hacer nada que sea ilícito. Así, comer y beber son obras que no justifican o nos favorecen delante Dios, pero el que come y el que bebe no hace algo que sea ilícito.

Estos hombres yerran también en esto: que las obras ceremoniales se ordenaron y se exigieron en la ley antigua, de igual manera que las obras morales en el Decálogo, por eso, no hay diferencia en la eficacia de la una y de la otra. Pues Pablo habló principalmente a los judíos, como lo expresó en Romanos 1: por lo tanto, que nadie dude de que por las obras de la ley deben entenderse todas las obras de toda la ley. Pues si la ley hubiera sido abrogada y estuviera muerta, no pueden llamarse obras de la ley, pues una ley abrogada y muerta ya no es ley, y eso lo sabía bien Pablo. Por tanto, él no habló de la ley abrogada al mencionar las obras de la ley, sino de la ley vigente y de su autoridad, de otra manera, ¿cuán fácil hubiera sido para él decir: la ley ya ha sido abrogada? Entonces, habría hablado honesta y claramente.

Pero citemos al mismo Pablo, quien es el mejor intérprete de sus propias palabras. Señaló en Gálatas 3:10: «Porque todos los que son de las obras de la ley están bajo maldición, pues escrito está: Maldito todo el que permanece en todas las cosas escritas en el libro de la ley, para hacerlas». Ves que Pablo en este pasaje, exhortó sobre el mismo punto que en Romanos, y con las mismas palabras dondequiera que mencionó las obras de la ley se refirió a todas las leyes escritas en el libro de la ley.

Y lo que es más digno de destacar es que Pablo mismo citó a Moisés, quien maldijo a los que no permaneciesen en la ley; en cambio, Pablo mismo maldijo a los que son de las obras de la ley; así al citar un testimonio de un ámbito diferente al de Pablo, el primero es negativo, y el segundo positivo. Pero esto lo hizo, porque la condición real ante Dios de aquellos que cumplen con la mayor devoción las obras de la ley, son los que están más lejos de cumplirla porque no tienen al Espíritu, quien es el único capaz de cumplirla. Pues pueden intentarlo en sus propias fuerzas, pero no lograrán nada. Por lo tanto, ambas declaraciones son ciertas, la de Moisés que maldice a los que no permaneciesen en las obras de la ley; y la de Pablo que maldice a los que son de las obras de la ley. Pues ambos reiteran que sin la asistencia del Espíritu, independientemente de cuántas o cuán excelentes puedan ser las obras, ellas no justifican, como Pablo señaló, por eso, ninguno permanece en todas las cosas que están escritas, como dijo Moisés.

Sección 144—En suma: Pablo con esta división, confirmó plenamente lo que yo sostengo. Pues dividió a los hacedores de la ley en dos clases: los que obran por el Espíritu, y los que obran por la carne, sin un término medio. Enunció así: «… por las obras de la ley ningún ser humano será justificado…» (Rom. 3:20). Esto significa que aquellos, cuyas obras de la ley no les sirven para nada, se empeñan en hacerlas sin el Espíritu, por cuanto ellos mismos son carne, es decir, son impíos e ignorantes de Dios. Así leemos en Gálatas 3:2, donde Pablo hizo la misma división: «… ¿recibisteis el Espíritu por las obras de la ley, o por el oír con fe?» Otra vez en Romanos 3:21: «Pero ahora, aparte de la ley, la justicia de Dios ha sido manifestada…». Y de nuevo en Romanos 3:28: «Porque concluimos que el hombre es justificado por la fe aparte de las obras de la ley».

De todos estos textos es claro y evidente que para Pablo el Espíritu se opone a las obras de la ley, así como a todo lo que no es espiritual, especialmente todo poder y todo lo que es inherente a la carne. De modo que, el significado de las palabras de Pablo es sin duda el mismo que el de Cristo (Juan 3:6); es decir, que todo lo que no es del Espíritu es carne, por más hermoso, santo y extraordinario que sea, ya sean las obras de la ley más excelentes y generadas por todos los poderes imaginables, pues falta el Espíritu de Cristo, sin el cual todo es condenable.

Que sea entonces un punto establecido, que Pablo, por las obras de la ley, no implicó las obras ceremoniales, sino las obras de toda la ley; entonces, también es un punto establecido que, en las obras de la ley, todo aquello que no tiene el Espíritu es condenado. Y si no tiene el Espíritu, ¡hemos de creer que ese poder del «libre albedrío» (pues ese es el punto en discusión), es la facultad más excelente en el hombre! Pues, ser «de las obras de la ley» es la condición más sublime en la que puede estar un hombre. Por ello, el apóstol no se refirió a que son de los pecados, y de la impiedad contra la ley, sino que son «de las obras de la ley», es decir, lo mejor de los hombres y los más dedicados en cumplir la ley, y son los que más allá del poder del «libre albedrío» contaron con la asistencia de la misma ley, es decir, con su instrucción y exhortación.

Por lo tanto, si el «libre albedrío» aunque cuenta con la asistencia de la ley y dedique todas sus fuerzas para cumplirla, no aprovecha para nada ni justifica, sino que permanece en el pecado y en la carne, ¿qué habremos de pensar que es capaz de hacer por sí solo sin la asistencia de la ley? «… por medio de la ley [enunció Pablo] viene el conocimiento del pecado» (Rom. 3:20). Aquí nos mostró hasta qué punto y hasta dónde es de provecho la ley: que el «libre albedrío» por sí mismo es tan ciego que ni siquiera sabe lo que es pecado, pero tiene necesidad de la ley para que se lo enseñe. ¿Y, qué puede hacer ese hombre para desviarse del pecado cuando ni siquiera sabe lo que es pecado? Todo lo que puede hacer es confundir aquello que es pecado con lo que no lo es, y lo que no es pecado pensará que sí lo es. Y esto, la experiencia aporta pruebas suficientes. ¿Cómo el mundo, por medio de aquellos que representan lo más excelente y dedicado de la justicia y la piedad, odian y persiguen la justicia de Dios que predica el evangelio, y la señalan de herejía, error y todo apelativo deshonroso, mientras se jactan y presentan sus propias obras y estratagemas, las cuales en verdad son pecado y error, pero las presentan como justicia y sabiduría?

Mediante este texto, Pablo cerró la boca del «libre albedrío» donde enseñó que por la ley se le da a conocer su pecado, del cual antes era ignorante, y lejos está de concederle algún poder para intentar hacer lo que es bueno.

Sección 145—Y con esto se resuelve el asunto que repite la Diatriba: «si no podemos hacer nada, ¿con qué propósito hay incontables leyes, preceptos, amenazas y promesas?».

Pablo dio aquí su respuesta: «... por medio de la ley viene el conocimiento del pecado». Su respuesta fue muy diferente de lo que pensaría el hombre o el «libre albedrío». No afirmó que por la ley probaba el «libre albedrío», ni tampoco que cooperaba con el «libre albedrío» en el logro de la justicia. Pues la justicia no es por la ley, sino «por la ley viene el conocimiento del pecado»; ya que, el efecto, la obra y la función de la ley, es ser una luz para el ignorante y el ciego, pero una luz que les pone de manifiesto la enfermedad, el pecado, la maldad, la muerte, el infierno y la ira de Dios; y aunque no los libera de estas cosas, se las muestra. Y cuando un hombre llega al conocimiento de la enfermedad del pecado, se entristece y es afligido por la desesperación, la ley no lo ayuda, mucho menos puede ayudarse a sí mismo. Otra luz es necesaria que lo haga descubrir el remedio. Esta es la voz del evangelio, que revela a Cristo como el libertador de todos estos males. Ni el «libre albedrío» ni la razón pueden revelarnos a este libertador. Y, ¿cómo habría de mostrárnoslo, cuando ella misma está sumergida en la oscuridad y carece incluso de la luz de la ley, para que pudiera ver su enfermedad que con su misma luz no ve, sino que cree que está saludable?

Así también en Gálatas 3, al tratar Pablo el mismo punto, manifestó: «... ¿para qué fue dada la ley?». A lo cual él respondió, no como lo hace la Diatriba, que argumenta que existe el «libre albedrío», sino que adujo: «... Fue añadida a causa de las transgresiones, hasta que viniera la descendencia a la cual había sido hecha la promesa...» (Gál. 3:19). Hemos visto que adujo, «a causa de las transgresiones», no para restringirlas como soñaba Jerónimo, (pues Pablo mostró que quitar y restringir los pecados, mediante el don de la justicia, fue aquello prometido a la descendencia por venir); sino para que abundaran, como lo enunció en Romanos 5:20: «Y la ley se introdujo para que abundara la transgresión...». No es que no se cometieran pecados ni abundaran estos sin la ley, pero sin la ley no habrían sido reconocidos como transgresiones y pecados de tal magnitud; sino que la mayoría de ellos y los más grandes se considerarían obras de justicia. Y mientras los pecados no se reconozcan como tales, no hay cabida para el remedio ni para la esperanza, porque no se someterán a la mano del que los quiere sanar, por cuanto se consideran saludables y no querrían un médico. Por eso, la ley es necesaria, la cual dará el conocimiento del pecado, para que el que se sienta orgulloso y saludable, sea humillado por el conocimiento de la iniquidad y la grandeza de su pecado, gima y suspire por la gracia que se ofrece en Cristo.

Solo observa la simplicidad de las palabras: «por medio de la ley viene el conocimiento del pecado»; no obstante, ellas solas tienen la fuerza suficiente para destruir y derribar al «libre albedrío» por completo. Pues, si es verdad que por sí mismo no conoce qué es pecado, y qué es malo, como el apóstol lo manifestó en Romanos 7:7-8: «... yo no hubiera llegado a conocer el pecado si no hubiera sido por medio de la ley, porque yo no hubiera sabido qué es la codicia, si la ley no hubiera dicho: No codiciarás...», ¿cómo puede saber qué es justo y bueno? Y si no sabe que es lo justo, ¿cómo puede esforzarse en alcanzarlo? No conocemos el pecado en que nacimos, vivimos, nos movemos y existimos, más aún, que vive, se mueve y reina en nosotros, ¿cómo entonces conocemos la justicia que está fuera de nosotros y que reina en el cielo? ¡Estas palabras reducen a la nada a ese miserable «libre albedrío»!

Sección 146—Siendo así la situación, Pablo declaró con plena certeza y autoridad: «Pero ahora, aparte de la ley, la justicia de Dios ha sido manifestada, atestiguada por la ley y los profetas; es decir, la justicia de Dios por medio de la fe en Jesucristo, para todos los que creen; porque no hay distinción; por cuanto todos pecaron y no alcanzan la gloria de Dios, siendo justificados gratuitamente por su gracia por medio de la redención que es en Cristo Jesús, a quien Dios exhibió públicamente como propiciación por su sangre a través de la fe...» (Rom. 3:21-25).

Con estas palabras, Pablo lanzó rayos contra el «libre albedrío». Primero, afirmó: «aparte de la ley, la justicia de Dios ha sido manifestada». Aquí señaló la diferencia entre la justicia de Dios y la justicia de la ley; porque la justicia de la fe viene por la gracia, sin que intervenga la ley. Luego, sus palabras «aparte de la ley», no pueden significar otra cosa que la justicia cristiana existe sin las obras de la ley; en tanto que las obras de la ley no sirven de nada, y no pueden hacer nada en la consecución de la justicia. Como lo expresó posteriormente: «Porque concluimos que el hombre es justificado por la fe aparte de las obras de la ley» (Rom. 3:28). Lo mismo había expresado antes: «porque por las obras de la ley ningún ser humano será justificado delante de Él...» (Rom. 3:20).

De todo esto, es evidente que el esfuerzo y el deseo del «libre albedrío» son una nada. Pues, si existe la justicia de Dios sin la ley y sin las obras de la ley, ¡cómo no habría de existir sin el «libre albedrío»! En particular, ¡dado que el máximo esfuerzo del «libre albedrío» es ejercitarse en la justicia moral, o las obras de esa ley, de la cual obtienen 'asistencia' su ceguera e impotencia! Por lo tanto, la palabra «aparte» anula todas las obras morales, toda justicia moral, toda disposición hacia la gracia. En pocas palabras, reúne todo lo que se refiera a la facultad del «libre albedrío», y Pablo seguirá en pie invencible y dirá: ¡la justicia de Dios existe «aparte» de tales cosas!

Pero si admitimos que el «libre albedrío» puede, por su esfuerzo, avanzar en alguna dirección, sea hacia las buenas obras, o hacia la justicia acorde a la ley civil o moral, no obstante, no avanzará hacia la justicia de Dios, ni tampoco Dios en ningún aspecto tolerará que sus máximos esfuerzos sean dignos para el logro de esta justicia, ya que dijo que Su justicia aprovecha aparte de las obras de la ley. Por lo tanto, si el «libre albedrío» no puede avanzar hacia el logro de la justicia de Dios, ¿de qué le aprovecharía si avanza por sus propias obras y esfuerzos, hacia el logro de (si fuese posible) la justicia de los ángeles? Creo que las palabras de Pablo no son 'oscuras ni ambiguas', ni hay cabida para 'tropos' de ninguna clase. Él distinguió claramente las dos justicias: la de la ley y la de la gracia, y declaró que la justicia de la gracia se da sin la justicia de la ley, y sin sus obras, y la justicia de la ley no justifica, ni aprovecha para nada, sin la justicia de la gracia. Me gustaría ver, entonces, ¡cómo el «libre albedrío» puede mantenerse en pie, o defenderse, contra estas Escrituras!

Sección 147—Otro rayo fulminante es que el apóstol señaló que la justicia de Dios se manifiesta y es útil «para todos los que creen» en Cristo, y que «no hay distinción» (Rom. 3:22).

De nuevo, Pablo separó a toda la raza humana en dos grupos distintos. A los que creen les da la justicia de Dios, pero a los que no creen se las quita. Ahora bien, creo que nadie estará tan desquiciado para dudar de que el poder o el esfuerzo del «libre albedrío» es algo diferente que la fe en Jesucristo. Pablo, en ese caso, afirmó que cualquier cosa que no viene de la fe, es injusta ante Dios. Y si es injusta ante Dios, debe ser pecado. Pues con Dios no hay término medio entre la justicia y el pecado, ni puede ser algo neutro, que no sea ni justicia ni pecado. De otra manera, todo el argumento de Pablo se reduciría a nada, porque parte totalmente de esta división de que todo lo que hacen y practican los hombres es ante Dios: justicia o pecado; justicia si es hecho con fe; pecado si falta la fe. Sin duda, con los hombres las cosas son así: Todos los asuntos en los cuales los hombres, en sus relaciones entre sí, ni cuentan como deuda ni como beneficio gratuito, son para ellos cosas neutrales e indiferentes. Pero aquí el hombre impío peca contra Dios, sea que coma o beba o haga lo que sea, porque abusa con su constante impiedad e ingratitud de lo que Dios ha creado, y en ningún momento le da la gloria desde su corazón.

Sección 148—También es un rayo muy potente esto que afirmó el apóstol: «... por cuanto todos pecaron y no alcanzan la gloria de Dios»; pues «no hay distinción» (Rom. 3:23,22).

¿Qué podría hablarse con mayor claridad? Señálame uno que se esfuerce por impulso de su «libre albedrío» y dime ¿este hombre peca con su esfuerzo? Si no peca, ¿por qué Pablo no lo exceptúa? ¿Por qué lo incluye sin hacer distinción? Sin duda, Pablo dijo «todos», no excluye a nadie en ningún lugar, en ningún tiempo, en ninguna obra o esfuerzo. Por eso, si excluyeras a un hombre, porque ha realizado alguna clase de esfuerzo u obra, harías de Pablo un mentiroso, porque habría incluido a todo el que se esfuerza o hace obras entre «todos», y en todo lo que afirmó sobre «todos»; en cambio, ¡Pablo debería haber mostrado algún respeto por esta persona y no la debería haber contado entre la horda general de los pecadores!

También está esta otra declaración: «no alcanzan la gloria de Dios».

Quizás entiendas «la gloria de Dios» en dos sentidos, uno activo y otro pasivo. Pues Pablo escribió así por su uso frecuente de hebraísmos. «La gloria de Dios» en sentido activo, se refiere a la gloria con que Dios se gloría en (ante) nosotros; en sentido pasivo, se refiere a la gloria con que nosotros nos gloriamos en (ante) Dios. Me parece que aquí sería apropiado entender la expresión en el sentido pasivo. Así, «la fe de Cristo» es, según el latín, la fe que tiene Cristo, pero según el hebreo, «la fe de Cristo» se refiere a la fe que tenemos en Cristo. Así, también, «la justicia de Dios» se refiere, según el latín, a la justicia que tiene Dios; pero según el hebreo, se refiere a la justicia que tenemos de Dios y ante Dios. Así también, «la gloria de Dios» la entendemos según el latín, no según el hebreo, como la gloria que tenemos de Dios y ante Dios, que puede llamarse, nuestra gloria en Dios. Y el hombre se gloría en Dios porque sabe, con certeza, que lo favorece y se digna a mirarlo con clemencia, de modo que se complace en lo que hace, y lo tolera y lo perdona cuando no lo complace.

Así pues, si el esfuerzo o el deseo del «libre albedrío» no es pecado, sino algo bueno ante Dios, podría ciertamente gloriarse, y en ese gloriarse afirmar con certeza: Esto complace a Dios, cuenta con su favor, lo mira con buenos ojos y lo acepta o al menos, lo tolera y lo perdona. Pues esta es la gloria de los creyentes en Dios, y los que no la tienen, más bien son avergonzados ante Dios. Pero Pablo negó que estos hombres tuvieran esta gloria, al afirmar que todos carecen de esta gloria.

Esto también lo demuestra la experiencia. Pregunta a todos los que se esfuerzan por impulso del «libre albedrío», y busca a uno, que pueda honesta y sinceramente, afirmar respecto a cualquiera de sus esfuerzos y empeños: ¡esto complace a Dios! Si puedes mostrarme a uno solo, estoy dispuesto a reconocer que he sido derrotado y cederte la palma de la victoria. Pero sé que no se hallará uno solo. Y si falta esta gloria, de modo que la conciencia no se atreva a decir con certeza, y con confianza: esto complace a Dios, es seguro que esto no lo complace. Porque como cree un hombre, así será para él; pues no cree con certeza que complace a Dios, lo cual, no obstante, es necesario creer, puesto que dudar del favor de Dios es el mismo pecado de la incredulidad, porque Él quiere que se crea con la mayor confianza que Él es propicio. Por lo tanto, los persuadí con el testimonio de sus propias conciencias, que el «libre albedrío», con todas sus fuerzas, esfuerzos y empeños, al carecer de «la gloria de Dios», permanentemente será culpable del pecado de la incredulidad.

Y ¿qué podrán argumentar los defensores del «libre albedrío» con respecto a esto: «justificados gratuitamente por su gracia» (Rom. 3:24)?, ¿cuál es el significado de la palabra «gratuitamente»?, ¿cuál es el significado de «por su gracia»?, ¿cómo concuerdan el mérito y el esfuerzo con la justicia que se recibe gratuitamente? Pero quizás, estos defensores dirán que le atribuyen muy poco al «libre albedrío», y ¡de ninguna manera un 'mérito de condigno' (*meritum conignum*)! Sin embargo, estas son puras palabras vacías, pues todo lo que buscan al defender el «libre albedrío, es dejar espacio para el mérito. Esto lo ha hecho evidente la Diatriba al argumentar y objetar así: «Si no hay libertad de la voluntad, ¿dónde hay espacio para el mérito? Y si no hay espacio para el mérito, ¿dónde lo hay para la recompensa si se puede ser justificado sin mérito?»

Pablo te dio una respuesta: no, no hay mérito, sino los que son justificados, lo son «gratuitamente», y esto se le atribuye solo a la gracia de Dios. Y, cuando se le otorga esta justicia, ¡el reino y la vida eterna se le otorgan también! ¿Dónde está tu esfuerzo?, ¿dónde está tu empeño?, ¿dónde están tus obras?, ¿dónde están tus méritos del «libre albedrío?, ¿dónde está el beneficio de todos ellos? No puedes pretender que aquí haya 'oscuridad y ambigüedad', ya que los hechos y las obras son sumamente claros y sencillos. Pues aun cuando atribuyen *muy poco* al «libre albedrío», sin embargo, nos enseñan que por *ese poco* podemos alcanzar la justicia y la gracia. No que hayan resuelto el problema: ¿por qué Dios justifica a uno y abandona al otro a su suerte?, al contrario, afirman la libertad de la voluntad, y que Dios mira con buenos ojos al que se esforzó y desprecia al que no lo hizo, para no ser injusto si procediera de otra manera.

Y pese a que, tanto en sus palabras como en sus escritos, aparentan no profesar que se alcanza la gracia mediante el 'mérito de condigno' (*meritum conignum*), ni lo llaman así, sin embargo, solo se burlan de nosotros con un término y se aferran a su postulado todo este tiempo. Pues, ¿cuál es su pretensión cuando no lo llaman 'mérito de condigno', si le atribuyen todo lo que pertenece al mérito de condigno, al afirmar que ante Dios alcanza la gracia el que se esfuerza, y el que no se esfuerza no la alcanza?, ¿no es eso algo que corresponde al mérito de condigno?, ¿no es mostrar a un Dios que considera las obras, los méritos y las personas al declarar que si un hombre carece de la gracia es por su culpa, porque no se esforzó en alcanzarla, pero otro, en cambio, alcanzó la gracia porque se esforzó en alcanzarla, la cual no la hubiera alcanzado si no se hubiese esforzado? Si esto no es el 'mérito de condigno' (*meritum conignum*), entonces me gustaría que me instruyeran a qué se le llama 'mérito de condigno'.

De esta manera, puedes jugar al engaño con todas las palabras; y declarar que no es precisamente el mérito de condigno, pero tiene el efecto de tal mérito. ¡El espino no es una mala planta, pero tiene el efecto de una mala planta!, ¡la higuera no es una buena planta, pero tiene el efecto de una buena planta!, ¡la Diatriba no es precisamente impía, pero no dice ni hace otra cosa que no sea impío!

Sección 149—A quienes afirman la existencia del «libre albedrío» les ha ocurrido lo que dice el viejo proverbio: «Entre Escila y Caribdis». Pues en su afán de disentir de los pelagianos, comenzaron a negar el 'mérito de condigno'; si bien por la manera en que lo negaron, lo establecieron más firmemente que nunca. Lo negaron con sus palabras y sus escritos, pero lo establecieron en la práctica y en sus corazones, y así, llegan a ser peores que los pelagianos por dos razones. La primera razón, los pelagianos sostienen el 'mérito de condigno' con toda sencillez, franqueza y naturalidad, al llamar a las cosas por su nombre y enseñar lo que de verdad piensan. En cambio, nuestros amigos del «libre albedrío», aunque piensan y enseñan la misma cosa que los pelagianos, se burlan de nosotros con palabras engañosas y falsas apariencias, como si disintieran de los pelagianos, cuando es precisamente lo contrario. De modo que, con respecto a la hipocresía, parecen ser los opositores más fuertes de los pelagianos, pero con respecto a la realidad del asunto, y la convicción de su corazón, son doblemente pelagianos. La segunda razón, bajo esta hipocresía, tienen, de la gracia de Dios un concepto muy bajo, y la estiman mucho menos que los pelagianos. Pues, afirman que no es algo pequeño en nosotros por lo cual alcanzamos la gracia, sino nuestros numerosos, grandes, perfectos, completos y plenos esfuerzos y empeños. En cambio, nuestros amigos del «libre albedrío» declaran que es algo pequeño, casi nada, por lo cual merecemos la gracia.

Por lo tanto, si es ineludible errar, los pelagianos, que afirman que la gracia de Dios se adquiere a un costo muy elevado y la consideran preciosa y valiosa, yerran con mayor honestidad y menos jactancia que aquellos otros que enseñan que puede adquirirse a un costo insignificante, y la consideran barata y despreciable. Sin embargo, Pablo los despedazó a ambos en el mismo mortero, con una sola expresión al decir: «justificados gratuitamente», y de nuevo que son justificados «aparte de la ley» y aparte de «las obras de la ley». Y el que afirma que la justificación es gratuita para todos los que son justificados, no deja lugar para que alguno sea justificado por sus obras, méritos o porque se ha preparado, no deja lugar para ninguna obra que pueda llamarse «mérito de congruo» o «mérito condigno»;[1]

---

1. Nota del traductor al español: El mérito, denota aquella propiedad por la cual las personas son dignas de recompensa o de castigo. Hay dos clases de mérito sobrenatural: *mérito de condigno* o mérito perfecto: se funda en razones de justicia, por lo cual, hay igualdad entre la obra y la recompensa. Es el merecimiento de las obras sobrenaturales ejercitadas por quien está en gracia de Dios. Según la teología escolástica, el hombre que cumplía la ley en su sentido ético y con la correcta disposición de ánimo se hacía acreedor a una recompensa de parte de Dios, es decir, a la gracia de Dios.

y con una sola descarga de este rayo, despedaza tanto a los pelagianos con su 'mérito total' como a los sofistas con su 'mérito muy escaso'. Pues la justificación gratuita no admite que las personas se justifiquen por sus obras, porque *ser un don gratuito* y *disponerse a hacer obras* son conceptos claramente contradictorios.

Además, el ser justificado por medio de la gracia no tomará en consideración la dignidad de alguna persona, como lo expresó el apóstol posteriormente: «Pero si es por gracia, ya no es a base de obras, de otra manera la gracia ya no es gracia...» (Rom. 11:6). También afirmó lo mismo en otro texto: «Ahora bien, al que trabaja, el salario no se le cuenta como favor, sino como deuda» (Rom. 4:4). Por consiguiente, Pablo permanece como el destructor invencible del «libre albedrío», y con una sola palabra aniquiló a dos ejércitos. Pues si somos justificados sin obras, todas las obras están condenadas, ya fuesen muy grandes o muy pequeñas. Pablo no exceptuó ninguna obra, sino que descargó su rayo fulminante contra todas por igual.

Sección 150—Aquí puedes ver el letargo de todos nuestros amigos, y la inutilidad de querer depender de los antiguos padres aprobados en el transcurso de muchos siglos. ¿No estaban todos ciegos por igual? Es más, ¿no hicieron caso omiso de las palabras claras y evidentes de Pablo? Si las palabras de Pablo no fueron claras y evidentes, ¿qué se puede

---

Mérito de congruo o mérito imperfecto: no se funda en razones de justicia, por lo cual la obra no guarda igualdad con la recompensa, sino en cierta conveniencia (por parte de la obra) y en cierta liberalidad (por parte del que recompensa). Es el merecimiento de las obras sobrenaturales ejercitadas por quien está en pecado mortal, y aunque no le dan derecho a la gloria, Dios actúa con misericordia para ayudarle en el estado en que se halla la persona. Según la teología escolástica, el hombre, aun siendo no regenerado, podía cumplir la ley en su sentido formal.

argumentar con claridad y sencillez en defensa de la gracia y en contra del «libre albedrío»? Él continuó con una brillante argumentación y exaltó la gracia frente a las obras. Y con las palabras más claras y sencillas declaró que somos «justificados gratuitamente», y que la gracia ya no es gracia si la buscamos por medio de las obras. Así pues, a todas luces, el apóstol excluyó todas las obras en lo que se refiere a la justificación, con la intención de establecer la sola gracia y la justificación gratuita. Sin embargo, seguimos buscando oscuridad en esta luz, y cuando no podemos atribuirnos grandes cosas, así como el resto, nos esforzamos en atribuirnos cosas 'parcialmente' o 'muy pequeñas', con tal de mantener nuestra posición, es decir, que la justificación por medio de la gracia de Dios no es «gratuita» y «sin obras». Pero Dios que declaró que las mayores cosas y todo lo demás no nos sirven de nada para la justificación, también rechazó que las cosas 'parcialmente' o 'muy pequeñas' puedan servirnos de algo; en particular cuando estableció que somos justificados por la sola gracia sin ninguna obra, y, por lo tanto, sin la misma ley, la cual comprende todas las obras, grandes y pequeñas, las obras «de congruo» y las obras «de condigno».

Vete entonces y jáctate de la autoridad de los antiguos padres, y depende de lo que opinaron, quienes todos a una ignoraron a Pablo, el maestro más sencillo y claro, y, por así decirlo, deliberadamente rehuyeron de este lucero, más bien de este sol, e invadidos por su propio razonamiento carnal consideraron absurdo que no quedase lugar para el mérito.

Sección 151—Presentemos ahora el ejemplo de Abraham que citó Pablo más adelante: «Porque si Abraham fue justificado por las obras, tiene de qué jactarse, pero no para con Dios. Porque

¿qué dice la Escritura? Y creyó Abraham a Dios, y le fue contado por justicia» (Rom. 4:2-3).

Observa aquí de nuevo la distinción que hizo Pablo al mostrar la justicia de Abraham en dos aspectos. Un aspecto, es la justicia por las obras, es decir, la justicia moral y civil, pero niega que Abraham fuera justificado por esto ante Dios, aun cuando fuera considerado justo por sus obras delante de los hombres. Además, por esa justicia, «tiene de qué jactarse» delante de los hombres, pero al mismo tiempo carece de la gloria de Dios. Tampoco puede nadie decir que son las obras de la ley, o las obras ceremoniales, las que se condenan aquí, ya que, Abraham existió muchos años antes de la ley. Pablo habló con sencillez de las obras de Abraham, y de sus mejores obras. Pues sería ridículo discutir si alguien es justificado por las obras malas.

Entonces, si Abraham es justo no por obra alguna, y si él mismo y todas sus obras están bajo el pecado, a menos que sea revestido con otra justicia, es decir, con la justicia de la fe, es bastante evidente que ningún hombre puede hacer algo por obras a fin de llegar a ser justo, además, que ninguna obra, ni empeño, ni esfuerzo del «libre albedrío», aprovecha de algo ante Dios, sino que todo es considerado impío, injusto y malo. Pues si el hombre mismo no es justo, ni sus obras ni sus esfuerzos son justos, y si no son justos, son condenables y merecen la ira.

La otra es la justicia de la fe, que no se basa en las obras, sino en el favor y en la imputación de Dios mediante la gracia. Y observa cómo Pablo se extendió en la palabra «contar», pues la repitió, insistió en ella y la inculcó: «Ahora bien, al que trabaja, el salario no se le *cuenta* como favor, sino como deuda, mas al que no trabaja, pero cree en aquel que justifica al impío, su fe se le *cuenta* por justicia» (Rom. 4:4-5), según el propósito de la gracia de Dios. Luego, citó a David, al decir lo mismo sobre la imputación mediante la gracia: «… Bienaventurado el hombre cuyo pecado el Señor no tomará en cuenta» (Rom. 4:6-8).

En este capítulo, repitió la palabra «contar» más de diez veces. En pocas palabras, Pablo hizo una distinción entre «[el] que trabaja» y «[el] que no trabaja», y no deja un término medio entre ellos. Declaró que la justicia no se le cuenta «al que trabaja», pero afirmó que se le cuenta «al que no trabaja», ¡si cree! Aquí no hay manera en que el «libre albedrío», con sus empeños y esfuerzos, pueda escapar o librarse, pues debe ser contado con «[el] que trabaja» o con «[el] que no trabaja». Si es contado con «[el] que trabaja», no se le cuenta (o imputa) ninguna justicia. Si es contado con «[el] que no trabaja», pero cree en Dios, se le cuenta (o imputa) la justicia. Y entonces, no será el poder del «libre albedrío», sino la nueva criatura por la fe a quien se le cuenta esta justicia. Por otra parte, si la justicia no se le cuenta «al que trabaja», entonces se hace evidente que todas sus obras no son más que pecado, maldad e impiedad ante Dios.

Tampoco pueden los sofistas gruñir y declarar que aun cuando el hombre sea malo, sus obras quizás no sean malas. Pues Pablo no se refirió al hombre simplemente, sino «al que trabaja», con la intención de demostrarnos con las palabras más sencillas que las obras y los esfuerzos del hombre son condenados, cualesquiera que sean, no importa cómo se llamen o qué forma tomen. También habló de las buenas obras, porque los puntos de su argumento son la justificación y los méritos. Y cuando se refirió «al que trabaja», aludió a todos los que se empeñan en hacer obras y a todas sus obras, pero en particular a las obras buenas y meritorias. De otra manera, la distinción que hizo entre «[el] que trabaja» y «[el] que no trabaja» no tendría ninguna pertinencia.

Sección 152—Aquí me abstengo de presentar aquellos poderosos argumentos que pueden deducirse del propósito de la gracia, de la promesa, de la fuerza de la ley, del pecado original y de la elección de Dios, entre los cuales no hay ninguno que no derribaría por sí solo al «libre albedrío». Pues si la gracia viene por el propósito de Dios o por la elección, viene por necesidad, y no por nuestro empeño o esfuerzo, como ya lo indiqué. Además, si Dios prometió Su gracia antes de la ley, como Pablo lo argumentó aquí, y en su epístola a los gálatas, entonces la gracia no viene por las obras o por la ley, de otra manera, ya no sería una promesa. Y lo mismo ocurre con la fe, si las obras fuesen de algún provecho, la fe no significaría nada, por la cual, no obstante, Abraham fue justificado antes de que se diera la ley. Repito, como la ley es el poder del pecado, y solo lo revela, pero no lo quita, hace comparecer ante Dios a la conciencia culpable. A esto se refirió Pablo cuando afirmó: «porque la ley produce ira...» (Rom. 4:15). ¿Cómo puede alcanzarse la justicia mediante la ley? Y si no obtenemos ayuda de la ley, ¿cómo puede ayudarnos solo el poder del «libre albedrío»?

Además, puesto que todos estamos sujetos al pecado y la condenación por el pecado de un solo hombre, Adán, ¿cómo podemos intentar algo que no sea pecado y condenable? Pues cuando dijo «todos», no excluyó a nadie, ni al poder del «libre albedrío», ni «al que trabaja», ya sea que haga obras o no las haga, que se esfuerce o que no se esfuerce, debe por necesidad ser parte de «todos». Tampoco pecaríamos ni seríamos condenados por el único pecado de Adán, si el pecado no fuese nuestro, ¿a quién podría condenársele por el pecado de otro, en particular ante Dios? Ni es el pecado nuestro porque lo imitemos o lo cometamos, pues este no sería el único pecado de Adán, porque, entonces, no sería el pecado que él cometió, sino el que cometimos nosotros, y llega a ser nuestro pecado por creación. Pero sobre esto elaboraremos en otra oportunidad. Entonces, el mismo pecado original no permitirá en el «libre albedrío» ninguna otra capacidad que la de pecar y ser condenado.

Estos argumentos, declaro, me abstengo de presentarlos porque son bastante evidentes e irrefutables, y porque ya los he tratado. Pues, si quisiera presentar todos los textos de Pablo que destruyen al «libre albedrío», no podría hacerlo mejor que tratar en un comentario la totalidad de su epístola, como lo hice en los capítulos 3 y 4. Me extendí, precisamente para mostrar a todos nuestros amigos del «libre albedrío» su enorme falta de consideración, que así leen a Pablo en todos estos textos del todo claros, como para no ver estos poderosos argumentos en contra del «libre albedrío», y para exponer la necedad de esa confianza que se deposita en la autoridad y los escritos de los antiguos padres, y que examinen el impacto que tendrían estos argumentos tan evidentes en su contra, si se les tratase con atención y sentido común.

Sección 153—En cuanto a mí, debo confesar que estoy más que sorprendido de que Pablo usara con frecuencia las palabras de aplicación universal: «todos», «no hay», «ni siquiera uno», «aparte», en declaraciones como: «*todos* se han desviado [...] *no hay* quien haga lo bueno, *no hay ni siquiera uno*» (Rom. 3:12), «porque concluimos que el hombre es justificado por la fe *aparte* de las obras de la ley» (Rom. 3:28), «... tal como el pecado entró en el mundo por un hombre [Adán], y la muerte por el pecado, así también la muerte se extendió a *todos* los hombres, porque *todos* pecaron» (Rom. 5:12). De modo que, si alguno quisiera enunciarlas de otra manera a fin de que fueran más comprensibles, no podría enunciarlas con mayor claridad y sencillez. Repito, estoy más que sorprendido porque no sé cómo es posible que palabras y expresiones, que son contrarias y contradictorias a estas palabras y expresiones de aplicación universal, han avanzado tanto, las cuales afirman cosas tales como: algunos no se han desviado, no son injustos, no son malos, tampoco son pecadores, no están condenados, hay algo en el hombre que es bueno y que intenta hacer lo bueno; como si ese hombre, sea quien fuere, que intente hacer lo bueno, no fuera parte de «todos» o «no hay» o «ni siquiera uno».

No podría encontrar nada, aunque quisiera, para responder o contradecir a Pablo, sino que me vería obligado a reconocer que el poder de mi «libre albedrío», junto con todo su esfuerzo y empeño, está comprendido en los «todos» y los «no hay» de Pablo, a menos que se introdujera una nueva clase de gramática o una nueva manera de hablar.

Además, si Pablo hubiera usado este modo de expresión una sola vez o en un solo texto, habría espacio para imaginar un tropo o tomar y retorcer algunos términos sacados de contexto. En cambio, lo usó constantemente tanto en las declaraciones afirmativas, como en las negativas, y así expresó mediante argumentos y distinciones, en cada uno y en todos los textos, que no solo la naturaleza de sus palabras o el lenguaje de su época, sino también el contexto anterior como el posterior, las circunstancias, y la esencia misma de la discusión nos obligan a concluir, según el sentido común, que lo que quiere comunicar

Pablo es que sin la fe en Cristo, no hay más que pecado y condenación.

Así pues, prometimos que refutaríamos el «libre albedrío», de modo que todos nuestros adversarios no podrían resistir. Esto, creo que lo he logrado, aun cuando todavía no han admitido su derrota, como para adherirse a nuestra posición o guardar silencio; puesto que esto no está en mi poder, ¡sino que es un don del Espíritu de Dios!

Sección 154—Sin embargo, antes de oír al evangelista Juan, añadiré el testimonio crucial de Pablo, y estoy preparado, si esto no fuese suficiente, a escribir un comentario completo sobre Pablo para oponerme al «libre albedrío». Me refiero a cuando dividió a toda la raza humana en dos grupos, en «carne» y «espíritu», Pablo habló así: «Porque los que viven conforme a la carne, ponen la mente en las cosas de la carne, pero los que viven conforme al Espíritu, en las cosas del Espíritu» (Rom. 8:5). Como también Cristo lo hizo: «Lo que es nacido de la carne, carne es, y lo que es nacido del Espíritu, espíritu es» (Juan 3:6).

Es evidente que Pablo llamó carnales a todos los que no son espirituales, tanto por la misma división y la oposición entre el espíritu y la carne, como por las mismas palabras de Pablo, cuando añadió: «Mas vosotros no vivís según la carne, sino según el Espíritu, si es que el Espíritu de Dios mora en vosotros. Y si alguno no tiene el Espíritu de Cristo, no es de él» (Rom. 8:9, RVR1960). Pues, ¿qué otro sentido tendría «vosotros no vivís según la carne, sino según el Espíritu, si es que el Espíritu de Dios mora en vosotros», sino que aquellos que no tienen el «Espíritu» están necesariamente en la «carne»? Y si un hombre no es de Cristo, ¿de quién más podría ser sino de Satanás? Por lo tanto, es evidente que aquellos que no tienen el «Espíritu», están en la «carne» y bajo el dominio de Satanás.

Veamos ahora cuál es la opinión de Pablo en cuanto al esfuerzo y el poder del «libre albedrío» de los que viven según la carne. «Y los que viven según la carne no pueden agradar a Dios» (Rom. 8:8 RVR1960). De nuevo: «Porque la mente puesta en la carne es muerte...». Otra vez: «... la mente puesta en la carne es enemiga de Dios...» Nuevamente: «... no se sujeta a la ley de Dios, pues ni siquiera puede hacerlo» (Rom. 8:6-7). Que un defensor del «libre albedrío» me responda, ¿cómo puede ese esfuerzo «que es muerte», «que no puede agradar a Dios», «que es enemigo de Dios», «que no se sujeta a Dios» y «que ni siquiera *puede* sujetarse a Él» tender hacia lo bueno? Tampoco Pablo quiso decir que la mente carnal está muerta y es hostil hacia Dios, sino que es la misma muerte, la misma enemistad, a la cual le resulta imposible sujetarse a la ley de Dios o agradarlo, como lo expresó: «Pues lo que la ley no pudo hacer, ya que era débil por causa de la carne, Dios lo hizo...» (Rom. 8:3).

También estoy bastante familiarizado con esa fábula de Orígenes en cuanto al triple afecto: al primero lo llamó «carne», al segundo «alma», y al tercero «espíritu», y donde el alma es ese afecto mudable (o que está entre dos extremos) que puede inclinarse hacia la carne o hacia el Espíritu. Pero estas son alucinaciones suyas, porque solo lo presenta, pero no lo demuestra. Pues Pablo llamó «carne» a todo lo que carece del «Espíritu», como ya lo demostré. Por lo tanto, las más excelentes virtudes de los mejores hombres están en la carne, es decir, que están muertas, en enemistad contra Dios; que no se sujetan a la ley de Dios, ni pueden hacerlo y, que además, no pueden agradar a Dios. Pablo no solo declaró que tales hombres no podían sujetarse, sino que ni siquiera podían hacerlo. Como también Cristo lo expresó: «... el árbol malo da frutos malos» (Mat. 7:17). Y otra vez: «... ¿Cómo podéis hablar cosas buenas siendo malos?...» (Mat. 12:34). Como ves, no solo hablamos cosas malas, sino que no podemos hablar cosas buenas.

Y, aunque en otro lugar Cristo declaró: «... si vosotros, siendo malos, sabéis dar buenas dádivas a vuestros hijos» (Mat. 7:11), no obstante, negó que hagamos algo bueno, incluso si damos buenas dádivas, porque esas buenas dádivas son la creación de Dios, pero nosotros siendo malos, no podemos dar buenas dádivas. Pues Cristo habló a todos los hombres, es más, incluso a Sus propios discípulos. De modo que las dos declaraciones de Pablo: «... Mas el justo por la fe vivirá» (Rom. 1:17) y «... todo lo que no procede de fe, es pecado» (Rom. 14:23) permanecen firmes. La segunda, es consecuencia de la primera. Pues si no hay nada por lo cual podamos ser justificados sino solamente por la fe, es evidente que aquellos que no son de la fe, no son justificados. Y si no son justificados, son pecadores. Y si son pecadores, son árboles malos, y no pueden hacer nada sino pecar y producir malos frutos. Por consiguiente, el «libre albedrío» no es más que un esclavo del pecado, de la muerte y de Satanás; y ¡no hace, ni puede, ni intenta nada más que lo malo!

Sección 155—A esto, puedes añadir el ejemplo de Romanos 10:20, el cual está tomado de Isaías: «... Fui hallado por los que no me buscaban; me manifesté a los que no preguntaban por mí». En este caso, Pablo se refería a los gentiles, a los cuales les fue dado oír y conocer a Cristo, cuando antes, no podían ni siquiera pensar en Él, mucho menos buscarlo, o disponerse para recibirlo mediante el poder del «libre albedrío». De este ejemplo, podemos concluir que la gracia viene gratuitamente, que no le precede ningún pensamiento, esfuerzo o deseo en cuanto a ella. Así también Pablo, cuando todavía era Saulo, ¿qué hizo mediante el poder del «libre albedrío»? Sin duda, con respecto a los motivos, él intentó lo mejor y moralmente bueno. Pero ¿por cuáles esfuerzos, halló la gracia? ¡No solo no la buscó, sino que la recibió cuando combatía furiosamente contra ella!

Por otra parte, declaró en cuanto a los judíos: «¿Qué diremos entonces? Que los gentiles, que no iban tras la justicia, alcanzaron justicia, es decir, la justicia que es por fe; pero Israel, que iba tras una ley de justicia, no alcanzó esa ley» (Rom. 9:30-31). ¿Qué argumentos tendría algún defensor del «libre albedrío» contra esto? Los gentiles, colmados de impiedad y toda clase de corrupción, recibieron la justicia gratuitamente de un Dios misericordioso. Los judíos, que iban tras la justicia con todo empeño y esfuerzo, se vieron frustrados. ¿No es esto afirmar con toda claridad que todo esfuerzo del «libre albedrío» es en vano, incluso cuando se esfuerza por hacer lo mejor, y que por sí mismo, solo puede retroceder y empeorar?

Nadie puede negar que los judíos no fueron tras la justicia con todas las fuerzas del «libre albedrío». Pues Pablo mismo dio testimonio de ello: «Porque yo testifico a su favor de que tienen celo de Dios, pero no conforme a un pleno conocimiento» (Rom. 10:2). Por ello, nada que pudiere atribuirse al «libre albedrío» faltó a los judíos, no obstante, no alcanzó nada, es más, resultó lo contrario a aquello por lo que se esforzaron. En cambio, no hubo nada en los gentiles que pudiere atribuirse al «libre albedrío», y alcanzaron la justicia ante Dios. Y, ¿qué es esto, sino probar con el ejemplo evidente de cada pueblo, y el testimonio especialmente claro de Pablo, que la gracia se da gratuitamente a los que menos la merecen y a los más indignos, y que no la obtiene mediante ningún empeño, esfuerzo u obra, ya fuese grande o insignificante, ningún hombre, sea este el mejor y de mayor estima, o incluso aquellos que han buscado e ido tras la justicia con ardiente celo?

Sección 156—Ahora veamos a Juan, quien también con argumentos abundantes y poderosos socava el «libre albedrío».

El apóstol, desde el principio del Evangelio, atribuyó al «libre albedrío» tal ceguera, que ni siquiera pudo ver la luz de la verdad, y mucho menos se esforzó en buscarla. Por ello, declaró: «Y la luz brilla en las tinieblas, y las tinieblas no la comprendieron» (Juan 1:5). E inmediatamente después: «En el mundo estaba, y el mundo fue hecho por medio de Él, y el mundo no le conoció. A lo suyo vino, y los suyos no le recibieron» (Juan 1:10-11).

¿Qué piensas que quiso decir con la expresión «el mundo»? ¿Acaso intentarías excluir a algún hombre de ella, a menos que haya nacido del Espíritu Santo? Juan usó el término «mundo» en un sentido muy particular al referirse a toda la raza humana. Por consiguiente, cada vez que el apóstol usa el término «mundo» se refiere a toda la raza humana. Y de ahí, cada vez que se refiera al «mundo» se entiende por el «libre albedrío», como aquello que es lo más excelente en el hombre. Entonces, según Juan, el «mundo» no conoció la luz de la verdad; odió a Cristo y a los Suyos; tampoco conoció ni vio al Espíritu Santo; el «mundo» entero resolvió estar en enemistad. «Porque todo lo que hay en el *mundo* [es] la pasión de la carne, la pasión de los ojos y la arrogancia de la vida...» (1 Jn. 2:16). «No améis el *mundo*...» (1 Jn. 2:15). «... no sois del *mundo* (dijo Cristo)...»

(Juan 15:19). «El *mundo* no puede odiaros a vosotros, pero a mí me odia, porque yo doy testimonio de él, que sus acciones son malas» (Juan 7:7).

¡Todos los textos anteriores, así como muchos otros semejantes, proclaman que el «libre albedrío» es 'la parte principal' del mundo que gobierna el imperio de Satanás! Pues también Juan habló del mundo como antítesis del Espíritu, de modo que el «mundo» es todo aquello que no ha sido trasladado al reino del Espíritu. Así lo expresó Cristo a los apóstoles: «... yo os escogí a vosotros, y os designé...» (Juan 15:16). Por ende, si hubiese algunos en el mundo, que con el poder del «libre albedrío» se esforzaran por lograr lo bueno (como ocurriría si pudiese hacer algo), Juan, ciertamente, por consideración a estas personas, debería haber moderado el término para evitar incluirlos en una palabra de aplicación general, así como con los tantos males de los cuales acusa al mundo. Pero al no hacerlo, es evidente que hace culpable al «libre albedrío» de todo lo que acusa al mundo, porque todo cuanto hace el mundo, lo hace mediante el poder del «libre albedrío», es decir, mediante la razón y la voluntad, que son sus facultades más nobles. Luego continuó: «Pero a todos los que le recibieron, les dio el derecho de llegar a ser hijos de Dios, es decir, a los que creen en su nombre, que no nacieron de sangre, ni de la voluntad de la carne, ni de la voluntad del hombre, sino de Dios» (Juan 1:12-13).

Con esta división absoluta, expulsó del reino de Cristo, todo lo que es «de sangre», «de la voluntad de la carne», «de la voluntad del hombre». Creo que «sangre» se refiere a los judíos, es decir, aquellos que deseaban ser los hijos del reino, porque eran descendientes de Abraham y los patriarcas, y por ello, se gloriaban de su «sangre». Entiendo que «la voluntad de la carne», se refiere al esfuerzo y al empeño con que el pueblo se ejercitaba en la ley y las obras, pues «carne» se refiere al carnal que carece del Espíritu, pues ciertamente tenían la voluntad y el esfuerzo, pero como no estaba en ellos el Espíritu, eran carnales. Y, por último, entiendo que «la voluntad del hombre» se refiere a los esfuerzos de todos en general, es decir, de las naciones, o de cualquier hombre, ya sea que se ejercite en la ley, o sin la ley. De modo que el sentido es que ellos llegan a ser los hijos de Dios, no por el nacimiento de la carne, ni por el cumplimiento de la ley, ni por ningún esfuerzo humano, sino solo por el nacimiento que Dios realiza.

Por lo tanto, si no nacen de la carne, ni son instruidos en la ley, ni preparados en alguna disciplina humana, sino que nacen de Dios, es evidente que el «libre albedrío» no aprovecha para nada. Pues, entiendo que «hombre» significa aquí, según la manera de expresarse en hebreo, a cualquier hombre, o a todos los hombres, así como «carne» significa, por antítesis, al pueblo sin el Espíritu, y la «voluntad del hombre» debe entenderse como el poder más grande en el hombre, es decir, 'la parte principal', el «libre albedrío».

Pero no nos detengamos en el significado de las palabras por separado; la suma y la esencia del significado es bastante claro: Juan, con esta división, rechazó todo lo que no era engendrado por Dios, puesto que dijo que los hombres no eran hechos hijos de Dios a menos que nacieran de Dios, lo cual ocurre, según su propia interpretación, ¡al creer en Su nombre! Por lo tanto, con este rechazo necesariamente incluyó «la voluntad del hombre» o el «libre albedrío», ya que no es engendrado por Dios, ni es de la fe. Pero si el «libre albedrío» tuviera alguna utilidad, Juan no debería haber rechazado «la voluntad del hombre», ni los hombres deberían apartarse de ella y remitirlos solo a la fe y al nuevo nacimiento, no sea que las palabras de Isaías se pronunciaran contra Juan: «… Ay de los que llaman al mal bien y al bien mal…» (Isa. 5:20). En cambio, ahora, puesto que rechazó por igual toda «sangre», «la voluntad de la carne» y «la voluntad del hombre», es evidente que «la voluntad del hombre» no logrará nada más en hacer a los hombres hijos de Dios, que lo que lograrán la «sangre» o el «nacimiento carnal». Y nadie duda de que el nacimiento carnal no hace a los hombres hijos de Dios, como lo expresó Pablo: «… no son los hijos de la carne los que son hijos de Dios…» (Rom. 9:8), lo cual demostró con los ejemplos de Ismael y Esaú.

Sección 157—El mismo Juan introdujo a Juan el Bautista, quien habló así de Cristo: «Pues de su plenitud todos hemos recibido, y gracia sobre gracia» (Juan 1:16).

Declaró que recibimos la gracia de la plenitud de Cristo, pero ¿por cuál mérito o esfuerzo? Por «gracia», se refería a la gracia de Cristo. Así también lo manifestó Pablo: «… la gracia de Dios y el don por la gracia de un hombre, Jesucristo, abundaron para los muchos» (Rom. 5:15). ¿Dónde está ahora el esfuerzo del «libre albedrío» con el que se obtiene la gracia? Juan y Pablo expresaron que la gracia no la recibimos por algún esfuerzo propio, sino por la gracia de otro, o el mérito de otro, es decir, «la gracia de un hombre, Jesucristo». Por ende, o es falso que recibimos nuestra gracia por la gracia de otro, o es evidente que el «libre albedrío» no existe, pues no pueden ambas cosas ser verdad, es decir, que la gracia de Dios sea de tan poco valor, que pueda obtenerse por doquier por medio del 'pequeño esfuerzo' de cualquier hombre, ¡y al mismo tiempo sea tan valiosa que se nos concede solo *en* y *por* la gracia de un hombre tan grande!

Y, también advertiría a los defensores del «libre albedrío», que cuando lo afirman, niegan a Cristo. Pues, si obtengo la gracia por medio de mis propios esfuerzos, ¿qué necesidad tengo de la gracia de Cristo para que yo reciba gracia?, o ¿qué me falta si tengo la gracia de Dios? Pues la Diatriba ha sostenido, así como todos los sofistas que, por medio de nuestros esfuerzos obtenemos la gracia y estamos preparados para recibirla, sin embargo, no según el 'mérito de condigno', sino según el 'mérito de congruo'. Esto implica negar a Cristo, por cuya gracia, Juan el Bautista testificó que recibimos la gracia. Respecto al 'mérito de condigno' y al 'mérito de congruo', ya los refuté, donde demostré que solo es un juego de palabras vacías, si bien se pretendía el 'mérito de condigno'. Además, que se hicieron más impíos que los pelagianos, como ya lo demostré. Y con ello, los impíos sofistas, junto con la Diatriba, han negado a Cristo como Señor y Redentor más decisivamente de lo que antes lo negaron los pelagianos, o cualquier otro hereje que lo haya negado. ¡Lejos está que la gracia admita alguna partícula o poder del «libre albedrío»!

Sin embargo, que los defensores del «libre albedrío» nieguen a Cristo está comprobado no solo por la Escritura, sino por su propio estilo de vida. Pues, mediante su «libre albedrío» Cristo ha dejado de ser Su dulce mediador y lo han convertido en un juez temible, a quien buscan agradar mediante la intercesión de la madre virgen y de los santos, y también, con diversas obras, ritos, ordenanzas y votos de invención propia, por los cuales pretenden aplacar a Cristo, a fin de que les conceda gracia. Pero no creen que Cristo intercede ante Dios por ellos y obtiene para ellos la gracia mediante Su sangre y «gracia [como se dijo aquí] sobre gracia». ¡Y como creen, así les es hecho! Pues Cristo es en verdad, un juez inexorable para ellos, y con justa razón, pues lo abandonaron como Mediador y Salvador lleno de misericordia, ¡y consideraron Su sangre y gracia de menos valor que los empeños y esfuerzos de su «libre albedrío»!

Sección 158—Ahora, oigamos un ejemplo del «libre albedrío»: Nicodemo era un hombre en quien había todo lo que pudieras desear respecto a lo que es capaz de hacer el «libre albedrío». Pues, ¿qué incumplió ese hombre en cuanto a empeño o esfuerzo? Confesó que Cristo era veraz, y que había venido de Dios, también declaró Sus milagros, vino de noche para escucharlo y conversar con Él. ¿Acaso no parece haber buscado, con la fuerza del «libre albedrío», aquellas cosas que se referían a la piedad y la salvación? Pero observa la conmoción que le provocó oír a Cristo enseñar sobre el verdadero camino de la salvación mediante el nuevo nacimiento. ¿Reconoció que este era el camino y confesó que lo había buscado alguna vez? No, al contrario, le causó disgusto y confusión, tanto así que no solo expresó no entenderlo, sino que lo rechazó como imposible: «... ¿Cómo puede ser esto? [respondió Nicodemo]» (Juan 3:9).

Y no es de extrañar, pues ¿quién oyó jamás que el hombre debe nacer «de agua y del Espíritu» para salvación (v. 5)?, ¿quién pensó que el Hijo de Dios debía ser levantado, «para que todo aquel que cree, tenga en Él vida eterna» (v. 15)?, ¿alguna vez mencionaron esto los filósofos más grandes e ingeniosos?, ¿acaso poseyeron este conocimiento los príncipes de este mundo?, mediante los esfuerzos del «libre albedrío», ¿logró algún hombre este conocimiento?, ¿no confesó Pablo que es «... sabiduría de Dios en misterio, la sabiduría oculta...»

(1 Cor. 2:7), anunciada ciertamente por los profetas, pero revelada por medio del evangelio? De modo que, estaba en el misterio y se mantenía oculta del mundo.

En pocas palabras: pregúntale a la experiencia y verás que el mundo entero, la misma razón, y, en consecuencia, el mismo «libre albedrío», estarán obligados a confesar que no conocieron a Cristo, ni escucharon de Él, antes de que el evangelio viniera al mundo. Y, si el «libre albedrío» no lo conoció, mucho menos inquirió sobre Él o lo buscó, o se esforzó para venir a Él. Pero Cristo es «el camino» de la verdad, la vida y la salvación. Por tanto, el «libre albedrío» debe confesar, quiera o no, que con sus propias fuerzas nunca conoció ni buscó aquellas cosas que se refieren al camino de la verdad y la salvación. Y con todo, contrario a nuestra confesión y experiencia, nos enfrascamos como locos en discusiones con palabras vacías, ¡e insistimos que hay en nosotros un poder suficiente que puede conocer y 'aplicarse a sí mismo en aquello que se refiere a la salvación eterna'! Esto no es nada más ni nada menos que afirmar que Cristo, el Hijo de Dios, fue levantado por nosotros, cuando nadie lo supo ni lo pensó jamás, pero que, no obstante, esta misma ignorancia no es ignorancia, sino conocimiento de Cristo, es decir, de aquello que se refiere a la salvación.

¿Todavía no ves y te percatas que los defensores del «libre albedrío» están claramente locos, al llamar sabiduría a lo que ellos mismos confiesan que es ignorancia? ¿No es esto «hacer de la luz tinieblas» (Isa. 5:20, RVR1960)? Pero aunque sea así, aunque Dios poderosamente le tapa la boca al «libre albedrío» con su propia confesión y experiencia, aun así, no puede guardar silencio y darle la gloria a Dios.

Sección 159—Además, cuando Cristo dijo de Sí mismo: «…
Yo soy el camino, y la verdad, y la vida…» (Juan 14:6), mediante
una afirmación positiva, lo que sea que no es Cristo, no es el
camino, sino el error, no es la verdad, sino la mentira, no es la
vida, sino la muerte; necesariamente, el «libre albedrío» que
no es Cristo, ni está en Cristo, debe incluirse en el error, en
la mentira y la muerte. ¿Dónde se hallará ese término medio
y neutro del poder del «libre albedrío», el cual no está en
Cristo, es decir, en el camino, la verdad y la vida, ni se halla
forzosamente en el error, la mentira y la muerte?

Pues, si todo lo que se dice respecto a Cristo y la gracia, no
se expresara mediante afirmaciones positivas, de modo que
pudieran diferenciarse de sus opuestos; es decir, sin Cristo no
hay nada más que Satanás, sin la gracia nada más que la ira, sin
la luz nada más que las tinieblas, sin la vida nada más que la
muerte; ¿cuál sería el uso de todos los escritos de los apóstoles?,
es más, ¿cuál sería el uso de toda la Escritura? Todo habría sido
escrito en vano, porque, no establecería el punto, es decir, que
Cristo es una necesidad (lo cual, no obstante, es su propósito
singular) y por esta razón se encontraría un término medio, el
cual por sí mismo, ni sería malo ni bueno, ni Cristo ni Satanás,
ni verdadero ni falso, ni vivo ni muerto, y quizás, ni *algo* ni *nada*,
¡y a esto se llamaría 'lo más excelente y lo más eminente' en
toda la raza humana!

Entonces, elige como quieras. Si admites que las Escrituras
se expresan con afirmaciones positivas, no puedes decir nada
a favor del «libre albedrío», sino que es contrario a Cristo, es
decir, que el error, la muerte, Satanás y todos los males reinan
en él. Si no admites que ellas hablan con afirmaciones positivas,
debilitas las Escrituras pues no establecen nada, ni siquiera

probar que Cristo es una necesidad absoluta. Y así, mientras estableces el «libre albedrío», haces de Cristo un nombre vacío, y destruyes toda la Escritura. Y, aunque pretendas confesar con tu boca a Cristo, lo niegas con los hechos y en tu corazón. Pues si el poder del «libre albedrío» no está completamente errado, ni es condenable, sino que ve y quiere aquello que es bueno y loable, y que se refiere a la salvación, que está completo y sin falta alguna, no quiere a Cristo como médico, ni Cristo redimió esa parte del hombre. Pues, ¿qué necesidad hay de la luz y la vida, donde ya hay luz y vida?

Además, si ese poder no está redimido, la mejor parte en el hombre no está redimida, sino que es de por sí bueno y completo. Entonces, Dios es injusto si condena a hombre alguno, porque estaría condenando 'lo más excelente' en el hombre, es decir, condenaría a un inocente. Pues no hay ningún hombre sin «libre albedrío». Y aunque el hombre malo haga de él un uso indebido, no obstante, este mismo poder (según lo enseñas), no está tan apagado, sino que puede y se esfuerza hacia lo bueno. Pero si este poder fuese de tal índole, sin duda sería bueno, santo y justo, y entonces no debería condenarse, sino ser separado específicamente del hombre que será condenado. Pero esto es imposible, y si lo fuera, entonces el hombre carecería de «libre albedrío», es más, ya no sería hombre, ni tendría méritos ni deméritos, ni podría ser condenado ni salvado, sino que sería por completo un animal irracional, y tampoco sería inmortal. Por ello se deduce que Dios es injusto porque condena ese poder bueno, santo y justo, el cual, aunque sea en un hombre malo, no tiene necesidad de Cristo, como todos los hombres malos sí lo necesitan.

Sección 160—Pero procedamos con Juan. «El que cree en Él no es condenado; pero el que no cree, ya ha sido condenado, porque no ha creído en el nombre del unigénito Hijo de Dios» (Juan 3:18).

Dime, ¿está el «libre albedrío» entre aquellos que creen? Si así fuese, entonces no hay necesidad de la gracia, porque, por sí mismo, cree en Cristo. ¡Este Cristo, de quien nunca supo ni pensó! Si no fuese así, ya fue juzgado y ¿qué es esto sino decir que está condenado ante Dios? Si bien Dios condena solo al impío, por lo tanto, el «libre albedrío» es impío. Y, ¿qué piedad es aquella que se esfuerza por lo que es impío? Pues pienso que el poder del «libre albedrío» no puede excluirse, ya que, Juan se refirió al hombre completo como condenado.

Además, la incredulidad no es uno de los afectos más viles y repugnantes, sino que es el afecto principal que radica y gobierna en la voluntad y la razón del hombre, igual que su contraparte, la fe. Pues ser incrédulo es negar a Dios y hacerlo un mentiroso, como lo atestiguó el apóstol: «... el que no cree a Dios, ha hecho a Dios mentiroso...» (1 Jn. 5:10). ¿Cómo puede ese poder, que es contrario a Dios y que lo hace un mentiroso, esforzarse tras lo que es bueno? Y, si ese poder no fuese incrédulo e impío, Juan no debió afirmar respecto al hombre completo que ya ha sido condenado, sino que debió expresarse así: el hombre, conforme a sus afectos más viles y repugnantes, ya ha sido condenado, pero conforme a 'lo más excelente' y lo mejor que hay en él no es condenado, porque ese poder se esfuerza en buscar la fe, o más bien, ya es creyente.

Así pues, donde las Escrituras declaran con frecuencia: «... Todo hombre es mentiroso» (Sal. 116:11), deberíamos decir con la autoridad del «libre albedrío»: al contrario, las

Escrituras más bien mienten, porque en su mejor parte, es decir, su razón y su voluntad, el hombre no es un mentiroso, sino lo es solo en su carne, es decir, su sangre y su parte más repugnante, de modo que el *todo*, conforme a lo cual es llamado hombre, es decir, su razón y su voluntad, es santo e irreprochable. Y lo mismo cuando Juan el Bautista expresó: «El que cree en el Hijo tiene vida eterna; pero el que no obedece al Hijo no verá la vida, sino que la ira de Dios permanece sobre él» (Juan 3:36), deberíamos entender «sobre él» así: la ira de Dios permanece sobre los 'afectos más viles y repugnantes' del hombre, pero sobre ese poder del «libre albedrío», es decir, sobre su voluntad y su razón, permanece la gracia y la vida eterna.

Conforme a lo anterior, a fin de que el «libre albedrío» salga ileso, usas la sinécdoque para retorcer todo lo que la Escritura afirma contra el impío y la aplicas a esa parte irracional del hombre, de modo que permanezca a salvo la parte verdaderamente humana y racional. Por eso, tengo que agradecer a los defensores del «libre albedrío», porque, aunque peque, sé con toda confianza que mi razón y mi voluntad, o mi «libre albedrío» no pueden ser condenados, porque no puede destruirlos mi pecado, sino que permanecen irreprochables, justos y santos. Y, en este sentido, son afortunadas mi voluntad y mi razón, y me regocijaré de que mi carne corrupta e irracional sea separada de mí, y condenada, y ¡lejos estaré de desear a Cristo como mi redentor! ¿Ves a lo que nos lleva la doctrina del «libre albedrío»?, ¿ves que niega todas las cosas divinas y humanas, temporales y eternas, y con todas estas atrocidades se convierte en el hazmerreír de sí misma?

Sección 161—De nuevo, Juan el Bautista declaró: «... Un hombre no puede recibir nada si no le es dado del cielo» (Juan 3:27).

Cada vez que la Diatriba enumera todo lo que nos es dado del cielo despliega sus tropas. No discutimos sobre la naturaleza, sino sobre la gracia. No inquirimos sobre lo que somos sobre la tierra, sino lo que somos ante Dios. Sabemos que el hombre fue constituido señor sobre aquellas cosas que son inferiores a él, sobre las cuales tiene derecho y «libre albedrío», de modo que lo obedecen y hacen como él quiere y piensa. No obstante, lo que inquirimos es si el hombre tiene un «libre albedrío» respecto a Dios, de modo que Dios obedece y hace como el hombre quiere, o más bien, si Dios tiene un libre albedrío respecto al hombre, de modo que este quiere y hace lo que Dios quiere, y solo sea capaz de hacer lo que Él quiere y hace. Juan el Bautista dijo que el hombre «no puede recibir nada si no le es dado del cielo». Por lo tanto, ¡el «libre albedrío» no puede hacer nada!

Otra vez leemos: «... el que es de la tierra, es terrenal, y cosas terrenales habla; el que viene del cielo, es sobre todos» (Juan 3:31, RVR1960).

Aquí, de nuevo, a los que no son de Cristo los presentó como terrenales, y añadió que ellos disfrutan y hablan de las cosas terrenales solamente, y no dejó espacio para un término medio. Sin duda, el «libre albedrío» no es «el que viene del cielo». Por lo tanto, necesariamente «es de la tierra», y disfruta y habla de las cosas que son de la tierra. Sin embargo, si hubiese algún poder en el hombre, que en algún momento, lugar u obra no disfrutara de las cosas que son de la tierra, Juan el Bautista debería haber excluido a esta persona, y no debería haber afirmado de forma general respecto a los que no son de Cristo, que son terrenales y hablan de las cosas terrenales.

Así también se expresó Cristo posteriormente: «... Vosotros sois de abajo, yo soy de arriba; vosotros sois de este mundo, yo no soy de este mundo» (Juan 8:23). Sin duda, aquellos a quienes Cristo les habló tenían un «libre albedrío», es decir, razón y voluntad, pero aun así les aseguró que eran «de este mundo». Pero ¿qué novedad les habría comunicado, si solo les hubiera dicho que eran del mundo en cuanto a sus 'afectos más viles y repugnantes'? ¿Acaso no sabía esto el mundo entero? Además, ¿qué necesidad habría de afirmar que los hombres eran del mundo en cuanto a su parte irracional? Pues según este criterio, ¡las bestias también son del mundo!

Sección 162—Y, ¿qué espacio le dejan al «libre albedrío» aquellas palabras de Cristo: «Nadie puede venir a mí si no lo trae el Padre que me envió, y yo lo resucitaré en el día final» (Juan 6:44)? Pues declaró que era necesario que cada uno escuchara y aprendiera del mismo Padre, y que todos fueran «enseñados por Dios». Sin duda, no solo declaró que las obras y los empeños del «libre albedrío» no eran de provecho alguno, sino que aun la misma palabra del evangelio (de lo cual está hablando aquí) se oiría en vano, a menos que el mismo Padre hablara al corazón de la persona, lo enseñara y lo trajera. «Nadie puede», «Nadie puede venir (afirmó Cristo)», por lo cual ese poder con que el hombre puede hacer algún esfuerzo de acercarse a Cristo, es decir, hacia aquellas cosas que se refieren a la salvación, es declarado ineficaz.

Ni beneficia al «libre albedrío» que la Diatriba, con tal de desprestigiar este texto tan claro y poderoso de la Escritura, cite a Agustín, el cual expresó: 'que Dios nos trae de la misma manera que nosotros traemos a una oveja al ofrecerle una rama verde'. Con esta semejanza probaría que existe en nosotros la fuerza de seguir a Dios cuando nos trae. Sin embargo, esta semejanza no sirve en cuanto a este pasaje. Pues Dios no retiene nada para sí, ni a Su Hijo, Cristo mismo, y aun así ningún hombre lo sigue, ¡a menos que el Padre lo ponga dentro del hombre y así lo trae! Es más, ¡el mundo entero no sigue al Hijo que Dios ha dado!

Pero esta semejanza armoniza perfectamente con la experiencia de los piadosos, quienes son ahora ovejas de Dios y conocen a su Pastor. Estos, viven y son impulsados por el Espíritu, siguen a Dios a dondequiera que Él desee, y en todo lo que Él les ofrezca. Pero el impío no viene a Él, aun cuando escuche la Palabra, a menos que el Padre lo traiga y le enseñe en su interior, lo cual hace al darle Su Espíritu. Y cuando esto ocurre, hay una atracción distinta de la que ocurre en lo externo, allí, se manifiesta Cristo mediante la iluminación del Espíritu, por la cual el hombre es atraído hacia Cristo con la más dulce de las atracciones, y cede mientras Dios le habla, enseña y trae, antes que buscar y correr por sí mismo.

Sección 163—Citaré un texto más del Evangelio de Juan, donde el apóstol declaró que el Espíritu convencerá al mundo de pecado «porque no creen en mí» (Juan 16:9).

Ves que es pecado no creer en Cristo, y que este pecado no está en la piel ni en los pelos de la cabeza, sino que está asentado en la razón y en la voluntad. Además, como Cristo culpa al mundo entero de este pecado, y como se sabe por la experiencia, que el mundo ignora este pecado, tanto así que desconoce a Cristo, ya que, debe revelarse por la represión del Espíritu, es evidente que el «libre albedrío», junto con su voluntad y su razón, es considerado un cautivo de este pecado y condenado ante Dios. Por eso, mientras ignore a Cristo y no crea en Él, no puede querer o intentar nada bueno, sino necesariamente sirve a ese pecado que ignora.

En pocas palabras: puesto que las Escrituras proclaman a Cristo con afirmaciones positivas y antítesis (como afirmé), a fin de poder sujetar todo lo que no tiene al Espíritu de Cristo: a Satanás, a la impiedad, al error, a las tinieblas, al pecado, a la muerte y a la ira de Dios, todos los testimonios en cuanto a Cristo deben negar el «libre albedrío», y estos son innumerables, mejor dicho, la totalidad de las Escrituras. Entonces, si nuestro tema de disputa debe decidirse mediante el juicio de las Escrituras, la victoria, en todos los aspectos, es mía. ¡Pues no quedará ni una jota ni una tilde de las Escrituras que no condene la doctrina del «libre albedrío»!

Pero aún si los grandes teólogos y defensores del «libre albedrío» no saben o fingen no saber que las Escrituras proclaman a Cristo mediante afirmaciones positivas y antítesis, los cristianos lo saben y lo confiesan públicamente. Saben que hay dos reinos en el mundo que se oponen entre sí, que Satanás reina en uno de ellos, a quien por este motivo Cristo lo llamó «… el príncipe de este mundo…» (Juan 12:31), y Pablo lo llamó «… el dios de este mundo…» (2 Cor. 4:4). Y, según el testimonio del mismo Pablo, Satanás retiene cautivos según su voluntad a los que no han sido rescatados por el Espíritu de Cristo, y no tolera que sean rescatados por ningún poder que no sea el Espíritu de Dios. Así lo testificó Cristo en la parábola del «hombre fuerte, bien armado» que custodiaba su palacio en paz. En el otro reino gobierna Cristo, el cual sistemáticamente se resiste y lucha contra el reino de Satanás. A este reino somos trasladados no por nuestra propia fuerza o poder, sino por la gracia de Dios, por lo que somos liberados de este presente siglo malo, y somos arrebatados del poder de las tinieblas. El conocer y confesar estos dos reinos, que luchan entre sí, con tal poder y fuerza, sería suficiente para refutar la doctrina del «libre albedrío», ya que, nos vemos forzados a servir en el reino de Satanás, a menos que seamos liberados por el poder divino.

Todo esto que afirmo es conocido entre los cristianos, y lo confiesan plenamente en sus proverbios, oraciones, actividades y con sus vidas enteras.

Sección 164—Omití aquel texto de las Escrituras que es mi verdadero Aquiles, al que la Diatriba pasó de largo sin tocar. Me refiero a lo que enseñó Pablo en Romanos 7 y Gálatas 5: que se libra en los santos y piadosos una guerra tan poderosa entre el espíritu y la carne, que no pueden hacer lo que desean. Sobre esta guerra argumento así: si la naturaleza del hombre es tan mala, aun en aquellos que han sido regenerados por el Espíritu, que no solo no se esfuerza en hacer lo bueno, sino que aún se le opone, ¿cómo se esforzaría en hacer lo bueno en aquellos que no han sido regenerados, que todavía están en el «viejo hombre» y sirven a Satanás? En esos pasajes, Pablo tampoco habló solamente de los 'afectos más viles y repugnantes' (lo cual suele usarlo la Diatriba como una vía de escape para apartarse de las Escrituras), sino que enumeró entre las obras de la carne la herejía, la idolatría, las contiendas, las divisiones, etc., que reinan en aquellas facultades más nobles del hombre, es decir, en la razón y en la voluntad. Por lo tanto, si la carne, con tales afectos lucha contra el Espíritu en los santos, mucho más luchará contra Dios en los impíos y en el «libre albedrío». Por eso, en Romanos 8:7, Pablo llamó a la carne «enemiga de

Dios». Me gustaría ver cómo refutarán mi argumento y cómo defenderán al «libre albedrío» respecto a esto.

En cuanto a mí, abiertamente confieso que no quisiera que se me concediese el «libre albedrío», aun si fuese posible, ni que quedara en mis propias manos algo con lo que pudiese esforzarme para alcanzar mi propia salvación. Y, que no solo a causa de los tantos peligros y las tantas agresiones de los demonios, no sería capaz de soportar y estar firme, (en esta condición ningún hombre podría ser salvo, ya que un solo demonio es más fuerte que todos los hombres), sino porque, aunque no hubiese peligros, ni conflictos, ni demonios, me vería obligado a esforzarme duro en continua incertidumbre y dar golpes al aire. Ni mi propia conciencia, aun cuando viviera e hiciera buenas obras por toda la eternidad, llegaría jamás a tener certeza plena de cuanto debo hacer para satisfacer a Dios. Pues después de hecha cualquier obra, todavía quedaría la duda de si se agradó a Dios con lo que se hizo, o si exige algo más, como se demuestra en la experiencia de todos los que buscan justificarse mediante sus propias obras, y como yo mismo lo aprendí a un costo muy amargo, durante tantos años.

Pero ahora que Dios puso mi salvación fuera del camino de mi voluntad, y la tomó en Sus propias manos, y prometió salvarme, no conforme a mis obras o mi manera de vivir, sino conforme a Su propia gracia y misericordia, estoy completamente seguro y persuadido de que Él es fiel, no me miente, y además es grande y poderoso, de modo que ni los demonios, ni las adversidades pueden destruirlo, o arrebatarme de Su mano. «Mi Padre que me las dio es mayor que todos, y nadie las puede arrebatar de la mano del Padre» (Juan 10:29). De ahí que sea innegable que, de esta manera, si no todos son salvos, no obstante, algunos lo son, si no es que muchos, mientras que en el poder del «libre albedrío», ninguno podría ser salvo, sino que todos juntos perecerían. Además, estamos seguros y persuadidos que, de esta manera, agradamos a Dios, no por el mérito de nuestras obras, sino por el favor de Su misericordia que nos prometió, y que, si lo que hacemos es poco o malo, Él no nos lo imputa, sino, como un Padre, nos perdona y nos hace mejores. ¡Este es el gloriarse que los santos tienen en su Dios!

Sección 165—Y quizás te preocupa que sea difícil defender la misericordia y la justicia de Dios, porque Él condena a los que no lo merecen, es decir, a aquellos que por haber nacido en iniquidad no pueden en absoluto evitar ser impíos, permanecer en esa condición, y ser condenados, sino que se ven obligados por su misma naturaleza a pecar y perecer, como lo afirmó Pablo: «… nosotros […] éramos por naturaleza hijos de ira, lo mismo que los demás» (Ef. 2:3), cuando al mismo tiempo, fueron creados como tales por Dios mismo de una simiente corrupta, por el pecado de un hombre, Adán.

Aquí, Dios debe honrarse y adorarse por Su gran misericordia hacia aquellos, a quienes justifica y salva pese a que son indignos, y en no pequeña medida se atribuye a Su sabiduría que hace que creamos que es justo, aun en aquello en que nos parece injusto. Pues, si su justicia fuese tal, que fuese considerada justicia conforme a la justicia humana, ya no sería divina, ni sería diferente de la justicia humana. Pero como Dios es el Dios verdadero y único, y además incomprensible e inaccesible para la razón humana, es correcto, más aún, es necesario que Su justicia sea incomprensible. Así lo exclamó el mismo Pablo: «¡Oh, profundidad de las riquezas y de la sabiduría y del conocimiento de Dios! ¡Cuán insondables son sus juicios e inescrutables sus caminos!» (Rom. 11:33). Pero ellos ya no serían «inescrutables» si fuésemos capaces de ver cómo son justos. ¡Qué es el hombre comparado con Dios!, ¡qué puede hacer nuestro poder comparado con Su poder!, ¡que es nuestra fuerza comparada con Su fuerza!, ¡qué es nuestro ser comparado con Su ser!, en pocas palabras, ¡qué es todo lo que somos comparado con todo lo que Él es!

Entonces, si confesamos, incluso conforme a la enseñanza de la naturaleza, que el poder humano, su fuerza, su sabiduría, su conocimiento y su ser, en suma, todo lo que es el hombre, es nada cuando se compara con el poder divino, Su fuerza, Su sabiduría, Su conocimiento y Su ser ¡qué vileza la nuestra que solo rebatimos la justicia y los juicios de Dios, y atribuimos tanto a nuestro propio juicio como para pretender comprender, juzgar y valorar los juicios divinos! ¿Por qué no decimos de igual forma que nuestro juicio es nada comparado con los juicios divinos? Pero pregunta a la razón, si, por convicción, no se verá obligada a confesar que es insensata e imprudente al no admitir que los juicios de Dios son incomprensibles, cuando confiesa que el resto de las cosas divinas son incomprensibles. ¡En todo lo demás concedemos a Dios la majestad divina que le pertenece, pero estamos prestos a negársela en cuanto a Sus juicios! ¡No somos capaces de creer por un instante que Él es justo, aun cuando nos prometió que cuando revele Su gloria, todos veremos y palparemos que Él siempre fue y es justo!

Sección 166—Sin embargo, presentaré un ejemplo que confirmará esta fe, y alentará a aquel «ojo malvado» que sospecha que Dios es injusto. Mira que Dios gobierna este mundo físico en las cosas externas, que, conforme a la razón y el juicio humanos, te verías obligado a afirmar que Dios no existe o que Dios es injusto, como alguien lo expresó: 'Con frecuencia me siento tentado a creer que Dios no existe'. Pues ves que los malos prosperan, y en cambio, los buenos sufren desventura, según el testimonio de los proverbios y la experiencia, la madre de todos los proverbios. ¡Cuánto más negligente, más exitoso! Job declaró: «En esta vida los ladrones prosperan...» (Job 12:6, RVC). Y el Salmo 73 se lamenta que los pecadores del mundo abundan en riquezas. Te pregunto ¿no es lo más injusto, a juicio de todos, que los malos prosperen y los buenos padezcan aflicción? Pero así es como ocurre en el mundo. Y esto llevó a que las mentes de mayor ingenio, tales como Epicuro y Plinio, cayeran en el error de negar a Dios, e inventar que el destino dispone de todo a su antojo. Y Aristóteles, por su parte, a fin de librar de toda clase de miseria a su 'primera causa', opinó que este dios se ocupaba solo en sí mismo, porque consideró que debía ser una molestia para él tantos males y tantos sufrimientos.

Pero los mismos profetas que creían en la existencia de Dios, fueron tentados, aún más en relación con la injusticia de Dios, como Jeremías, Job, David, Asaf y otros. Y, ¿qué crees que pensaron Demóstenes y Cicerón, quienes después de haber hecho todo lo que pudieron, no recibieron otra recompensa que una muerte miserable? No obstante, todo esto que parece injusticia en Dios, cuando se presenta con argumentos a los cuales ni la razón ni la luz natural pueden resistir, se resuelve fácilmente con la luz del evangelio, y el conocimiento de la gracia, por lo cual, ¡se nos enseña que los impíos florecen en sus cuerpos, pero pierden sus almas! Y toda esta cuestión irresoluble se soluciona así: hay vida después de esta vida en que será castigado y retribuido todo lo que quedó aquí sin castigo y sin retribución, pues esta vida presente no es más que la que precede a la siguiente, es decir, ¡el principio de la vida que está por venir!

Entonces, si la luz del evangelio, que está en la Palabra y en la fe solamente, es capaz de afectar tanto como para acabar con toda facilidad, y establecer esta cuestión que ha sido motivo de inquietud a través de los siglos y nunca se ha resuelto: ¿qué asuntos crees que aparecerán, cuando la luz de la Palabra y la fe dejen de ser, y la misma verdad esencial se revele en la divina majestad? ¿No crees que en aquel entonces, la luz de la gloria resolverá esta cuestión, que ahora es irresoluble a la luz de la palabra y de la gracia, aunque la luz de la gracia resuelva esta cuestión fácilmente, que es irresoluble a la luz de la naturaleza?

Tomemos en consideración las tres luces, según una común y excelente distinción: la luz de la naturaleza, la luz de la gracia y la luz de la gloria. A la luz de la naturaleza no se puede resolver cómo puede ser justo que el bueno padezca aflicción y el impío prospere, pero esto se resuelve a la luz de la gracia. A la luz de la gracia no se puede resolver cómo Dios puede condenar al que por sus propias fuerzas no puede más que pecar y hacerse culpable. Tanto la luz de la naturaleza como la luz de la gracia afirman que la culpa no es del hombre miserable, sino del Dios injusto, ni pueden juzgar de otra manera a ese Dios, que premia al impío gratuitamente sin que este tenga mérito alguno, pero no premia, sino condena a otro, quizás menos malo, o al menos no más impío. Sin embargo, la luz de la gloria afirma otra cosa. A su tiempo, ella mostrará que el juicio de Dios, que ahora nos parece incomprensible, es un juicio perfecto y manifiesto, a fin de que lo creamos, al ser exhortados y confirmados con el ejemplo de la luz de la gracia que resuelve eso, ¡lo cual es un gran milagro a la luz de la naturaleza!

Conclusión

Sección 167—Quiero llevar a buen término este libro. Estoy preparado y dispuesto a proseguir esta discusión. Aunque considero que he satisfecho con abundancia al lector piadoso que desea creer la verdad sin resistirse. Pues si creemos que Dios sabe y decreta todo de antemano, que no puede ser engañado ni estorbado en Su conocimiento anticipado (presciencia) y capacidad de determinar lo que va a ocurrir (predestinar), y que nada puede ocurrir sino conforme a Su voluntad (lo cual la misma razón está obligada a admitir) entonces, incluso conforme al testimonio de la misma razón, ¡no puede existir el «libre albedrío» en los hombres, ni en los ángeles, ni en ninguna criatura!

Así pues, si creemos que Satanás es el príncipe de este mundo, que sin cesar y con todos sus poderes engaña y lucha contra el reino de Cristo, y que no deja ir a los que tiene cautivos, a no ser que se vea obligado por el poder divino del Espíritu, ¡es evidente que no puede existir el «libre albedrío»!

De nuevo: si creemos que el pecado original nos ha corrompido de tal manera, que aun acosa a los piadosos que son guiados por el Espíritu, por cuanto lucha contra lo bueno, es evidente que en el hombre carente del Espíritu no queda nada que pueda inclinarse hacia lo bueno, ¡sino que todo en él debe inclinarse hacia lo malo!

Otra vez: si los judíos, que iban tras la justicia con todas sus fuerzas, más bien se encontraron con la injusticia, mientras que los gentiles que iban tras la injusticia alcanzaron una justicia gratuita, cosa que nunca esperaron, es también evidente, que por sus obras o por la experiencia, el hombre sin la gracia de Dios ¡no puede hacer más que lo malo!

Por último: si creemos que Cristo redimió a los hombres por medio del derramamiento de Su sangre, nos vemos obligados a confesar que la totalidad del hombre estaba perdida, de otra manera, convertiríamos a Cristo en un nombre vacío y superfluo, o en un redentor solo de la parte más repugnante del hombre. ¡Esto es una blasfemia y un sacrilegio!

Sección 168—Y ahora, amigo Erasmo, te ruego por amor a Cristo que cumplas lo que prometiste. Esto fue 'que con gusto te rendirías ante el que te enseñe mejor de lo que sabías'. Deja a un lado toda acepción de personas. Tú, admito, eres un gran hombre, dotado por Dios con muchos dones, y de los más nobles (por no hablar de lo demás), de entendimiento, erudición y elocuencia que raya en lo milagroso. ¡En cambio, yo no tengo, ni soy nada, excepto que casi me puedo enorgullecer de ser un cristiano!

Además, proclamo y alabo que solo tú, a diferencia de los demás, trataste el asunto, es decir, el punto esencial de mi disputa, y no me has cansado con aquellos puntos irrelevantes sobre el papado, el purgatorio, las indulgencies, y otras bagatelas, más bien con cuestiones serias, con las cuales todos han tratado de perseguirme, ¡aunque en vano! Tú, solo tú, viste el punto decisivo del que depende todo el asunto en discusión, y por ello atacaste esa parte vital, lo cual desde el fondo de mi corazón te lo agradezco. Pues en esta clase de discusión participo de buen agrado, tanto como el tiempo y las circunstancias me lo permiten. Si, aquellos que hasta ahora me han atacado hubiesen hecho lo mismo, e hicieran lo mismo todavía, quienes se jactan de nuevos espíritus y nuevas revelaciones, tendríamos menos sedición y sectarismo, y más paz y concordia. ¡Pero así Dios, a través de Satanás, vengó nuestra ingratitud!

Sin embargo, si no puedes tratar este asunto en forma distinta de lo que lo hiciste en la Diatriba, te insto a que te contentes con tu propio don. Estudia, embellece y promueve la literatura y las lenguas, como lo has hecho hasta ahora, con gran beneficio y reconocimiento. En cuya capacidad, me prestaste cierto servicio, tanto es así, que confieso estar en deuda contigo, y en ese sentido, te respeto y te admiro. Pero Dios, ni ha querido, ni te ha concedido estar a la altura del asunto en discusión. Te ruego que no consideres que mis palabras han sido pronunciadas con arrogancia. ¡No! Ruego que cada día, el Señor te haga tan superior a mí en estos asuntos, como lo eres en todos los demás. Y no es ninguna novedad que Dios instruyera a un Moisés por medio de un Jetro, e impartiera enseñanzas a un Pablo por medio de un Ananías. Y en cuanto a lo que afirmas: «Has errado considerablemente el blanco, si desconoces a Cristo»; tú mismo, si no me equivoco, sabes que esto es así. Pero que tú y yo nos equivoquemos no implica que todos se equivocarán, ¡Dios se glorifica en Sus santos de una forma maravillosa! De modo que, podamos considerar santos a los que están más alejados de la santidad. Ni es algo insólito que tú, siendo hombre, no entiendas correctamente, ni examines con suficiente diligencia las Escrituras y los dichos de los padres, bajo cuya guía piensas que no puedes errar el blanco. Y, si este fuera el caso, es bastante evidente cuando indicaste que tú no afirmas, sino deduces. Ningún hombre que está plenamente familiarizado y entiende a cabalidad el tema escribiría así. Por el contrario, en este libro mío, no deduje, sino hice y hago aserciones. Y desearía que nadie se convirtiera en juez, sino que todos asintieran. Y que el Señor, cuya causa defiendo, te ilumine y te haga un vaso para honra y gloria. ¡Amén!

FIN.

La opinión que expresó Martín Lutero a cierto amigo sobre Erasmo de Róterdam

Gracia y paz en Cristo:

Con alegría recibí tu última carta, mi excelente amigo, porque creí que me deseabas lo mejor y te encontrabas preocupado por el estado de esta causa cristiana. Y yo deseo y oro que el Señor perfeccione aquello que Él ha comenzado en ti.

Me duele escuchar que entre ustedes también se lleva a cabo esta cruel persecución contra Cristo. Pero esto es lo que ocurrirá: puede ser que el cruel tirano cambie su furia por iniciativa propia, o que ustedes la cambien por él, y esto a la brevedad.

Referente a la predestinación, supe desde hace tiempo que Mosellanus está de acuerdo con Erasmo, porque él es un erasmiano de corazón. Mi opinión es, sin embargo, que Erasmo sabe menos sobre la predestinación, o más bien, pretende saber, que lo que las escuelas de los sofistas han sabido. Tampoco temo una derrota mientras mantenga mis opiniones firmes. No debo temer a Erasmo en este punto, en realidad, en ningún punto esencial del cristianismo. La verdad es más poderosa que la elocuencia, el Espíritu está muy por encima del talento humano, la fe está más allá de toda erudición, y como Pablo dice: ¡«... la necedad de Dios es más sabia que los hombres...»! (1 Cor. 1:25). La elocuencia de Cicerón con frecuencia fue vencida por una elocuencia inferior, en la discusión de asuntos públicos. Julián era más elocuente que Agustín. En resumen, ¡la victoria está en las manos de la elocuencia mentirosa!, como está escrito: «Por boca de los infantes y de los niños de pecho has establecido tu fortaleza por causa de tus adversarios, para hacer cesar al enemigo y al vengativo» (Sal. 8:2; Mat. 21:16).

No provocaré a Erasmo, ni cuando me provoque una y otra vez le devolveré el ataque. Aun así, no pienso que muestra su sabiduría al dirigir los poderes de su elocuencia en mi contra, porque temo que no encontrará en Lutero un Faber de Picardy, ni podrá regocijarse de triunfar sobre mí, como lo hace sobre él, donde dice: «Todos felicítenme por mi victoria sobre el galo». Sin embargo, si él entra en batalla conmigo, descubrirá que Cristo no teme a los poderes del aire ni a las puertas del infierno. Y, yo, más incapaz que un bebé para hablar, me enfrentaré al Erasmo de poderosa elocuencia, con confianza, sin temer su autoridad, su nombre ni su fama. *Sé bien qué hay en el hombre, ya que estoy familiarizado* con los pensamientos de Satanás, aunque espero que cada día manifieste más y más esa disposición que él alberga en su corazón hacia mí.

Me expreso con toda franqueza, para que no tengas temor o preocupación por causa mía, tampoco temas de las palabras grandes e infladas de otros. Deseo que saludes a Mosellanus de mi parte, porque no tengo un sentir negativo hacia él, aunque él se incline hacia el lado de Erasmo y no hacia el mío.

No le digas que tome partido con firmeza del lado de Erasmo, porque vendrá el tiempo cuando pensará de manera distinta. Mientras tanto, debe tolerarse la debilidad de un excelente corazón. Deseo que tú también prosperes en el Señor.

Wittemberg, 1522.

Apéndice 2

Martín Lutero a Nicolás Armsdoff, sobre Erasmo de Róterdam

Gracia y paz en Cristo:

Gracias, mi excelente amigo, por darme tu franca opinión sobre mi libro. No me preocupa que los papistas se ofendan, no escribí para ellos, porque ellos ya no son dignos de mis escritos o discursos. Dios los ha entregado a una mente reprobada, de manera que hasta luchan contra aquello que ellos consideran que es la verdad.

Mi causa la escucharon en Augsburgo, delante del emperador Carlos y de todo el mundo, y fue hallada irreprensible y que contenía sana doctrina. Además, mi confesión y apología son públicas, y puestas a la luz en todo el mundo. Por esto, ¡he respondido una infinidad de libros de mis adversarios, y todas las mentiras de los papistas del pasado, del presente y del futuro!

He confesado a Cristo delante de esta perversa y adúltera generación, y no dudo que Él también me confesará delante de Su Padre y de Sus santos ángeles. ¡Mi luz está puesta en el candelero! El que tiene ojos, que vea con mayor claridad, y el que no quiere ver que sea aún más ciego, el que es justo, que lo sea más; y el impuro, que abunde en su impureza; ¡que su sangre sea sobre sus cabezas, yo de su sangre limpio soy! Le he declarado al injusto su injusticia, pero no se convierte, pues que muera en sus pecados. ¡Yo he salvado mi propia alma! Por lo tanto, no hay necesidad de que les escriba o quiera hacerlo por causa de ellos.

Y sobre tu consejo, que a los expertos en gramática o vocabulario, a quienes llamas plagiarios de Erasmo, debe dárseles poca importancia, y, a Erasmo mismo, se le debe responder que tampoco le he dado mucho valor, porque no he leído una página de sus escritos. Jonás le respondió una vez, aunque me opuse fuertemente a ello, y le aconsejé según tu opinión, que le restara importancia. Porque yo conozco bien a este hombre, desde su piel hasta el corazón, que no es digno de que ningún buen hombre le hable o le trate; es tan hipócrita y lleno de reprochable envidia y de malevolencia.

Además, tú sabes mi manera usual de derribar los escritores de este tipo, la cual es no darles importancia por medio del silencio. Porque, ¿cuántos libros de Eccius, Faber, Emser, Cochles y muchos otros, los cuales parecen montañas de trabajo, yo con solo mi silencio los he traído a la nada, de manera que no queda memoria de ellos? Cato llama a los tales: buscapleitos, y deja que todo su parloteo pase inadvertido, mientras que, si los hubiera considerado del todo dignos de atención y de que se les respondiera, podrían haberse ganado cierta fama. Existe un trivial, pero verdadero proverbio:

Sé muy bien, si con estiércol implicado,
Conquistador o conquistado,
de todas formas, estaré embarrado.

Pero en esto me glorío, cualquier cosa que puedan levantar en mi contra, desde las Escrituras o desde los padres, fue producido y publicado, y ahora toda la gloria que les ha quedado se fundamenta en difamación, mentiras y calumnias. Y, ¿por qué habría de envidiarles eso? Pues no tienen poder o deseo de ser reconocidos por ninguna otra virtud.

Yo admiro tu juicio sobre Erasmo, en lo que dices con claridad, que él no tiene otro fundamento para edificar su doctrina, sino el favor de los hombres, y le atribuyes, además, ignorancia y malicia. Y si pudieras, transmitir tu apreciación de él con convicción a las mentes de los hombres en general, lo harías verazmente, como el joven David, de un solo golpe, y así postrar al presumido Goliat, y a la vez lo erradicarías de su lugar. Porque, ¿qué es más vano, más falaz, de todas las cosas, que el aplauso de los hombres, especialmente en las cosas espirituales? Porque, como testifican los Salmos: «No hay ayuda en ellos», y otra vez: «todos los hombres son mentirosos». Por lo tanto, si Erasmo no es más que vanidad, y se apoya solo en la vanidad y en una mentira, ¿qué necesidad tenemos de responderle del todo? Él mismo, con toda su vanidad, con el tiempo se desvanecerá como el humo, si nosotros lo tratamos como yo he tratado a anteriores espantapájaros y pleitistas, quienes solo por mi silencio, los he entregado al olvido total.

En un tiempo, le atribuí una singular inconsistencia y un vano caminar, porque pareciera que trata lo sagrado y las cosas serias con gran despreocupación, y, por el contrario, siguiera con gran avidez fruslerías, vanidades y cosas risibles y ridículas; aunque sea un hombre mayor y un teólogo, y esto a una edad en la que debería ser más industrioso y laborioso. Así que, pensé que era verdad lo que había oído decir de muchos hombres sabios y serios, que Erasmo en realidad estaba loco.

Cuando al inicio escribí contra su *Diatriba*, y fui persuadido a examinar con atención sus palabras, como Juan escribe «probad los espíritus», estaba disgustado por su pobre consideración a un tema de tal importancia, de manera que yo incité al frío e ingenuo disputador, lo provoqué como en un sueño profundo, lo llamé discípulo, en un tiempo, de Epicuro; en otro, de Luciano; y después que parecía opinar como los escépticos; al suponer que con esto, quizá se dedicaría con mayor empeño al tema. Pero todo fue en vano, solo irrité a la víbora, de manera que dio a luz su libro *Viperaspis*,[1] hijo digno de su padre, e igual a él. Sin embargo, él orgullosamente omitió decir una sola palabra sobre el tema en cuestión. De manera que, desde aquel tiempo he perdido totalmente la esperanza en su teología.

Yo soy de tu opinión, que no fue pobre consideración de parte de él, sino como afirmas, fue real ignorancia y malicia. Porque, él estaba poco familiarizado con nuestras doctrinas, o más bien, las doctrinas de la cristiandad. *Él las conocía, pero*

---

1. Nota del traductor al español: Lutero hace un juego de palabras, al referirse al libro de Erasmo *Hyperaspist* (Escudo para la defensa o el defensor), como *Viperaspis* (víbora áspid o áspid, serpiente venenosa).

por política (conveniencia) no las conocía. Y, aunque quizás no
entienda, ni pueda entender de verdad esas doctrinas que son
particulares de nuestra fraternidad, y que mantenemos contra la
sinagoga del papa, no obstante no puede ignorar aquellas que
sostenemos en común nosotros y la iglesia bajo el papa, porque
escribe abundantemente sobre estas, o más bien se burla
de ellas. Tales como, la Trinidad de las personas divinas, la
divinidad y la humanidad de Cristo, el pecado, la redención de
la raza humana, la resurrección de los muertos, la vida eterna y
otras semejantes. Él sabe, digo, que estas cosas las enseñan y las
creen, incluso, muchos falsos cristianos e impíos. Pero la verdad
es que él odia todas las doctrinas. No, no debe haber duda
en la mente de un verdadero creyente, quien tiene el Espíritu
Santo en su aliento, que la mente de Erasmo está separada
de toda religión y la odia, especialmente la religión de Cristo.
Muchas pruebas de esto están dispersas aquí y allá. Y ocurrirá
eventualmente que, como el topo, sacará un poco de tierra con
lo que dará a conocer dónde está y qué es, lo cual resultará en
su propia destrucción.

Él publicó recientemente, entre otras obras, su catecismo,
una producción, sin duda, sutilmente satánica. Porque con un
propósito lleno de engaño, lo diseñó para tomar a los niños
y a los jóvenes desde el inicio, e infectarlos con su veneno, el
cual después no se podrá erradicar de ellos; así como él mismo,
en Italia y en Roma, absorbió las doctrinas de los hechiceros
y de los demonios, de manera que ya no tiene remedio. Pero
¿quién podrá resistir este método de criar a los niños, o cómo
resistirán los débiles en la fe lo que nos propone Erasmo? La
mente frágil y sin experiencia debe ser formada al inicio por
ciertos principios básicos y necesarios, los cuales debe creer con

firmeza. Porque es necesario que todo el que aprenda crea, porque, ¿qué aprenderá el que duda o es enseñado a dudar?

Pero este nuevo catequista nuestro pretende hacer a sus catecúmenos desconfiados y sospechosos de las doctrinas de la fe. Porque desde el inicio, va a quitar todo fundamento sólido, porque no hace otra cosa que presentarles herejías y ofensas de opiniones, por las cuales la iglesia sufre desde el principio. Así, él hace parecer que no hay nada cierto en la religión cristiana. Y si una mente inexperta es envenenada desde el inicio con principios y asuntos de esta naturaleza, ¿qué más puede esperarse que piense o haga, que se aparte secretamente, si se atreve, o pensar que el cristianismo es digno de rechazo total, como si fuera una plaga para humanidad?

Él imagina, sin embargo, al mismo tiempo, que nadie descubrirá el engaño de su intención, como si no tuviéramos múltiples ejemplos en la Escritura de este tipo de monstruos del diablo. Así fue la serpiente que engañó a Eva. Primero, la enredó con dudas, la llevó a sospechar de la realidad del mandato de Dios sobre el árbol del bien y del mal, y cuando se apoderó de ella la duda, entonces la hizo caer y la destruyó. ¡A menos que Erasmo considere que también esta es una fábula!

Es con este tipo de ataque, como el de la serpiente, que se mueve con sigilo y engaña a las almas sencillas, al afirmar: ¿cómo es que ha habido tantas sectas y errores en esta única religión verdadera (como se cree que es)?, ¿cómo es que ha habido tantos credos?, ¿por qué en el Credo de los apóstoles, al Padre se le llama Dios, al Hijo no se le llama Dios, sino Señor, y al Espíritu no se le llama Dios ni Señor, sino Santo?, y así muchas otras cosas. ¿A quién de las almas inexpertas le causaría problemas, si no a quienes él comenzó a instruir con preguntas como las anteriores, lo cual lo hace el demonio mismo? ¿Quién se atrevería a hablar así de un credo de la fe, si no la misma boca e instrumento del maligno? ¡Aquí tienes el plan, su ejecución, el catastrófico final, una tragedia de destrucción de almas!

Pero mira, casi soy arrastrado aquí a refutar su catecismo, si bien solo intentaba mostrarte por qué pensé que sería mejor no responder del todo a esta víbora, porque él con eficacia se desmentirá delante de las mentes de todos los hombres buenos y piadosos.

Un juego semejante tuvo con el apóstol Pablo, en su prefacio a los Romanos (sin mencionar sus paráfrasis, o sus locos caprichos [*paraphroneses*], para utilizar su propio término), donde elogia a Pablo, en tal forma, que el simple lector que no esté familiarizado con su retórica será ahuyentado y desanimado de leer y estudiar a Pablo, porque lo describe tan confundido, enredado, inconsistente, peculiar y desagradable, que el lector llegará a creer que la epístola la produjo un hombre loco, lo cual lo llevará a considerar que no es posible que su lectura le sea de provecho.

Y entre el resto de sus heridas, no podrá recibir, sin descargar su ira, incluso en esto: 'que Pedro debió llamar a Cristo, hombre, y no decir nada de Su divinidad'. ¡Un comentario verdaderamente notable! y, ¡apropiadamente aplicable al pasaje!

Y su método, lleno de recodos y sinuosidades, para qué debe ser, sino exaltar a Cristo y todo lo que Él hizo, pero lo que hace es causarle escarnio. ¿Quién puede obtener algo de este método, sino un disgusto, y un rechazo a lo relacionado con la religión tan confusa e incierta, y posiblemente, después de todo, sea solo una fábula?

¿Quién, además, habló jamás con tanta arrogancia y desprecio (por no decir enemistad) del apóstol y evangelista Juan, quien, entre los cristianos es tenido como una de las altas autoridades después de Cristo? Dice Erasmo: Él reprende a 'los niños pequeños, y a los hombres que considera necios y mentecatos'. Los cristianos siempre hablan de los apóstoles con temor y reverencia, mientras que este hombre nos enseña a hablar con despreciable orgullo profano. Este es el primer paso para hablar profanamente de Dios mismo, a quien pertenecen los apóstoles. ¡Es más, es lo mismo que hablar del Espíritu Santo (de quien son las palabras de los apóstoles), al decir que Él solamente reprende a los niños pequeños!

Incontables cosas como estas se encuentran en Erasmo, o, mejor dicho, este es todo el carácter de su teología. Muchos otros han observado lo mismo, antes de que yo lo hiciera, y lo siguen viendo cada vez más. No cesa de caminar en la misma dirección y de publicar sus observaciones cada vez más burdas. «Su juicio no se demora» y «su condenación llegará pronto».

Esto es también un ejemplo de la piedad de Erasmo. En su carta sobre 'la filosofía cristiana', la cual se publicó con su Nuevo Testamento y se usa en los libros oración en todas las iglesias, cuando plantea la pregunta: ¿por qué Cristo, tan gran maestro, descendió del cielo, cuando muchas cosas que se enseñan incluso entre los paganos, son precisamente las mismas, si no más perfectas?; él responde, ¡'Cristo vino del cielo (lo cual no dudo, que cree, al estilo erasmiano,) para que pudiera ejemplificar las cosas de manera más perfecta y completa que todos los santos que le precedieron'!

Por consiguiente, este abatido renovador de todas las cosas, Cristo (porque así Él reprocha al Señor de gloria), ha perdido la gloria de un redentor, y ha llegado a ser solo uno más santo que otros. Esta opinión no podría expresarse por ignorancia, sino se concibió y emitió deliberadamente, porque incluso aquellos que no creen verdaderamente saben y en todo lugar confiesan que Cristo descendió del cielo para redimirnos a los hombres del pecado y de la muerte.

Esta fue la opinión que al inicio me separó de Erasmo. Desde aquel momento comencé a sospechar que era un puro Demócrito o Epicuro, y engañoso burlador de Cristo, porque dondequiera que iba intimaba con sus compañeros epicúreos, con quienes compartía su odio contra Cristo, aunque lo hizo con palabras tan figurativas y engañosas, para atacar con intensidad y furia a los cristianos que se ofendían por sus palabras sospechosas y de doble significado, las cuales no se interpretaban como favorables a Cristo. Lo hizo como si tuviera el derecho sin límites en todo el mundo de hablar de las cosas divinas con sesgo y engaño y así tener a todos los hombres bajo su bota, de manera que interpretaran sus maniobras engañosas o sesgadas como si tuvieran una intención vertical y honesta.

¿Por qué, más bien, no habla de manera abierta y transparente? ¿Por qué siempre lo hace utilizando figuras de lenguaje engañosas y tramposas? Siendo tan gran retórico y teólogo no solo debería saber, sino actuar de conformidad con lo que Fabio llama 'una palabra ambigua debe evitarse como si fuera una roca'. Donde ocurre aquí y allá de manera inadvertida, se puede perdonar, pero cuando se planea y se hace a propósito, entonces no merece perdón, sino el justo aborrecimiento de todos. Porque, ¿hacia dónde se inclina esta detestable y engañosa forma de hablar? Solo suministra una oportunidad para diseminar y fomentar libremente las semillas de toda herejía, envueltas en palabras y cartas que parecen reflejar la fe cristiana. Así, mientras se dice que se enseña y defiende la religión, en realidad, antes de entenderse, se destruye y trastorna totalmente desde su fundamento.

Por lo tanto, todos están en lo correcto, quienes interpretan sus sospechosas y maliciosas palabras en contra de sí mismo. Y no debe entenderse como una advertencia que deba considerarse cuando él clama ¡calumnia! ¡calumnia!, porque sus palabras no se interpretan con sinceridad y justicia. ¿Por qué él mismo siempre evita las palabras claras e intencionalmente se expresa usando aquellas que son engañosas? Es inaudita esta forma de tiranía que desea tener a todo el mundo bajo su bota, que obliga que lo que él dice de manera engañosa y peligrosa se entienda de forma justa, y se le dé la prerrogativa de expresarse con maldad. ¡No! Debe ponérsele un «hasta aquí», y mandarle doblegarse ante toda la raza humana, es decir, que se abstenga de su discurso profano, deshonesto y trastornado, y de su vana forma de hablar, y que evite lo que Pablo llama «la vana palabrería».

Porque, incluso la ley pública del Imperio romano condenaba esta forma de hablar y la castigaba. Mandaban 'que las palabras de aquel que hablaba de forma oscura, cuando podía hacerlo con claridad, debían ser interpretadas en su propio perjuicio'. Cristo también condenó al siervo inútil que se excusó con evasivas, e interpretó sus palabras en su contra y le declaró: «*siervo inútil*, por tus propias palabras te voy a juzgar». Porque si en la religión, en las leyes y en los asuntos importantes se nos permitiera expresarnos de forma ambigua y engañosa, resultaría una total confusión como en Babel, donde ninguno podía entenderse con otro. Requeriría aprender el lenguaje de la elocuencia, y al hacerlo se perdería el lenguaje natural.

Además, si prevaleciera esa libertad, yo podría 'convenientemente' interpretar todo lo que la multitud de herejes ha dicho, y podría negar todo lo que el diablo ha dicho y hecho, o podría decir o hacer por la eternidad. ¿Dónde estaría entonces, el poder para refutar a los herejes y al maligno? ¿Dónde estaría la sabiduría del Señor Jesucristo, la cual ningún adversario es capaz de resistir? ¿Qué sería de la lógica, el instructor de la correcta enseñanza? Nada se enseñaría, nada se aprendería, no se podría persuadir a nadie, no se podría dar consuelo, no se podría enseñar el temor, porque nada de lo dicho u oído sería verdadero.

Cuando, por tanto, Erasmo de manera superficial y ridícula dice que Juan el evangelista, 'solo reprende a niños pequeños', se le debe declarar como un discípulo de Epicuro o de Demócrito, y debe tratarse como tal, para que aprenda a hablar de la majestad con mayor reverencia. Algunos bufones notables en ocasiones le han hablado con irreverencia a príncipes, han actuado sin sabiduría, pero no siempre han quedado impunes. Pero si cualquier otro en su sano juicio hubiera hecho lo mismo, quizás hubiera perdido literalmente la cabeza por haber insultado al rey.

Así, cuando Erasmo afirma, 'Pedro trata a Cristo como a un hombre, y no dice nada de Su divinidad', él debe ser condenado como arriano y hereje, porque ha ignorado esta engañosa observación, en un asunto en el que se está tratando de la Majestad Divina, por lo que debió haber hablado con reverencia, porque las palabras simplemente implican que a los arrianos no les gusta que Cristo sea llamado Dios, sino que consideran que Él debe ser llamado solamente hombre. Y qué conveniente que se les interprete como partidarios de la divinidad de Cristo; sin embargo, tal como está y se leen en su sentido llano, especialmente porque su autor es engañoso, ellos ofenden las mentes cristianas, pues no tienen un significado llano, de manera que pueda resultar más fácil de entender a favor de los arrianos que de la ortodoxia.

A partir de Jerónimo, al escribir de los arrianos de su tiempo que enseñaban en la misma forma astuta, afirmó: 'Sus sacerdotes dicen una cosa, y su gente entiende otra'. De semejante manera, no había necesidad de indicarles a los cristianos en este pasaje, que Pedro no llamó a Cristo, Dios; aunque en verdad él no omitió llamar a Cristo, Dios. No es suficiente pretender, 'que él llamó a Cristo solo hombre, por causa de la ordinaria multitud'; pues, aunque lo llamó hombre, por eso no ignoró llamarlo Dios, excepto que no pronunció estas cuatro letras: Dios, pero Erasmo rígidamente considera que era necesario, y al hacer esto, no logra absolutamente nada, sino poner trampas para cazar a los inexpertos y volver sospechosa nuestra religión.

Aquel Carpisian, quienquiera que fuera, justamente condenó a Erasmo como a uno que favorecía a los arrianos, en el prefacio a Hilary, en el que afirmó 'Nos atrevemos a llamar Dios al Espíritu Santo, lo cual los antiguos no se atrevían a hacer'. Y cuando fue fielmente amonestado, debió reconocer la extravagancia de sus figuras de lenguaje y su arrianismo, lo cual debió corregir, pero no lo hizo, sino que censuró con dureza la amonestación como que fuera una calumnia que venía de Satanás, y se rio abundantemente de lo sagrado, tal era la confianza que tenía en la elasticidad de su discurso, y en los rodeos en sus evasivas. Sin embargo, con seriedad confesó la Trinidad, y de ninguna manera, se pensó que negara la Trinidad de la Divinidad, sino que solo deseaba decir, que la curiosidad (la cual, después pide que sea con diligencia 'convenientemente interpretada') de los modernos había recibido y osado desafiar muchas cosas de las Escrituras, lo cual los antiguos no se atrevieron a hacer. Como si la religión cristiana descansara sobre la autoridad de los hombres: porque a esto es lo que nos persuadiría. Y, ¿qué es esto?, sino considerar a toda la religión como si fuera una fábula.

Aquí, aunque aquel Carpisian esté en muchas cosas de poca importancia, siempre un enemigo de Lutero, sin embargo, Erasmo, parte de un orgullo sin precedentes, piensa que todos los hombres juntos son nada más que animales y piedras, que no entienden ningún asunto ni logran ver a través del significado de las palabras. Lea ese comentario, y diga, ¡si no ve al mismo diablo encarnado! Este comentario fija en mí una determinación de no creerle a Erasmo (sin importar lo que otros crean), incluso si él pudiera confesar en palabras sencillas, que Cristo es Dios. Pero le expresaría aquel dicho sofisticado de Crisipo: «Si mientes, mientes incluso cuando hablas la verdad». Porque, ¿qué necesidad hay, si alguien de verdad cree que el Espíritu Santo es Dios, que diga: «nos atrevemos a llamar Dios al Espíritu Santo», lo cual los antiguos no se atrevían a hacer? ¿Qué necesidad habría de utilizar la palabra «atreverse», la cual podría utilizarse ahora para elogiar o para censurar, cuando recibimos esta doctrina de los antiguos, quienes no se «atrevieron» a recibirla al inicio?

Pero esta es una mentira descarada, afirmar que los antiguos, al inicio, no se «atrevieron» a llamar al Espíritu Santo, Dios, a menos que *por antiguos*, según una de sus hermosas figuras de lenguaje, haya querido decir que Demócrito y Epicuro, o que quisiera decir, Dios, esencialmente, estas cuatro letras, ¡Dios! Pero con qué propósito tanta odiosa maniobra, sino hacer de un mosquito un elefante, como una piedra de tropiezo para los menos experimentados, y para dar a entender que la religión cristiana no es nada, y por el único motivo que estas cuatro letras, Dios, no están escritas en todo lugar, donde considera que deberían estar.

De la misma manera sus padres, los arrianos, hicieron innumerables objeciones, porque las letras *Homousios* e *Innascibilis*[2] no se encontraban en los escritos sagrados: a lo cual no se le dio importancia, por causa del propósito que se quería lograr, dado que, aunque no estuvieran presentes, sí se podía probar en su esencia. Y donde el nombre de Dios fue escrito, ellos estaban listos con su explicación para eludir la verdad, al argumentar que en realidad no se refería a Dios, sino que Dios se utilizaba como un título. Así que, no se puede hacer nada con estas víboras, ya sea que se les hable con las Escrituras o sin ellas.

Es el proceder maligno de Satanás. Cuando no puede negar un hecho, entonces demanda ciertos términos específicos, los cuales él mismo prescribe. Y así, el mismo diablo puede decir, incluso a Cristo; aunque hables la verdad, puesto que no lo haces en los términos que considero necesarios, entonces no dices nada en absoluto, y deseo que la verdad sea dicha sin

---

2. Nota del traductor al español: *Homousios* e *Innascibilis* ambos términos del latín utilizados en el Concilio de Nicea, año 325. El primero se refirió a que las tres Personas (Padre, Hijo y Espíritu Santo) comparten la misma esencia, y el segundo para referirse al Hijo que no puede nacer.

palabras. Esto es como Marcolfo,[3] quien deseaba ser colgado de un árbol que él escogería, y a la vez no deseaba escoger ningún árbol. Lo anterior es como desear que el Señor me dé descanso y larga vida. Estoy determinado a dejar mi verdadero y fiel testimonio sobre Erasmo, y así exponer a Lutero a que sea mordido y aguijoneado por estas víboras, pero no a ser totalmente partido en pedazos y destruido.

Regreso a mi opinión sobre mi libertad, la cual he mantenido firme, al dar mis opiniones sobre la tiranía de Erasmo, la cual ejerce por medio de un circunloquio evasivo, lo cual no debe tolerarse, sino juzgarse abiertamente, por lo que él mismo dice. Donde habla como un arriano, debe juzgarse como arriano; donde habla como un seguidor de Lucio, debe juzgarse como un luciano; donde habla como un gentil, debe juzgarse como tal; a menos que se arrepienta y deje de defender tales formas de expresarse.

Por ejemplo, en una de sus cartas sobre la encarnación del Hijo de Dios, utilizó la abominable expresión 'las relaciones sexuales de Dios con la virgen', aquí debe juzgarse como ¡un horrible blasfemo contra Dios y contra la virgen! No logra corregir, con su posterior explicación de 'relaciones sexuales', como si se adaptara a la doctrina cristiana. ¿Por qué no enseña la doctrina cristiana? Porque bien sabe que al utilizar 'relaciones sexuales', esa expresión ofende en gran manera a los cristianos, entonces que se juzgue como impío aquel que no se ofenda con un término que es abominablemente obsceno al referirse a un asunto tan sagrado, y una expresión ambigua de tal naturaleza, siempre se toma en el peor sentido, aunque

---

3. Personaje de una antigua fábula de enigmas.

no ignoramos que el término pueda tener otro significado. Si esto ocurre por inadvertencia, se puede perdonar, pero si es intencionalmente y por obstinación, debe condenarse sin misericordia, como lo afirmé. Porque, si retener una doctrina de fe es difícil, y es una obra divina, aun cuando se presente de manera correcta, clara y con palabras indisputables, ¿cómo se podrá retener, si se presenta con palabras ambiguas, dudosas y oblicuas?

San Agustín afirmó: 'los filósofos deben hablar libremente acerca de temas difíciles, sin temor a ofender, pero nosotros (él aseveró) debemos hablar observando ciertas normas'. Por lo tanto, condena el uso de términos como «fortuna» o «destino», tanto para referirse a sí mismo como a otros. Porque, aunque alguien se refiera a la mente divina cuando utiliza «fortuna», el agente de todas las cosas, del cual la naturaleza es totalmente diferente, y pueda estar pensando sin malicia, aun así, afirmó: 'Quien tal haga que tenga su opinión, pero que corrija su expresión'.

Y si supusiéramos que Agustín no dijo esto, y nunca tuvo ciertas normas incuestionables para expresarse, la naturaleza nos dice que toda profesión, sagrada o profana, utiliza ciertos términos propios y evita todas las ambigüedades. Porque, incluso, los comerciantes o artesanos comunes condenan o consideran ridículo al hombre que habla de su propia ocupación en términos técnicos, como se les llama, característicos a la ocupación de otro. Con mucha más fuerza, esto se aplica al campo sagrado, en el que la verdadera salvación o la eterna perdición es el resultado, y donde todo debe hablarse en términos verdaderos y exactos. Permítasenos, si debemos hacerlo, jugar con ambigüedades en otras cosas que no vienen al caso, tales como nueces, manzanas, centavos u otras cosas que son juguetes de los niños y de los tontos, pero en religión y en asuntos de gran importancia, debemos evitarlo a toda costa, con todo cuidado, como si evitásemos la muerte o al diablo.

Sin embargo, nuestro rey de la ambigüedad se sienta sobre su ambiguo trono con mucha seguridad y nos destruye a nosotros «cristianos estúpidos» con una doble destrucción. La primera, es su voluntad, y le genera mucho placer ofendernos con sus palabras ambiguas, y no estaría satisfecho, si nosotros no nos ofendiéramos. Y la segunda, cuando ve que ya nos ofendió y utilizó contra nosotros sus dañinas figuras de lenguaje, y empezamos a quejarnos en su contra, entonces, triunfa y se regocija de que la presa deseada cayó en sus trampas. Por ahora, después de encontrar la oportunidad de mostrar su retórica, suelta sobre nosotros todos sus poderes y todo su ruido, desgarrándonos, azotándonos, crucificándonos y enviándonos más allá del infierno, al afirmar que hemos entendido sus palabras de una manera calumniosa, virulenta y satánica (usando las peores palabras que pueda encontrar), mientras que, él nunca «quiso» que se entendieran así.

En el ejercicio de esta maravillosa tiranía, (y, ¿quién pensaría que esta señora ambigüedad pudiese hacer tanto alboroto, o quién podría suponer que alguien sería tan importante para tener tanta confianza en una vana figura de lenguaje?), Erasmo no solo nos obliga a tolerar su derecho de usar ambigüedades, sino que nos ata a la necesidad de guardar silencio. Él creó todo y quiso que nos ofendiéramos, para que él y su manada de epicúreos pudieran reírse de nosotros, por otro lado, no le gustó oír que nos ofendimos, por temor de que pudiera parecer que somos verdaderos cristianos. De manera que, nosotros debemos sufrir innumerables heridas, y aun así, que no emitamos ni quejido ni suspiro.

Sin embargo, nosotros los cristianos, quienes debemos juzgar, no solo comidas y bebidas, sino a los ángeles y a todo el mundo, y en realidad juzgar, incluso ahora, no solo no toleramos esta tiranía de ambigüedades, sino que se opone a ella nuestra libertad de condenarla de dos maneras. Primera, como he observado, condenamos todas las expresiones ambiguas de Erasmo, y las interpretamos contra él mismo, como Cristo dijo: «*siervo inútil*, por tus propias palabras te voy a juzgar». Y otra vez, «Por tus palabras serás condenado, ¿por qué has hablado contra tu propia alma?». «Tu sangre será sobre tu propia cabeza». Segunda, condenamos y maldecimos una y otra vez sus disimuladas y 'convenientes interpretaciones', por las cuales, él no solo no corrige sus impías expresiones, sino que también las defiende, esto es, se ríe de nosotros dos veces, lo hace en sus interpretaciones posteriores, como ya lo ha hecho en sus primeras expresiones.

Por ejemplo, afirma que por 'las relaciones sexuales de Dios con la virgen' no se refiere a las relaciones sexuales comunes, sino a otro tipo de matrimonio entre Dios y la virgen, donde el ángel Gabriel es el novio y el Espíritu Santo realiza el acto de consumación. Solo observa lo que este hombre, por su interpretación, quiere que nosotros oigamos y creamos sobre quién es Cristo. Él dice estas cosas para defender las inmundicias y obscenidades de sus declaraciones ante los ofendidos cristianos, y se ríe de ellos y les impone estos términos ofensivos, cuando sabe muy bien que este misterio de la santa encarnación, ni puede explicarse a la mente humana con todas las palabas obscenas y ambiguas del mundo, ni de la manera como la expresan los epicúreos, yo por horror no me atrevo ni a imaginarlo. ¿Por qué no llamamos a la conversación de Dios con Moisés y otros profetas: 'una relación sexual', y por qué no hacemos a los ángeles los novios y al Espíritu Santo el consumador del acto, o por qué no hacemos de ello algo aún más obsceno? Además, aquí se introduce la idea impía de sexo, y para perfeccionar este monstruoso escarnio se dice que Dios tuvo sexo con la virgen, con el propósito de que todo sea una fábula, como aquella en que se dice que Marte tuvo sexo con Rea, y Júpiter con Sémele; y de esta manera reducir el cristianismo al nivel de las fantásticas historias del pasado, y los hombres representados como tontos y locos dignos de lástima, por creer que tal historia es seria y verdadera, y por considerar que tales infamias y obscenidades fueran el objeto de su fe y adoración. Y, por lo tanto, los cristianos, grupo de criaturas estúpidas, deben amonestarse por medio de figuras como estas, para que empiecen a dudar, y entonces, se aparten de su fe, así la religión puede ser totalmente destruida antes de que alguno se percate de ello.

Esta es la comprobación de la parábola de Mateo 13, donde se presenta el enemigo como uno que siembra la cizaña durante la noche y se va. Así, nosotros, cristianos estamos durmiendo con seguridad, e incluso si no estuviéramos durmiendo, esas sirenas cautivadoras con su discurso meloso, pronto nos arrullarán hasta hacernos dormir, y traerán una nube de oscuridad sobre nuestros ojos. Mientras tanto, son sembradas esas cizañas de palabras figuradas y engañosas, y aun cuando han surgido cizañas sacramentarias, donatistas, arrianas, anabaptistas, epicúreas, etc., nos preguntamos

¿cómo es que los campos del Señor tienen tales cizañas?
Ellos, quienes las sembraron, ya se fueron lejos, es decir, se
describieron y presentaron a sí mismos según sus 'convenientes
interpretaciones', y se apartaron de la vista, de manera que
pareciera como si no hubieran sembrado nada, sino trigo.
Así el enemigo se escabulle, y desaparece a un lugar seguro, y
coronado con honor y aplausos, se presenta como si fuera un
amigo, cuando es lo contrario. Así es como la mujer adúltera de
Proverbios 30:20, quien después de haber comido «... se limpia
la boca y dice: No he hecho nada malo».

Así he respondido a tu carta, mi amigo Armsdorff, aunque
quizá me he extendido mucho y he llegado a ser tedioso. Pero
deseaba mostrarte por qué consideré que era lo mejor ya no
responderle más a Erasmo. Además, estoy totalmente ocupado
en la enseñanza, la confirmación, la corrección y al gobierno
de mi rebaño. Y solo el trabajo de traducir la Biblia, exige la
dedicación de todo mi tiempo. Satanás con todo su empeño
trata de apartarme de esta tarea de traducir, como lo ha hecho
en otras ocasiones, de modo que deje las cosas mejores y me
ocupe en aquellas que no son más que vapores vacíos. Porque,
mi obra *Esclavitud de la voluntad,* te demuestra cuán difícil es
tratar con el cambiante Erasmo, por causa de la inestabilidad
y el engaño de su discurso, en el cual tiene puesta toda su
confianza. Él no se mantiene en una posición, sino que con
artimaña evade todo ataque, y es como un avispón enojado.

Aunque soy un miserable, estoy convencido de que debo
mantener firme mi posición, y con desventaja, «pues sé que
hablarán mal en mi contra». Porque, cualquier cosa que Lutero
escribe es condenada antes de los diez años. ¡Lutero es el único
que escribe porque es envidioso, orgulloso, amargado, y en

pocas palabras, por instigación del mismo Satanás, pero todo lo que se escribe en mi contra, es hecho bajo la influencia del Espíritu Santo!

Antes de mi tiempo, para canonizar a un monje muerto, se necesitaba mucho trabajo y tenía un costo enorme. Pero ahora, no hay forma más fácil para canonizar a Nerones y Calígulas, incluso vivos, que con una declaración de odio contra Lutero. Solo que un hombre odie y valientemente maldiga a Lutero, eso, inmediatamente lo hace un santo, casi igual a nuestro santo Señor, el siervo de los siervos de Dios. Pero ¿quién podría jamás creer que al odio contra Lutero se le diera tanto poder y fuera de tanto provecho? ¡Llena los cofres de todo mendigo; es más, introduce oscuros topos y murciélagos (espías que pueden ver en la oscuridad) para favorecer a príncipes y reyes; produce prebendas y títulos dignatarios y obispados; da reputación de ser sabios e instruidos a los más consumados ignorantes; da la autoridad de escribir libros a insignificantes maestros de gramática; les consigue la corona de la victoria y la gloria eterna en los cielos! Felices son todos los que odian a Lutero, porque ellos obtendrán, por ese vil y fácil servicio, aquellas cosas grandes y poderosas, las cuales, ninguno de los hombres más excelentes jamás podría alcanzar, con toda su sabiduría y virtudes, ¡ni siquiera Cristo mismo, con todos Sus milagros, los de Sus apóstoles y de todos los santos!

Así se cumplen las Escrituras. ¡Benditos sean los que persiguen a Lutero, porque de ellos es el reino de los cielos! ¡Benditos sean los que maldicen y dicen toda clase de males contra Lutero, gócense y regocíjense, porque grande es su recompensa en el cielo! Porque así persiguieron a los apóstoles, a los santos obispos, a Juan Huss y a otros que fueron antes que Lutero. Porque me siento cada vez más convencido de que actúo acertadamente al no responder más a Erasmo, pero dejo mi testimonio en cuanto a él, incluso para su propio beneficio, para que en lo sucesivo no se preocupe por cosas de las cuales se queja, y que están muertas para él, por ejemplo, que él comúnmente es llamado "un luterano". Pero tan cierto como que Cristo vive, le hacen un gran daño quienes lo llaman luterano, y lo defenderé de sus enemigos, porque yo puedo dar un testimonio verdadero y fiel, de que él no es luterano, él es Erasmo por sí mismo.

Y si yo pudiera hacer mi voluntad, Erasmo debería ser expulsado, del todo, de nuestras escuelas, porque si no fuera pernicioso, sería inútil, porque, verdaderamente no discute ni enseña nada. Tampoco es aconsejable acostumbrar a los cristianos jóvenes a lo que dice Erasmo, porque aprenderían a pensar de lo insignificante como si fuera algo solemne y serio, pero solo para reírse de todos los hombres como palabreros y charlatanes. En una palabra, ellos no aprenderán nada, excepto a parecer tontos. Y por esta ligereza y vanidad, poco a poco se cansarán de la religión, hasta que al final la aborrezcan y la profanen. ¡Que él se quede con los papistas, que son dignos de tal apóstol y cuyos labios gustarán sus delicadezas!

Quiera el Señor Jesucristo, quien, según mi fe, Pedro no ignoró llamarlo Dios, por cuyo poder, sé y estoy persuadido de que con frecuencia he sido librado de la muerte, y por la fe en Él he emprendido y logrado todas estas cosas, las cuales han despertado el asombro incluso de mis enemigos. Quiera el mismo Jesús guardarnos y librarnos hasta el final, porque Él es el Señor nuestro Dios, y ¡solo a Él, al Padre y al Espíritu Santo sea la gloria por los siglos de los siglos! ¡Amén!